Barbara Pachter mit Susan Magee

Streiten – aber richtig!

Konflikte privat und im Beruf positiv bewältigen

Aus dem Amerikanischen
übersetzt von Susanne Helker

Die Deutsche Bibliothek – CIP-Einheitsaufnahme

Pachter, Barbara:
Streiten – aber richtig! : Konflikte privat und im Beruf positiv bewältigen /
Barbara Pachter mit Susan Magee. Aus dem Amerikan. übers. von Su-
sanne Helker. – Landsberg am Lech : mvg, 2001
   (mvg-Paperbacks ; 08699)
   Einheitssacht.: The power of positive confrontation <dt.>
   ISBN 3-478-08699-X

Titel der amerikanischen Originalausgabe: „The Power of Positive Confrontation"
Aus dem Amerikanischen übersetzt von Susanne Helker.

Umschlaggestaltung: Felix Weinold, Schwabmünchen
Satz: FTL Kinateder, Kaufbeuren
Druck- und Bindearbeiten: Ebner, Ulm
Printed in Germany 08699/2014302
ISBN 3-478-08699-X

Inhalt

Danksagung

Mein herzlicher Dank gilt zuerst einmal meinen Seminarteilnehmern und deren Vorgesetzten. Ihre Ideen, Vorschläge und Erlebnisse waren für dieses Buch von großem Wert. Auch ich habe viel von meinen Seminarbesuchern gelernt.

Mein besonderer Dank gilt folgenden Personen, die mich bei der Arbeit an diesem Buch hilfreich unterstützt haben:

Ellen Greene, meiner Agentin, möchte ich für ihre tatkräftige moralische Unterstützung sowie für ihre wertvollen Tipps und Ratschläge danken.

Ein herzliches Dankeschön an meinen Lehrer Matthew Lore, der mit seiner unglaublichen Energie und seinen Fähigkeiten als Texter einen Großteil zum Gelingen dieses Werks beigetragen hat. Es war mir eine große Freude, mit diesem Mann zusammenarbeiten zu dürfen.

Mein weiterer Dank gilt Susan Magee – die immer die richtigen Worte gefunden hat

Joe Roy, für seine hervorragende Arbeit im Bereich Marketing und Öffentlichkeitsarbeit.

Dr. Bernhard Hershenberg, der mir mit seinem Rat als Psychologe bei der Arbeit an diesem Buch sehr geholfen hat.

Und schließlich möchte ich herzlichst meiner Familie danken. Mein Dank gilt meinem Sohn Jakob, dem Licht meines Lebens, Martin Heiligman, meinem liebevollen Partner, der mir immer hilfreich zur Seite gestanden hat, meinem Vater Victor Pachter und meinen Schwestern Marsh Morrow und Linda Steinguard. Ohne die Hilfe und Unterstützung aller genannten Personen wäre dieses Buch niemals möglich gewesen.

Vorwort

Seit mehr als zwölf Jahren arbeite ich als Trainerin für Business-Kommunikation, wobei mein Schwerpunkt auf Kommunikation und Etikette liegt. Praktisch vom ersten Tag an berichteten mir die Seminarteilnehmer in den Pausen oder auch nach den Workshops immer wieder von ihren Erfahrungen mit schwierigen Menschen im Geschäftsleben. Meine Klienten kommen aus den verschiedensten Gesellschaftsschichten und den verschiedensten Sprossen der Karriereleiter – von erfahrenen Vizepräsidenten bedeutender Großunternehmen bis hin zu Buchhaltungsangestellten. In meinen Seminaren wurde wieder und wieder deutlich, wie sehr die Probleme und Konfliktsituationen vor allem im Berufsleben diese Menschen belasteten, und immer wieder wurde ich um Rat und Unterstützung gebeten.

Ich kann Ihnen gar nicht sagen, wie oft ich die folgenden Aussagen während meiner Tätigkeit als Trainerin für Business-Kommunikation gehört habe:

„Mein Chef ist einfach ungerecht …" – *„Meine Angestellten nutzen mich aus …"* – *„Mein Büronachbar ist so rücksichtslos …"* – *„Mein Arbeitskollege treibt mich noch in den Wahnsinn …"*

Und immer wieder folgt dieselbe Frage: *„Was soll ich tun?"*

Einige der Geschichten, die mir im Laufe der Jahre zugetragen wurden, sind mir sehr ans Herz gegangen. All die Menschen, die meine Hilfe suchten, hatten mein volles Mitgefühl. Einige Berichte haben mich so sehr gefangen genommen, dass es mir vorkam, als hätte ich es selbst erlebt. Auch mir hat das schlechte Benehmen meiner Mitmenschen schon so manches Mal die Sprache verschlagen.

Ich habe mir all diese Geschichten voller Mitgefühl angehört, doch immer war da ein Teil in mir, der den Erzähler schütteln und fragen wollte: „Warum unternehmen Sie nichts dagegen?"

Im Laufe der Zeit erkannte ich, dass all diese Menschen aus einem ganz einfachen Grund nichts gegen die Betreffenden unternahmen: *Sie wussten nicht, was in einem solchen Fall zu tun ist!*

Weiterhin erkannte ich, dass die Menschen, die meinen Rat suchten, einem negativen Kommunikationsmuster folgten. Da die Betreffenden sich mit dem anderen nicht in angemessener Form über eine problematische Situation auseinander setzen konnten, vermieden sie einfach jegliche Kommunikation mit ihm. Stattdessen beschwerten sie sich über diese Person bei jedem, der bereit war, ihnen zuzuhören – zu diesen Menschen zählte auch ich.

Einige meiner Seminarteilnehmer besuchten meine Kurse hauptsächlich aus diesem einen Grund. Sie wollten nichts weiter, als ihrem Ärger Luft machen!

Andere wiederum wurden in Konfliktsituationen durchaus aktiv – allerdings waren ihre Reaktionen in der Regel wenig hilfreich. Trotzdem waren die Betreffenden sogar stolz darauf und berichteten mir brühwarm von ihren „Heldentaten": *„Ich erklärte ihm, dass er nur so weitermachen solle, wenn er sich unbedingt eine blutige Nase holen wolle."* – *„Ich fragte: ‚Was glauben Sie denn, wer Sie sind, Frau von und zu?'"* – *„Ich sagte: ‚Ich möchte Sie eigentlich damit nicht belästigen, aber…'"*

Bei den meisten dieser Berichte zuckte ich unwillkürlich zusammen und hatte immer denselben Gedanken: „Es muss doch einen Weg geben!" Die meisten der Betreffenden waren fest davon überzeugt, genau das Richtige gesagt bzw. getan zu haben, wobei mir immer klar war, dass ihre Reaktionen sicher nicht zur Klärung der Situation beigetragen hatten. In den meisten Fällen hatte sich die Lage durch ihr Verhalten sogar noch weiter zugespitzt.

Da nur wenige von uns wissen, wie sie andere Menschen auf positive Weise mit einem Problem konfrontieren können, machen sie sich – absichtlich oder unabsichtlich – nicht nur das eigene Leben schwer, sondern auch das ihrer Mitmenschen.

Mir wurde klar, dass diese Menschen unbedingt lernen mussten, sich in Konfliktsituationen zu behaupten. Sie mussten lernen, für sich und ihre Interessen einzustehen. Meine Klienten mussten lernen, wie man andere Menschen in eine positive Konfrontation verwickelt, anstatt sich bei anderen über das Verhalten Dritter zu beklagen bzw. negative oder gar selbstzerstörerische Verhaltensmuster zu entwickeln.

So beschloss ich, all diesen Menschen zu helfen – mit diesem Buch.

Ich bin davon überzeugt, dass auch Ihr Leben um einiges leichter wird, sobald Sie die Möglichkeiten der positiven Konfrontation nutzen. Ihr Selbstbewusstsein wird steigen. Sie werden sich nicht länger wie ein Tyrann bzw. Duckmäuser verhalten und können Ihre bisherigen negativen Verhaltensmuster ablegen. Sie werden sowohl in Konfliktsituationen als auch im Umgang mit schwierigen Menschen geradeheraus, selbstbewusst und gelassen agieren. Eine positive Konfrontation führt in den meisten Fällen zu einer positiven Lösung – und verhindert weitere Konflikte.

Bei den in diesem Buch angeführten Beispielen effektiver und weniger effektiver Konfrontationen handelt es sich um wahre Begebenheiten, die mir von meinen Seminarteilnehmern im Laufe der Jahre zugetragen wurden. Meinen Klienten habe ich dieselben Strategien und Vorgehensweisen empfohlen, die in diesem Buch vorgestellt werden. Alle Betroffenen waren mit Feuereifer bei der Sache. Sie haben mir geholfen, die von mir für positive Konfrontationen entwickelten Strategien immer weiter zu verfeinern. Heute berichten mir diese Menschen fast täglich von ihren Erfolgen und wie eine positive Konfrontation ihr Leben – bzw. ihre Beziehung mit einem anderen Menschen – zum Besseren verändert hat.

So wie die meisten von uns haben wahrscheinlich auch Sie nie gelernt, wie man andere auf positive Art mit einem negativen Thema konfrontiert. Die in meinen Seminaren und Workshops vorgeschlagenen Methoden haben sich schon in unzähligen Fällen bewährt. Ich bin davon überzeugt, dass auch Sie davon profitieren werden.

Teil I:
Positive Konfrontation

Was ist positive Konfrontation und wie kann sie Ihr Leben positiv verändern?

Kapitel 1

Konflikte, Konflikte, nichts als Konflikte

Das Leben ist voll von heiklen Situationen, schwierigen Auseinandersetzungen und Konfrontationen jeglicher Art. Wie gehen Sie mit diesen Situationen, Auseinandersetzungen und Konfrontationen um? Wenn Sie sich über das Verhalten eines Mitmenschen ärgern – sei es ein Familienmitglied, ein Arbeitskollege oder ein Nachbar –, was sagen Sie zu dieser Person?

Gut möglich, dass Sie gar nichts unternehmen. In diesem Fall haben Sie vielleicht ganz einfach die Nase voll, sind nicht mehr in der Lage zu reagieren oder völlig frustriert, weil Sie es nicht schaffen, einer anderen Person zu sagen, was Sie stört.

Keine Sorge, damit sind Sie nicht allein.

Wollen Sie in bester Absicht mit Ihren Freunden oder Nachbarn ein Problem klären und schaffen es dann doch nicht? Bleiben Ihnen die Worte „im Halse stecken", „brennen Ihnen die Sicherungen durch" oder „machen Sie einen Rückzieher"? Haben Sie das Gefühl, übergangen zu werden? Fühlen Sie sich durch das Verhalten eines Mitmenschen belästigt, ausgenutzt, frustriert oder verärgert?

Wenn Sie dieses Buch zur Hand nehmen, geht es Ihnen wahrscheinlich so wie den unzähligen Männern und Frauen aus allen Gesellschaftsschichten und den verschiedensten Berufssparten, die im Laufe der vergangenen zehn Jahre bei mir Hilfe gesucht haben. Diese Menschen standen vor denselben Problemen wie Sie. Auch sie waren frustriert, weil sie nicht in der Lage waren, jemanden, durch dessen Verhalten sie sich belästigt bzw. schlecht behandelt fühlten, auf dieses Problem aufmerksam zu machen. Sie waren es leid, schwierigen Diskussionen aus dem Weg zu gehen. Kein Mensch zieht sich von Natur aus gerne in ein Schneckenhaus zurück, knallt Türen zu oder reagiert feige. Wir nehmen diese negativen Verhaltensmuster im Laufe unseres Lebens an und sind deshalb irgendwann mit uns selbst unzufrieden.

Die meisten von uns gestehen sich immerhin ein, dass sie sich bei der Auseinandersetzung mit anderen nicht angemessen verhalten. Sie können aber ihre negativen Verhaltensmuster nicht einfach so ablegen. Was sollen sie dagegen tun?

Wenn es Ihnen so ergeht wie den meisten Menschen, denen ich im Rahmen meiner beruflichen Tätigkeit in den vergangenen zehn Jahren begegnet bin, brauchen Sie vielleicht ein wenig Hilfe bei der Beantwortung dieser Frage.

Vielleicht sind Sie sich auch gar nicht sicher, ob Sie positive oder negative Formen der Konfrontation wählen. Vielleicht sind Sie einfach neugierig und wollen wissen, was denn diese „positive Konfrontation" nun eigentlich ist. Vielleicht fragen Sie sich, welche Kräfte Sie sich durch diese Form der Konfrontation nutzbar machen können. Wie können diese Kräfte Ihr Leben positiv verändern?

Stehen Sie sich selbst im Weg?

Ob Sie sich nun der Tatsache bewusst sind oder nicht, die von Ihnen gewählte Form der Konfliktbewältigung hält Sie wahrscheinlich auf die eine oder andere Art und Weise zurück. Wovon? Von Ihrer beruflichen Karriere. Von befriedigenderen Beziehungen mit Freunden und den Menschen, die Ihnen viel bedeuten. Von einem Gefühl der Stärke in einer Welt, in der wir uns nur allzu oft hilflos und ausgeliefert fühlen.

Dieses Buch zeigt Ihnen, inwieweit positive Konfrontationen Ihre Beziehungen, Ihr Selbstwertgefühl, Ihr Wohlbefinden und sogar Ihre berufliche Karriere positiv beeinflussen können. Sie selbst können dadurch Ihre Beziehungen zu anderen Menschen positiv beeinflussen. Wenn Sie sich die in diesem Buch vorgestellten Techniken aneignen und sie anwenden, können Sie besser mit anderen Menschen umgehen. Ich kann Ihnen zwar weder Versprechen noch irgendwelche Garantien geben; ich kann Ihnen jedoch versichern, dass bei mir täglich E-Mails, Faxe, Briefe und Anrufe eingehen, in denen meine Seminarteilnehmer mir von ihren positiven Erfahrungen mit den Techniken der positiven Konfrontation berichten.

Aus diesem Grund bin ich sicher, dass dieses Buch Ihnen sowohl bei der Bewältigung von Konfliktsituationen als auch im Umgang mit Ihren Mitmenschen eine große Hilfe sein wird.

Kleine und große Konflikte

Welcher Art sind die Konfrontationen und Konflikte, von denen ich in diesem Buch spreche?

Dieses Buch handelt nicht von den globalen, nationalen und internationalen Konflikten. Leider bin ich nicht in der Lage, der ganzen Welt den positiven Umgang mit Konflikten beizubringen. Ich wünschte, ich könnte es.

In diesem Buch ist von den kleineren Konflikten die Rede, die deswegen jedoch nicht weniger wichtig sind. Diese kleinen Konflikte betreffen das Leben eines jeden Einzelnen von uns.

Manchmal haben wir gerade im alltäglichen Leben Schwierigkeiten, uns mit anderen über ein Problem auseinander zu setzen. Wir wissen nicht, wie wir uns ausdrücken sollen. Wir haben keine Ahnung, wie der andere reagiert, wenn wir unsere wahren Gefühle zum Ausdruck bringen. Unsere Probleme im Umgang mit schwierigen Gesprächssituationen und Konflikten haben eine Vielzahl weiterer Ursachen. Die Kommunikation mit unseren Mitmenschen gestaltet sich gerade in schwierigen Situationen alles andere als einfach. Mehr zu diesem Thema finden Sie in Kapitel 3.

Zunächst möchte ich mich auf die Auswirkungen dieser Kommunikationsschwierigkeiten auf uns und unser Leben beschränken. Häufig werden diese Konsequenzen zunächst nur bei den so genannten Kleinigkeiten deutlich. In anderen Fällen beeinträchtigen die Auswirkungen unser Leben in größerem Ausmaß. Für diese Problematik lassen sich unzählige Beispiele nennen: Aggressionen im Straßenverkehr, Reibereien am Arbeitsplatz, Zwistigkeiten unter Mitbewohnern, Ärger mit den Vorgesetzten, Zerwürfnisse unter Freunden und Streitereien im Supermarkt. Die Hälfte aller Menschen, die uns auf der Straße begegnen, wirkt verärgert bzw. frustriert. Die andere Hälfte fühlt sich – zumindest zeitweilig – machtlos. Es besteht die

Gefahr, dass die unterdrückten Frustrationen bzw. Aggressionen tief in unserem Inneren Wurzeln schlagen und dort weiter anwachsen.

Immer wieder dieselben zwölf Konfliktformen

Unten sind die Formen von Konflikten aufgeführt, mit denen die meisten von uns sich wieder und wieder auseinander setzen müssen. In meinen Seminaren fordere ich die Teilnehmer regelmäßig dazu auf, ein Ereignis zu notieren, bei dem sie sich über einen Mitmenschen geärgert haben. Nach mehreren hundert Seminaren habe ich festgestellt, dass immer wieder dieselben Spannungen auftreten. Die folgenden Meinungsverschiedenheiten sind zwar nicht die einzigen Konfliktbereiche, in jedem Fall jedoch die, die am häufigsten auftreten.

Zwölf Verhaltensweisen, die uns wahnsinnig machen

1. **Lebensraum-Lümmel:** Hierbei handelt es sich um Zeitgenossen, die ihre Musik zu laut aufdrehen; Schlachtfelder hinterlassen, die andere für sie aufräumen müssen; Leute, die ihre Hunde im Nachbargarten ihr Geschäft erledigen lassen, oder Arbeitskollegen, die das Eigentum der anderen nicht respektieren.

2. **Telefon-Treulose:** Wenn Sie mit diesen Menschen zu tun haben, werden auch Sie immer wieder Folgendes beklagen: „Immer muss ich anrufen." „Er ruft mich nur an, wenn er etwas von mir will." „Sie hinterlässt immer zehnminütige Nachrichten auf meinem Anrufbeantworter."

3. **Böse Borger:** Die bösen Borger leihen sich Ihr Auto und geben es mit leerem Tank zurück. Ihre CDs haben bei der Rückgabe Kratzer. Ihre Schreibtischutensilien verschwinden auf mysteriöse Weise. Das Geld, das Sie diesen Menschen leihen, sehen Sie niemals wieder.

4. **Notorische Nörgler:** Wir alle kennen einen Menschen dieser Spezies: Immer hat er Schwierigkeiten oder jammert über ein schier unlösbares Problem.

5. **Unentwegte Unterbrecher:** Kein Mensch lässt sich gerne unterbrechen, und niemand mag es, wenn er in Unterhaltungen nicht zu Wort kommt.

6. **Kaltschnäuzige Kommentatoren:** Unter diese Kategorie fallen u. a. der Nachbar, der sich seine unhöflichen Bemerkungen nicht verkneifen kann, oder der Kerl, der immer wieder rassistische bzw. sexistische Witze reißt. Sie sind diese dummen Äußerungen leid.

7. **Nimmermüde Nichtstuer:** Einige Menschen drücken sich vor der Arbeit, wo immer es geht, sei es im Beruf, zu Hause oder bei ihrer ehrenamtlichen Tätigkeit.

8. **Favoriten-Förderer:** „Und was ist mit mir?" Das fragt man sich immer dann, wenn der Vorgesetzte seine Lieblinge mit den besten Projekten betraut oder die Schwiegermutter den Kindern ihrer leiblichen Tochter die schöneren Geschenke macht.

9. **Urlaubs-Unruhestifter:** Ihr Partner besteht immer wieder darauf, die Ferien mit seiner Familie zu verbringen. Oder einer von Ihnen beiden will im Urlaub nach Hawaii reisen, während der andere lieber wandern möchte.

10. **Versprechen-Vergesser:** Sie haben Ihren Mann gebeten, pünktlich zum Essen nach Hause zu kommen – und wer ist nicht da? Ihr Kollege hat Ihnen zugesagt, Ihnen die Unterlagen spätestens bis 14.00 Uhr auszuhändigen, und vergisst es natürlich. Ihr Kunde versäumt es, Ihnen die versprochenen Dokumente zukommen zu lassen. All diese Menschen machen Zusagen, die sie dann später nicht einhalten können oder wollen.

11. **Belästigende Bittsteller:** Ein Freund, Ihr Vorgesetzter oder Ihr Partner bittet Sie um etwas, das Sie nicht tun möchten bzw. mit dem Sie nicht einverstanden sind.

12. **Meisterhafte Mitmischer:** Immer wieder drängen uns diese Menschen ihre Meinung auf, ob wir sie nun hören wollen oder nicht. Unsere Eltern sind der Überzeugung, wir sollten unser Leben ihren Wünschen gemäß gestalten. Die lieben Großeltern verwöhnen die Enkelkinder und setzen sich über die Bitten der Eltern hinweg.

Die Beispiele zeigen, wie schnell im alltäglichen Miteinander Meinungsverschiedenheiten auftreten können. Nur zu oft wachsen kleine Unstimmigkeiten zu unschönen Konflikten heran. Sie geraten unversehens in ein aggressives Streitgespräch oder aber es kommt zu überhaupt keiner Auseinandersetzung und das eigentliche Problem wird einfach unter den Teppich gekehrt. Und das aus einem ganz einfachen Grund: *Wir wissen nicht, wie wir uns sonst verhalten sollten.*

Viele Menschen sind der Meinung, es sei einfacher, einer Auseinandersetzung aus dem Weg zu gehen, als sich der Konfrontation zu stellen. Das ist jedoch nicht der Fall. Es ist einfach so, dass wir nie gelernt haben, jemanden mit seinem unhöflichen bzw. störenden Verhalten auf freundliche, aber bestimmte Weise zu konfrontieren.

Schwierigkeiten bei der Kommunikation erstrecken sich auf alle Lebensbereiche. In diesem Buch finden Sie Beispiele für Konflikte im Berufsleben, in der Familie und in allen anderen Bereichen unseres Alltagslebens. Bei jedem einzelnen Erlebnis handelt es sich um einen Tatsachenbericht. Sie wurden mir entweder von den Teilnehmern meiner Seminare berichtet oder ich habe sie sogar selbst erlebt. Selbstverständlich wurde die Privatsphäre der Erzählenden geschützt, an den Tatsachen habe ich jedoch nichts verändert.

Das Problem ist stets das gleiche ...

Die Gesichter und die Situationen sind von Beispiel zu Beispiel verschieden, die Problematik bleibt jedoch stets dieselbe. *Wir können uns unseren Mitmenschen in schwierigen Situationen nicht angemessen mitteilen.* Wenn wir mit unserem Gegenüber kein konstruktives Gespräch führen können, können wir keine positive Konfrontation herbeiführen und somit auch das Problem nicht lösen. Führen wir unser Leben, ohne unsere Konflikte zu bereinigen, sind wir sowohl mit uns selbst als auch mit unseren Mitmenschen unzufrieden. Die Konsequenzen wachsen immer weiter an. Uns überkommt in der Regel Wut und ein Gefühl der Machtlosigkeit. Jede schwierige Auseinandersetzung, der wir aus dem Wege gehen, führt zu einer weiteren, nicht stattfindenden Konfrontation. Jeder Auseinandersetzung,

die in gegenseitigem Anschreien endet, folgt ein weiterer laut-
starker Streit. Schließlich fühlen wir uns ausgenutzt, krank,
abgeschlagen oder fuchsteufelswild. Vielleicht fürchten Sie
sogar, die Kontrolle über sich und Ihr Leben zu verlieren.
Wenn Sie sich krank oder machtlos fühlen bzw. das Gefühl
haben, die Kontrolle zu verlieren, ist das weder besonders
angenehm, noch ist es eine gesunde Art und Weise, sein Leben
zu gestalten.

Die Lösung für diese Problematik – die ich Ihnen in diesem
Buch vorstelle – bleibt ebenfalls immer dieselbe. Wenden Sie
diese Strategie an, wenn es Ihnen schwer fällt, Ihre Meinung
offen zu äußern, wenn Sie leicht barsch bzw. aggressiv werden.
In Teil II und Teil III dieses Buches stelle ich Ihnen verschiedene Kommunikationsmethoden vor, die Sie sich leicht aneignen und in Zukunft anwenden können.

Es bleibt Ihre Entscheidung, ob Sie sich der Strategien und
Techniken zur Lösung der Konflikte in Ihrem Leben bedienen
wollen. Ich hoffe, dass Sie sich für diese Methoden entscheiden
und sie so zu einem Teil Ihrer Persönlichkeit machen. Nutzen
Sie die Vorteile dieser Strategien: Immer wieder berichten mir
meine Klienten von ihrer Erleichterung, nachdem sie endlich
jemanden, dessen Verhalten sie ärgerte, zur Rede gestellt haben. Andere wiederum fühlen sich nicht länger von ihren Arbeitskollegen und Mitmenschen ausgenutzt. Missverständnisse
unter Freunden konnten durch positive Konfrontation schnell
aus der Welt geschafft werden. Als Folge fühlen sich die Menschen in ihrem Beruf bedeutend wohler und sind nun mit sich
und der Welt zufriedener. Die Vorzüge freundlichen aber bestimmten Verhaltens äußern sich vorwiegend in Kleinigkeiten:
einem besseren Verhältnis zu einem Ihrer Verwandten bzw.
Arbeitskollegen oder einem weniger nervenaufreibenden Ar-
beitstag. Sie stehen ganz allgemein weniger unter Stress und
sind der Situation nicht mehr so ausgeliefert. Wobei es nichts
Negatives über Sie aussagt, wenn Sie die genannten Kommu-
nikationsstrategien nicht beherrschen; denn wahrscheinlich hat
Ihnen das niemand beigebracht. Nur die wenigsten von uns
haben gelernt, wie sie sich in schwierigen Gesprächssituationen
am besten verhalten sollen. Weder in der Schule noch an den
Universitäten wird das angemessene Verhalten im Konfliktfall

gelehrt. Und nur die wenigsten von uns eignen sich diese Strategien selbstständig an.

Was ich für Sie tun kann, wenn Sie in schwierigen Situationen kein Wort herausbekommen

Im Folgenden möchte ich die Probleme auflisten, bei denen ich Ihnen unter die Arme greifen kann. Ich kann Ihnen helfen, wenn:

- Sie Schwierigkeiten haben, andere Menschen darauf anzusprechen, dass Sie sich durch Ihr Verhalten gestört bzw. verletzt fühlen.
- Sie Konflikte durch freundliches und bestimmtes Vorgehen günstig beeinflussen wollen. Und ich erkläre Ihnen, worum es sich bei freundlichem, aber bestimmtem Verhalten handelt, wie es sich anhören sollte und wie Sie dabei vorzugehen haben.
- Sie Ihr Leben zu Ihren Gunsten verändern wollen – auch wenn es sich zunächst um kaum merkliche Veränderungen zu handeln scheint. Diese geringfügigen Veränderungen werfen jedoch Wellen und erreichen so immer weitere Bereiche Ihres Lebens.

Was genau ist denn eigentlich freundliches, aber bestimmtes Verhalten?

Energische Worte mit erhobener Stimme sind *keinesfalls* freundlich, aber bestimmt. Freundliches, aber bestimmtes Verhalten ist die Art und Weise, wie Sie sich im Verlauf einer positiven Konfrontation verhalten sollten. Hierbei geht es um mehr, als „Bitte" und „Danke" zu sagen.

Es ist nicht damit getan, allen Mut zusammenzunehmen und einem anderen offen die Meinung zu sagen.

Was ist eigentlich Durchsetzungs-
vermögen?

Die Frage kann niemand wirklich beantworten. Sie können den Begriff auch im Wörterbuch nachschlagen; danach sind Sie wahrscheinlich genauso schlau wie vorher. Alle Menschen, die ich frage, was sie unter dem Begriff „Durchsetzungsvermögen" verstehen, antworten mir in der Regel mit Schweigen.

Bitten Sie zehn Menschen um eine Erklärung des Begriffes „Durchsetzungsvermögen", und man antwortet Ihnen entweder mit einem Achselzucken oder auch mit zehn unterschiedlichen Antworten. Aus diesem Grund benutze ich den Begriff „Durchsetzungsvermögen" in diesem Zusammenhang nur ungern. Viele Menschen schwören auf ihr Durchsetzungsvermögen, während ihre Umwelt sie als passiv oder auch aggressiv bezeichnet. Der Ausdruck „Durchsetzungsvermögen" ist folglich äußerst irreführend. Aus diesem Grund spreche ich in diesem Buch von „freundlichem, aber bestimmtem Verhalten". Diese Charakterisierung trifft eher das Verhalten, das bei einer positiven Konfrontation erforderlich ist.

Freundliches, aber bestimmtes Verhalten ist nichts weiter als eine Kombination der Techniken, die viele Menschen sowohl mit dem Training des Durchsetzungsvermögens als auch mit Etiketteschulung in Verbindung bringen. Vor zehn Jahren habe ich damit begonnen, beide genannte Bereiche zu unterrichten. Im Laufe der Zeit traten die Aspekte, die ich in meinen Seminaren zur Schulung des Durchsetzungsvermögens behandelte – *Wie lerne ich, mich und meine Ziele durchzusetzen?* –, immer wieder in meinen Etikette-Kursen – *Wie werde ich ein höflicher Mensch?* – auf, und umgekehrt. Viele der Fragen überschnitten sich. Ich erkannte, dass eine Strategie, die Durchsetzungsvermögen und Etikette miteinander kombinierte, vielen Menschen nützlich sein konnte.

Mehr als nur gute Manieren

Etikette im beruflichen und privaten Leben umfasst mehr als das Erlernen der korrekten Tischmanieren – z. B.: Welches ist

mein Wasserglas bei einem Geschäftsessen oder Hochzeits-
bankett? Die Tischmanieren sind nur ein winzig kleiner Bestandteil der modernen Benimmregeln. (Ihr Wasserglas befindet sich übrigens auf der rechten Seite Ihres Gedecks.)

Ein weiterer kritischer – jedoch weniger beachteter –
Aspekt der Etikette, egal, ob im Konferenzsaal oder im heimischen Wohnzimmer, ist das Verhalten, das Sie im Umgang mit
anderen Menschen zeigen. Sie lernen, wie Sie Ihr Gegenüber –
sei es Ihr Vorgesetzter, die Mitglieder Ihres Lesekreises, Ihre
Kunden, Ihre Großtante oder Ihre Nachbarn – möglichst positiv
beeindrucken können.

Glauben Sie mir: Menschen, die die Grundregeln der Etikette ignorieren, werden nicht befördert – ganz egal, wie charmant sie sind oder welches Fachwissen sie haben. Menschen
ohne Manieren werden nicht zum Vorsitzenden des Bürgerver-
eins gewählt. Sie werden nicht mit der Leitung wichtiger Projekte beauftragt, sie werden sogar übergangen, wenn es darum
geht, wer den Kuchen beim diesjährigen Kirchenbasar verkau-
fen soll. Und diese Menschen wundern sich, warum das ausge-
rechnet ihnen passiert.

Etikette ist nichts anderes als das richtige Verhalten Ihren
Mitmenschen gegenüber. „Richtiges Verhalten" bedeutet nichts
weiter als taktvolles Verhalten – sowohl mit Worten als auch
mit Taten. Wichtig ist, was Sie sagen und wie Sie es sagen. Es
geht darum, andere Menschen freundlich zu behandeln.

Etikette trifft auf Durchsetzungsvermögen

In meinen Seminaren erkläre ich den Teilnehmern immer wieder, dass sie ein Recht darauf haben, angehört zu werden und
ihre Meinung zu äußern. Sie müssen jedoch dieser Aussage
entsprechend handeln, und das in einer angemessenen Form –
also freundlich, aber bestimmt. Wenn Sie freundlich, aber
bestimmt auftreten wollen, müssen Sie sowohl Ihre verbalen
als auch Ihre nonverbalen Kommunikationstechniken entsprechend verfeinern. Auch hier ist die Verbindung zwischen Etikette und Durchsetzungsvermögen äußerst hilfreich. Durch das
Training der genannten Eigenschaften erkennen die Menschen
leichter, inwieweit sie bislang ohnehin schwierige Gesprächs-

situationen durch ihre üblichen Verhaltensweisen zugespitzt bzw. entschärft haben. Wir senden fortwährend unsichtbare Signale an unsere Mitmenschen, ohne uns deren Bedeutung bewusst zu sein.

Allein durch Höflichkeit lassen sich schwierige Situationen in den seltensten Fällen meistern. Sofern Sie lediglich höflich sind, wirken Sie auf Ihr Gegenüber wie ein Duckmäuser. Wenn Sie ausschließlich bestimmt vorgehen, ist das auch nicht besonders hilfreich. Wird das Durchsetzungsvermögen nicht von einer gewissen Höflichkeit begleitet, wird es eher als Aggression aufgefasst. Für eine positive Konfrontation sind sowohl Höflichkeit als auch Durchsetzungsvermögen erforderlich.

Ich hatte ja keine Ahnung, dass ich so auf andere wirke!

Wenn Menschen erkennen, wie sie tatsächlich auf ihre Zeitgenossen wirken, reagieren viele mit Bestürzung. Ich könnte Ihnen Geschichten erzählen, die Ihnen die Haare zu Berge stehen lassen würden. Sie würden darauf wahrscheinlich entgegnen, dass kein Mensch sich so verhalten würde. Tatsache ist jedoch, dass jeder von uns schlechte Angewohnheiten hat.

So habe ich z. B. einen meiner Klienten dazu aufgefordert, sich selbst auf Video aufzunehmen. Er folgte meinem Vorschlag und war regelrecht schockiert, als er feststellen musste, dass jedes zweite Wort aus seinem Mund „okay" lautete. Auf dem Video erkannte er, wie unerträglich sich das anhörte. Kein Wunder, dass man ihm bislang keine größeren Präsentationen übertragen hatte. Bevor er sich das Video angesehen hatte, war dieser Mann der festen Überzeugung gewesen, sein Vorgesetzter würde ihm die guten Projekte auf Grund einer persönlichen Antipathie vorenthalten. Nun erkannte er jedoch, dass nur er selbst seiner beruflichen Karriere im Weg stand.

So wie dieser Mann können auch Sie Ihre schlechten Angewohnheiten erkennen und ablegen. Angewohnheiten, die Ihren beruflichen Erfolg verhindern und immer wieder das Entstehen befriedigender zwischenmenschlicher Beziehungen vereiteln. Sie werden lernen, wie Sie sich bei positiven Kon-

frontationen verhalten sollten und was Sie unter allen Umständen vermeiden sollten. Korrektes Verhalten umfasst auch den
Einsatz der richtigen verbalen und nonverbalen Kommunikationstechniken. Weiterhin erfahren Sie in diesem Buch, welch
erfreuliche Auswirkungen positive Konfrontationen auf Ihr
Leben haben können.

Wohin führt der Weg?

Nach dieser kleinen Einleitung meinerseits haben Sie vielleicht
bereits eine Ahnung davon bekommen, welchem Verhaltensmuster Sie in Konfliktsituationen folgen. Lassen Sie uns nun
gemeinsam die ersten Schritte in das Land der positiven Konfrontation wagen. Ich werde Ihnen Schritt für Schritt den Weg
weisen und Ihnen helfen, die Kommunikationstechniken zu
entwickeln, die Sie zu einer freundlichen, aber bestimmten
Persönlichkeit machen werden. Ich habe es wieder und wieder
erlebt: Sobald die Menschen die richtigen Strategien befolgen
und über das entsprechende Handwerkszeug verfügen, steht
ihrem Dasein als freundliche, aber bestimmte Persönlichkeiten
nichts mehr im Wege.

Mit der entsprechenden Praxis ist es sogar relativ leicht,
sich die freundlichen, aber bestimmten Verhaltensweisen anzu-
eignen, die eine positive Konfrontation ermöglichen. Zu diesem Zweck habe ich eine einfache Strategie entwickelt: die
PAC-Methode. Die PAC-Methode bietet Ihnen die Möglichkeit
zur Überwindung der größten Hindernisse durch positive Konfrontation. Sie können genau benennen, was Sie ärgert und was
Sie der anderen Person sagen wollen bzw. worum Sie sie bitten
möchten – und das alles in positiver Form. Kurz gesagt: Mit
Hilfe des PAC-Modells finden Sie in schwierigen Gesprächssituationen immer die richtigen Worte.

Das hört sich an, als wäre die ganze Angelegenheit ein
Kinderspiel. Mit der entsprechenden Übung wird es für Sie
auch völlig selbstverständlich sein, Ihre Mitmenschen freundlich, aber bestimmt auf die Dinge hinzuweisen, die Sie an ihnen stören. Zu Anfang jedoch ist es wesentlich schwieriger, als
Sie glauben. Sie werden zunächst Schwierigkeiten haben, genau zu benennen, was Sie eigentlich stört bzw. ärgert oder was

genau Sie von der anderen Person erwarten. Wenn Sie einer schwierigen Gesprächssituation bzw. sogar einem Konflikt gegenüberstehen, ist es in der Regel alles andere als einfach, auf freundliche, aber bestimmte Weise auszudrücken, was man von seinem Gegenüber erwartet. Eine positive Konfrontation ist nur dann möglich, wenn Sie sich über Ihre eigene Position im Klaren sind und wissen, was Sie von Ihrem Gegenüber wollen. Zu Anfang wird Sie das vor einige Probleme stellen. Mit Hilfe des PAC-Modells können Sie sich jedoch Schritt für Schritt auf die bevorstehenden schwierigen Gesprächssituationen vorbereiten. Im Laufe der Zeit werden Sie bemerken, dass die Situationen und Konflikte, vor denen Sie früher zurückgeschreckt sind bzw. mit denen Sie nicht umgehen konnten, Ihnen nicht länger bedrohlich erscheinen.

Im Verlauf dieses Buches werden Sie vor allem folgende Dinge lernen:

1. Sich Ihres Verhaltens gegenüber Ihren Mitmenschen – insbesondere bei Konfrontationen – bewusst zu werden.
2. Keine vorschnellen Urteile über das Verhalten Ihrer Mitmenschen zu fällen.
3. Falls erforderlich, die Konfrontation zu suchen – und sich dabei freundlich, aber bestimmt zu verhalten.
4. Die Zahl der Konflikte in Ihrem Leben zu verringern.

Erscheint Ihnen Punkt 4 der obigen Aufzählung deplatziert? Sollen Sie anhand dieses Buches nicht lernen, positive Konfrontationen zu führen? Richtig, das sollen Sie – wenn es nötig und angemessen ist. Freundliche und bestimmte Menschen präsentieren sich ihren Mitmenschen jedoch auf eine Art und Weise, die nur äußerst selten zu Konflikten führt. Diese Menschen wissen, wann es angebracht ist, die Dinge einfach „auf sich beruhen zu lassen".

Es braucht seine Zeit, bis wir uns neue Fähigkeiten aneignen. Gehen Sie also nicht sofort zu Ihrem Vorgesetzten und erklären Sie ihm, dass Sie ihn für ungerecht halten, oder eröffnen Sie nicht gleich unverblümt Ihrem Partner, dass Sie ihn keinesfalls heiraten wollen. Fangen Sie klein an. Bauen Sie zunächst Ihr Selbstvertrauen auf. Nach und nach werden Sie völlig neue Verhaltensweisen an den Tag legen – wesentlich effektivere und positivere Verhaltensweisen. Im Laufe der Zeit wird freundliches, aber bestimmtes Verhalten Ihnen zur zweiten Natur werden. Sie werden mit sich selbst zufriedener sein und Ihre Beziehungen zu Ihren Mitmenschen werden sich erheblich verbessern.

Kapitel 2

Tyrannen und Duckmäuser wählen nur selten den Weg der Konfrontation

Wie in Kapitel 1 erwähnt, habe ich im Laufe meiner beruflichen Tätigkeit unzählige Menschen kennen gelernt, die nicht wussten, wie sie ihre alltäglichen Konflikte auf positive Weise lösen sollten. Diese Probleme kenne ich jedoch nicht nur von meinen Seminarteilnehmern, eine Vielzahl der Erfahrungen kann ich auch aus erster Hand beisteuern. Es gab eine Zeit in meinem Leben, zu der es auf der ganzen Welt wahrscheinlich keinen Menschen gab, der dieses Buch dringender benötigte als ich selbst.

An diesem Punkt sollte ich Ihnen wohl ein Geständnis machen: Ich war ein Duckmäuser. Ein ziemlich großer Duckmäuser sogar. Der Großteil meiner Seminarteilnehmer – Seminare über positive Konfrontation – ist über mein Geständnis äußerst erstaunt. Doch woher sonst sollte ich mein Wissen auf diesem Gebiet beziehen? Warum sollte ich mich sonst so für dieses Thema begeistern?

Die Botschaften aus der Kindheit wirken im Erwachsenenleben nach

Kinder lernen von ihren Eltern, wie sie sich im Konfliktfall bzw. anderen Menschen gegenüber zu verhalten haben. Sie sind zur Schule, zur Kirche, zum Sporttraining und zu den Pfadfindern gegangen, und auch dort erwartete man von Ihnen ein bestimmtes Verhalten. Viele dieser Botschaften hatten sicherlich ihren Wert, andere wiederum sind Ihnen in Ihrem heutigen Leben nichts als hinderlich: *Brüll ruhig herum, wenn du unglücklich bist. Wenn dich jemand schlecht behandelt, vergeude nicht deine Zeit mit ihm.*

Wenn uns jemand sagt, wie wir uns in schwierigen Gesprächssituationen verhalten sollen, nehmen wir das Gesagte nicht nur auf, wir speichern es auch im Unterbewusstsein. Im Laufe der Zeit leidet Ihr Selbstbewusstsein, Sie haben Schwierigkeiten mit Ihren Mitmenschen oder suchen sich lieber neue Freunde, als sich mit den alten auseinander zu setzen. Ich persönlich litt an dem klassischen Duckmäuser-Syndrom: In meiner Fantasie malte ich mir aus, wie ich endlich „aufmuckte". In der Realität kriegte ich jedoch die Zähne nicht auseinander.

Aus dem schüchternen Mädchen wurde eine erwachsene Frau, die immer noch von Unsicherheit geplagt wurde. Nirgendwo lassen sich die Folgen falscher Zurückhaltung besser verfolgen als im Berufsleben. Als ich vor vielen Jahren meine ersten Schritte in der Geschäftswelt unternahm, arbeitete ich für ein großes, von Männern dominiertes Raumfahrtunternehmen. Die Arbeit dort war alles andere als ein Zuckerschlecken. Alle, vom obersten Chef bis hin zur Parkwächterin, die mich zusammenstauchte, weil ich es gewagt hatte, mein Auto auf „ihrem" Parkplatz abzustellen, behandelten mich grundsätzlich unhöflich oder wurden sogar ausfallend. Ich könnte Ihnen Geschichten erzählen ... Ich möchte Ihnen jedoch nur von einem Erlebnis berichten, das mein Leben von Grund auf veränderte:

Während eines Treffens mit der Unternehmensleitung stellte mir einer der Männer aus der Chefetage folgende Frage: „Warum bleiben Sie eigentlich nicht zu Hause und bekommen Kinder, so wie jede anständige Frau?" *Nett, nicht?*

Zu meinem Glück arbeitete ich für eine Direktorin mit dem Namen Ann Lewis. Sie war eine der beiden Frauen, die es bis in die oberen Etagen des Unternehmens geschafft hatten. Sie war voller Selbstvertrauen und wusste sich durchzusetzen – zwei Eigenschaften, die mir fehlten. Diese Frau wurde zu meiner Mentorin. Nachdem dieser Mann mich mit dieser Äußerung vor allen Leuten bloßgestellt hatte, rannte ich in Rekordgeschwindigkeit – zutiefst gekränkt und in Tränen aufgelöst – in ihr Büro.

Ann Lewis fragte mich: „Warum haben Sie ihm denn nicht gesagt, dass Sie sich durch diese Bemerkung gekränkt fühlen?" – „Sie meinen, ich kann ihm das sagen?", erwiderte ich.

Wenn ich heute daran zurückdenke, fehlen mir einfach die Worte. Doch zu diesem Zeitpunkt wusste ich tatsächlich nicht, dass ich diesen Mann sehr wohl in seine Schranken verweisen „durfte". Bevor Ann Lewis mir erklärte, dass ich durchaus das Recht dazu hatte, beklagte ich mich in solchen Situationen lediglich bei anderen Menschen bitterlich über die Ungerechtigkeit der Welt. Ich heulte mich bei Ann aus, bei meiner Schwester, bei meinen Nachbarn … Das war meine Standardvorgehensweise in schwierigen Situationen oder Konflikten. Behandelte mich jemand ungerecht, unhöflich oder sogar rücksichtslos, klagte ich meinen Freundinnen mein Leid – ich beklagte mich bei meinem Friseur oder auch bei dem Unbekannten, der im Flugzeug neben mir saß. Ich war da nicht besonders wählerisch. Alles, was ich brauchte, war ein offenes Ohr. Ich konnte stundenlang über solche Erlebnisse berichten.

Ich habe jedoch niemals auch nur ein einziges Wort darüber gegenüber der Person verloren, über die ich mich so maßlos aufregte. Niemals. Nicht ein einziges Wort. Und da ich jeder Konfrontation aus dem Weg ging, fühlte ich mich unzulänglich.

Mangelndes Selbstwertgefühl

Nun kommen wir zu dem Gefühl der Unzulänglichkeit … Setzen wir uns einmal mit unserem Selbstwertgefühl auseinander, das zwangsläufig einen wichtigen Bestandteil jeglicher Auseinandersetzung mit anderen Menschen darstellt. Ich habe über das Selbstwertgefühl Folgendes gelernt: Es gibt immer wieder Tage, an denen wir uns unzulänglich fühlen. Die einen leiden jedoch häufiger daran als andere. Ja, dann fühlen wir uns schlecht. Ich habe festgestellt, dass das Gefühl der Unzulänglichkeit die meisten Menschen davon abhält, sich mit ihren Mitmenschen in positiver Form auseinander zu setzen. Es ist jedoch keinesfalls der einzige Grund.

Die ständige Sorge um unser mangelndes Selbstwertgefühl erweist sich jedoch als wenig hilfreich. Als ich versuchte, meine Befangenheit zu besiegen, las ich Unmengen von Büchern zu diesem Thema. In manchen Fällen halfen sie mir auch weiter. Die meisten dieser Bücher empfand ich jedoch als äußerst frustrierend. Viele Autoren klärten mich lediglich darüber auf, warum ich der Duckmäuser war, der ich nun einmal war: Ich hatte zu wenig Selbstwertgefühl! Ich wusste, dass es damit nicht zum Besten bestellt war! Warum sollte ich diese Bücher sonst lesen? Ich brauchte niemanden, der meine Psyche analysierte. Was ich brauchte, war eine Anleitung, die mir half, mein Selbstwertgefühl Stück für Stück aufzubauen.

Einen solchen Leitfaden fand ich jedoch nicht. Doch im Laufe der Zeit lernte ich nach und nach, wie ich mich mit meinen Mitmenschen positiv auseinander setzen konnte. Und mein Selbstwertgefühl profitierte davon ungemein. Ann Lewis, meine Mentorin, war mir auf diesem Weg eine große Hilfe. Allein durch ihr Verhalten gab sie mir so manchen Denkanstoß. Ich beobachtete, wie sie die Ruhe bewahrte, ganz egal, was ihr Gegenüber sagte oder tat. In gespannten Situationen bestach sie durch eine eindrucksvolle (jedoch nicht dominante) Körpersprache. Ihre Wortwahl war bei jeder Gelegenheit freundlich, aber bestimmt.

Ich erkannte, dass auch ich zu einer freundlichen, aber bestimmten Persönlichkeit werden musste, wenn ich beruflich weiterkommen wollte. Ich kannte den Preis, den diejenigen zahlten, die auf Freundlichkeit und Bestimmtheit verzichteten. Während meiner Tätigkeit als Fotoreporterin bewarb ich mich einmal um eine Stelle als Redakteurin. Man sagte mir einen Termin für ein Vorstellungsgespräch zu. Die Verantwortlichen vergaßen jedoch die Einladung. Zu dem Zeitpunkt nahm ich es hin. *Ich habe zugelassen, dass man mich vergisst!*

Eine neue Formel für den Erfolg

Mir war klar, dass ich mein Verhalten in diesem Bereich meines Lebens unbedingt verändern musste. Wenn ich es zuließ, dass man vergaß, mich zu einem Vorstellungsgespräch einzuladen, würde ich beruflich niemals vorankommen. Ich musste zu einer Persönlichkeit werden, die sich nicht scheute, andere auf sich und ihre Interessen hinzuweisen. Und ich musste zu einem Menschen werden, der dazu in der Lage war, ohne seine Mitmenschen dabei vor den Kopf zu stoßen. Achten Sie darauf, dass Sie Ihren Zeitgenossen immer Respekt entgegenbringen. Egal, ob Sie Mann oder Frau sind, wo Sie leben oder über welche besonderen Fähigkeiten Sie verfügen, Sie können nicht auf Biegen und Brechen Ihre Meinung behaupten, Ihrer Wege gehen und dann erwarten, dass Ihre Mitmenschen Sie weiterhin respektieren. Sie müssen andere Menschen – auch wenn diese Ihnen unhöflich begegnen oder Sie ganz einfach ärgern – mit Respekt behandeln. Wenn Sie in Ihrem Beruf zu den Besten zählen, sich selbstständig machen oder den Vorsitz im Bürgerverein übernehmen wollen, müssen Sie lernen, mit anderen Menschen auszukommen.

Auch Sie kennen bestimmt einen erfolgreichen Menschen, der sich trotz seines Erfolgs keiner großen Beliebtheit erfreut. Vielleicht ist es sogar der jähzornige Vorstandsvorsitzende Ihres Unternehmens, bei dessen Eintreten allen Anwesenden das Blut in den Adern gefriert. Dieser Mann setzt seine Ziele durch und lässt dabei die Freundlichkeit außer Acht. Meiner Meinung nach spielt es keine Rolle, wie erfolgreich dieser Mensch im Beruf ist. Wenn man Ihnen nur mit Respekt begegnet, weil man sich vor Ihnen fürchtet, sind Sie weder im Beruf noch in Ihren zwischenmenschlichen Beziehungen noch im Leben ganz generell wirklich erfolgreich. Ich bin der Überzeugung, man kann sich sehr wohl freundlich und bestimmt verhalten und dabei von seinen Mitmenschen immer noch respektiert und als sympathisch empfunden werden. Ist es nicht leichter, durchs Leben zu gehen, wenn man dabei vorwiegend gute Beziehungen und Kontakte zu seinen Mitmenschen aufbauen kann? Andererseits bin ich der Meinung, der Erfolg ist es nicht wert, die Höflichkeit außer Acht zu lassen. Ich möchte jedenfalls nicht zu den Menschen gehören, die anderen durch ihre bloße Anwesenheit Angst einflößen. Respekt – ja. Angst – nein.

Zurück zu meiner Vergangenheit als Duckmäuser. Mein Ziel war es zwar nicht, in die Chefetage eines bedeutenden Unternehmens vorzudringen, doch hatte ich sehr wohl berufliche Ziele. Also hatte ich eine Menge zu lernen. Und ich lernte eine Menge. Mit Anns Unterstützung war ich schließlich in der Lage, den Direktor, der mir gegenüber die kränkende Äußerung über die Pflichten einer „anständigen Frau" gemacht hatte, darum zu bitten, diese Kommentare in Zukunft zu unterlassen. Bei der nächsten Bewerbung um eine Stelle als Redakteurin sorgte ich dafür, dass ich zu einem Vorstellungsgespräch eingeladen wurde.

Je mehr ich mich mit meinen Mitmenschen positiv auseinander setzte, desto größer wurde die Zahl der positiven Ergebnisse. Als ich einen Manager darauf aufmerksam machte, dass er mir bei den Sitzungen regelmäßig das Wort abschnitt, entschuldigte sich dieser und schenkte mir künftig seine Aufmerksamkeit. Meine Vorschläge gefielen ihm sogar so gut, dass er mich schließlich beförderte.

Das richtige Selbstwertgefühl

Da ich mit meiner Handlungsweise mehr und mehr zufrieden war, verbesserte sich auch mein Selbstwertgefühl. Auch in zwischenmenschlichen Beziehungen verhielt ich mich angemessener. Mein Leben war an einem entscheidenden Wendepunkt angelangt. Ich war allein erziehende Mutter und hatte einen Sohn. Ich wollte meinem Kind durch mein Verhalten ein positives Beispiel für den Umgang mit schwierigen Situationen geben. Kinder riechen Heuchelei aus hundert Metern Entfernung. Sie müssen Ihren Kindern schon vorleben, was Sie ihnen predigen.

Nie wieder wollte ich in einer Beziehung enden, in der ich, wie schon in meiner ersten Ehe, meine wahren Gefühle nicht ausdrücken konnte.

Ich wollte auch nicht länger meinen Ärger über das meiner Meinung nach, respektlose Verhalten meiner Mitmenschen mit mir herumtragen. Wie damals, als meine Cousine zu Besuch kam. Das Erste, was sie sagte, als sie mein Haus betrat, war: „Du hast ja einen neuen Hund. Der ist ja riesig – und so hässlich!"

Ich bin nun mal ein Hundefreund. Mein Hund gehört für mich zur Familie, so dass ich den Kommentar meiner Cousine als kränkend empfand. Doch was sollte ich sagen? Ich steckte in einer Sackgasse. Sie kennen sicherlich dieses Gefühl – empört und sprachlos zugleich. Es ist unglaublich frustrierend!

Zunächst sagte ich gar nichts. Ich musste erst einmal meine Gedanken ordnen. Einige Zeit später wurde mir jedoch klar, dass ich diesen Ausspruch nicht „ungeahndet" lassen wollte und konnte. Hätte ich nichts dazu gesagt, hätte mir das die Freude an ihrem Besuch verdorben. Also nahm ich all meinen Mut zusammen und sprach meine Cousine darauf an. Jetzt, da sie wusste, dass mich ihr Kommentar verletzt hatte, entschuldigte sie sich bei mir und wir beide konnten die gemeinsame Zeit genießen.

Mein Leben veränderte sich mehr und mehr zum Besseren – zunächst die Kleinigkeiten und nach und nach auch die wichtigen Angelegenheiten. Mein Stresspegel sank in dem Maße, in dem mein Selbstvertrauen stieg. Wenn ich Ihnen also sage, dass Sie mit Hilfe der hier vorgestellten Techniken Konflikte und schwierige Gesprächssituationen besser bewältigen können, dann weiß ich, wovon ich spreche. Ich weiß aus eigener Erfahrung, wie viel besser Sie sich fühlen werden, wenn Sie sich freundlich, aber bestimmt verhalten. Es ist eine völlig neue Form der Freiheit.

Welche Botschaften haben Sie erhalten?

Ich wurde als Kind darauf getrimmt, mich wie ein „nettes Mädchen" zu benehmen. Auch Ihnen wurden bestimmte Verhaltensmuster beigebracht. Nehmen Sie sich einige Minuten Zeit und denken Sie darüber nach, welcher Art diese Botschaften waren, die Ihre Kindheit prägten. Werden Sie sich darüber klar, inwieweit diese Botschaften Sie auch heute noch, insbesondere in schwierigen Situationen, beeinflussen.

Botschaften, die meine tyrannischen bzw. feigen Verhaltensmuster geprägt haben:

_____

_____

_____

Kapitel 3

Konfrontationsstile: Der Tyrann, der Duckmäuser und der Herumbrüller in Aktion

Sie kennen inzwischen meinen früheren Konfrontationsstil: Ich war ein Duckmäuser. Jetzt ist es an der Zeit, dass Sie sich selbst die Frage stellen: „Wie verhalte ich mich bei Auseinandersetzungen?" Welches Verhaltensmuster zeigen Sie im Umgang mit Arbeitskollegen, Familienmitgliedern, Freunden und in schwierigen Gesprächssituationen?

Behaupten Sie nicht, Sie würden nicht einem bestimmten Konfrontationsstil folgen oder Sie wüssten nicht, wie Sie sich in solchen Situationen verhalten. Sie folgen einem bestimmten Verhaltensmuster. Jeder Mensch tut das.

Ich weiß, wie schwierig das ist. Keiner gibt gerne zu, dass er sich bei Auseinandersetzungen grundsätzlich die Lunge aus dem Hals schreit oder schwierige Auseinandersetzungen wie die Pest meidet. Wenn Sie dieser Tatsache ins Auge sehen, müssen Sie sich auch eingestehen, dass Sie sich anderen Menschen gegenüber unhöflich verhalten oder sich selbst im Weg stehen. Ich hatte große Schwierigkeiten, mich mit dem Gedanken abzufinden, dass ich ein typischer Duckmäuser war.

Wenn Sie schwierigen Situationen aus dem Weg gehen, Ihr Gegenüber bei Auseinandersetzungen anschreien oder andere destruktive Verhaltensweisen zeigen, bedeutet das, dass Sie in einem negativen Verhaltensmuster stecken. Unzählige Menschen auf der ganzen Welt haben täglich, sei es im Supermarkt, im Büro oder zu Hause, negative Auseinandersetzungen mit ihren Mitmenschen. Niemand gesteht sich sein tyrannisches oder feiges Verhalten gerne ein. Es handelt sich jedoch in jedem Fall um ein tief verwurzeltes Verhaltensmuster, das zu einem Teil unserer Persönlichkeit geworden ist. Es liegt nun einmal in der menschlichen Natur, dass wir einmal angenommene Verhaltensweisen nur schwer ablegen können, selbst wenn es sich um negative Dinge handelt, die wir nur zu gern verändern würden. Solange uns keine besseren Alternativen zur Verfügung stehen, ist es uns ohnehin nicht möglich, unser Verhalten zu ändern. Wir handeln also weiterhin negativ und schaden uns und unseren Mitmenschen.

Also, wie verhalten Sie sich?

Die meisten Menschen haben große Schwierigkeiten, ihre Gefühle im Verlauf einer Auseinandersetzung zu äußern. Aus den verschiedensten Gründen halten wir uns mit unserer Meinung und unseren Gefühlen zurück. Wir wollen keinesfalls die Gefühle des anderen verletzen. Wir befürchten, unser Gegenüber würde uns dann nicht mehr mögen. Neben den beiden angeführten Gründen gibt es noch eine Vielzahl anderer Ursachen dafür, dass wir im Konfliktfall die Beherrschung verlieren bzw. die dazu führen, dass uns ganz einfach die Worte fehlen. Woran das im Einzelnen liegen kann, werde ich Ihnen an anderer Stelle erläutern.

Beim Lesen dieses Kapitels sollten Sie immer daran denken, dass Sie – ganz egal, wie Sie sich bislang im Verlauf einer Auseinandersetzung verhalten haben – sehr wohl in der Lage sind, ehrlich zu sein *und* Ihre Worte sorgfältig zu wählen. Sie *können* Ihr Gegenüber mit Respekt behandeln. Sie *können* Ihre Körpersprache so weit beherrschen lernen, dass Sie auf andere einen energischen Eindruck machen. Alles, was Sie dazu benötigen, sind die entsprechenden Strategien, die Ihnen dieses Verhalten ermöglichen.

Doch was ist, wenn Sie diese Techniken nicht kennen? Dann ist es um einiges schwieriger, wenn nicht sogar unmöglich, sich im Konfliktfall korrekt zu verhalten.

Genau das ist der Grund, aus dem wir uns so häufig unangemessen verhalten. Darum scheuen wir davor zurück, die Person, über deren Verhalten wir uns ärgern, darauf anzusprechen, oder aber wir sagen oder tun etwas, was wir später bereuen.

Als Sie das letzte Mal jemandem die Meinung sagen wollten und es dann doch wieder vorzogen, den Mund zu halten, haben Sie sich dann eingeredet: „Ist ja halb so wild" oder „Dann eben beim nächsten Mal" oder „Er ist eben ein Idiot?" Vielleicht war dieser Kerl wirklich ein „Idiot" – vielleicht aber auch nicht. Wenn Sie sich erst einen gewissen Erfahrungsschatz auf dem Gebiet der positiven Konfrontation angeeignet haben, werden Sie irgendwann wirklich denken: „Ist ja alles halb so wild", und Sie werden es tatsächlich so meinen. Mit etwas Übung und noch etwas mehr Geduld werden Sie bald so weit sein. Ich verspreche Ihnen, dass Sie an diesen Punkt gelangen werden. Wenn so ein absoluter Duckmäuser wie ich das erreichen kann, dann schaffen Sie das auch. Jetzt wollen wir uns jedoch zunächst einmal auf Ihr persönliches Verhalten im Konfliktfall beschränken. Wenn Sie sich über einen Freund oder ein Familienmitglied ärgern und sich einreden, dass es Ihnen nichts ausmacht, Sie tief in Ihrem Inneren jedoch genau wissen, dass Sie dieses Verhalten verletzt, dann haben Sie ein Problem. Wenn Sie bei einer Konferenz die Beherrschung verlieren und herumschreien, sich hinterher jedoch wünschen, die ganze Angelegenheit ungeschehen machen zu können – auch dann haben Sie ein Problem.

In der Regel verhalten wir uns beim nächsten Konflikt genauso wie immer – wir halten den Mund oder schreien herum, sofern wir nicht unser Verhalten grundlegend ändern.

Bevor Sie zu anderen ehrlich sein können ...

Es ist nicht immer einfach, anderen Menschen offen zu begegnen, und es ist auch nicht immer leicht, sich selbst gegenüber ehrlich zu sein. Ihre Offenheit zu sich selbst hat großen Einfluss auf Ihr Selbstbewusstsein. Das ist nicht besonders angenehm. Ganz besonders am Anfang, wenn Sie sich daranmachen, Ihr Fehlverhalten aufzudecken, kann das ausgesprochen unbehaglich werden. Natürlich ist es äußerst verlockend, die kleinen Unstimmigkeiten Ihres ansonsten recht ordentlichen

Benehmens als Nichtigkeiten abzutun. Und die Versuchung, sich selbst vorzubeten, dass wir uns korrekt verhalten, ist groß.

Sie müssen sich unbedingt darüber klar werden, welche Verhaltensweisen Sie bei Auseinandersetzungen an den Tag legen. Erkennen Sie Ihre persönlichen Verhaltensmuster. Sie müssen sich bewusst werden, ob Sie ehrlich zu Ihren Mitmenschen sind oder nicht. Nur dann können Sie Ihr Verhalten im Konfliktfall verändern, verbessern oder ggf. sogar völlig umkrempeln. Durch diesen Prozess der Selbsterkenntnis können Sie Ihr Leben und Ihre Beziehungen zu Ihren Mitmenschen nachhaltig verbessern. Die Mühe lohnt sich. Glauben Sie mir, durch positive Konfrontation wird sich Ihr Leben in vielen Bereichen zum Besseren verändern.

Hilfreiche Persönlichkeitstests

Wenn ich Persönlichkeitstests gemacht hatte, war ich danach mit mir alles andere als zufrieden. Plötzlich hatte ich anscheinend völlig neue Probleme, die es zu lösen galt. Dann erkannte ich jedoch, dass ich mich nur verändern konnte, wenn ich mir über mich und meine Verhaltensweisen klar wurde. Ohne diese Erforschung unseres Selbst ist eine persönliche Veränderung nicht möglich. Auch wenn Sie die folgenden Seiten gerne überschlagen möchten, widerstehen Sie der Versuchung. Machen Sie den Persönlichkeitstest. Er ist für Sie und Ihren weiteren Lebensweg von großer Bedeutung!

Interaktion mit anderen

	Ja	Nein	Weiß nicht
1. Ich ignoriere das Verhalten meiner Mitmenschen auch dann, wenn ich mich darüber ärgere.	❏	❏	❏

	Ja	Nein	Weiß nicht
2. Wenn mich das Verhalten eines anderen Menschen ärgert, rede ich darüber mit Dritten, spreche den Betreffenden jedoch nicht direkt darauf an.	❑	❑	❑
3. Ich entschuldige mich häufig, ohne dass ich mir etwas vorzuwerfen hätte.	❑	❑	❑
4. Wenn ich ein Problem mit einem Freund bzw. einer Freundin habe, breche ich den Kontakt ab, bis er oder sie erkennt, dass etwas nicht stimmt.	❑	❑	❑
5. Ich suche die Schuld für meine Probleme bei anderen.	❑	❑	❑
6. Ich kann nicht anders, wenn ich mich ärgere, schreie ich herum.	❑	❑	❑
7. Ich sage mir immer wieder selbst: „Er bzw. sie muss doch wissen, dass er/sie mich so nicht behandeln kann."	❑	❑	❑
8. Ich will immer Recht behalten bzw. meinen Willen durchsetzen.	❑	❑	❑
9. Wenn ich mich aufrege, haue ich mit der Faust auf den Tisch oder werfe mit Gegenständen um mich.	❑	❑	❑

	Ja	Nein	Weiß nicht
10. Ich befürchte, dass ich die Gefühle anderer verletze bzw. sie mich nicht mehr mögen, wenn ich ihnen offen meine Meinung sage.	❑	❑	❑
11. Ich bin der Überzeugung, dass es auf der Welt wirklich viele rücksichtslose und egoistische Menschen gibt.	❑	❑	❑
12. Wenn ich jemanden auf ein Problem anspreche, stelle ich es immer so dar, als wäre es meine Schuld, damit ich meinem Gegenüber nicht zu nahe trete.	❑	❑	❑

Auch wenn Sie nur einige dieser Fragen mit „Ja" beantwortet haben, folgen Sie einem negativen Verhaltensmuster. Haben Sie einige dieser Fragen mit „Ich weiß nicht" beantwortet, besteht immerhin die Gefahr, dass Sie einen negativen Konfrontationsstil entwickelt haben.

Wenn Sie obige Fragen nicht eindeutig beantworten können, müssen Sie sich Ihrer eigenen Verhaltensweisen erst einmal bewusst werden. Achten Sie einige Tage lang darauf, wie Sie sich bei Konflikten im Beruf, im Straßenverkehr oder in der Schlange vor dem Kino verhalten. Wenn sich Ihrer Meinung nach jemand rücksichtslos verhält oder Sie belästigt, sprechen Sie die Person darauf an? Und wenn Sie das tun, welche Worte wählen Sie? Wenn Sie dieses Verhalten ignorieren, sind Sie sich dann darüber im Klaren, warum Sie das tun?

Warum gehen Sie der Auseinandersetzung aus dem Weg?

Wenn Sie sich über Ihr Verhaltensmuster im Konfliktfall klar werden, denken Sie auch daran, warum so viele Menschen Auseinandersetzungen scheuen. Dieses Verhalten hat im Wesentlichen fünf Ursachen, die in verschiedenster Form immer wieder auftauchen. Kommt Ihnen eins der fünf im Folgenden angeführten Verhaltensmuster bekannt vor?

Fünf Ursachen für das Vermeiden von Auseinandersetzungen

Im Folgenden erläutere ich Ihnen die fünf meistgenannten Gründe, aus denen die Menschen einer Konfrontation aus dem Weg gehen:

1. **Sie glauben, der andere** *müsste* **wissen, dass sein Verhalten unangemessen bzw. ärgerlich ist.** „Er muss doch wirklich wissen, dass mich das wahnsinnig macht!" oder „Wieso soll ich ihr das sagen, da müsste sie schließlich von selbst draufkommen?" Glauben Sie mir, nur in den seltensten Fällen, sind sich die Menschen der Tatsache bewusst, dass sie durch ihr Verhalten andere zur Weißglut bringen.
   Wir alle neigen zu vorschnellen Urteilen – in der Regel Mutmaßungen negativer Art – darüber, warum jemand sich so und nicht anders verhält. Meistens sind wir mit unseren, in der Regel negativen Urteilen zu schnell zur Hand. Was Ihnen persönlich unangemessen erscheint, kann jemand anderer für angebracht halten. Und das, was Ihnen akzeptabel oder sogar normal erscheint, können andere durchaus als Kränkung auffassen. Das war z. B. bei Kate und ihrem Vorgesetzten der Fall. Ihr Chef war mit Kritik immer schnell zur Hand, versäumte es jedoch, Kate für gute Arbeit zu loben. Sie fragte mich: „Warum soll ich darüber mit ihm sprechen? Warum soll ich ihn um positives Feedback bitten? Das versteht sich doch wohl von selbst!" Worauf ich ihr antwortete: „Vielleicht ist es für ihn nicht selbstver-

ständlich. Vielleicht ist er der Überzeugung, es reicht aus, Sie lediglich auf die Probleme aufmerksam zu machen."

Bei der jungen Frau und ihren beiden jüngeren Schwestern, deren Eltern bei einem Verkehrsunfall schwer verletzt wurden und zu Pflegefällen wurden, verhielt es sich ähnlich. Die Frau war allein für die Pflege der Eltern verantwortlich und ärgerte sich maßlos darüber. Nachdem sie einige Wochen vor sich hin geschmollt hatte, stellte sie ihre Schwestern zur Rede und fragte: „Warum helft ihr mir eigentlich nicht? Das ist einfach nicht fair!"

Ihre Schwestern waren schockiert: „Wir dachten, du wolltest dich darum kümmern und die alleinige Verantwortung übernehmen – das hast du doch immer so gemacht. Schließlich warst du immer unsere große Schwester."

Die beiden waren froh darüber, dass sie ihrer Schwester einen Teil der Arbeit und der Verantwortung abnehmen konnten.

2. **Ich möchte die Gefühle des anderen nicht verletzen.** Aus diesem Grund scheuen wir häufig davor zurück, die Menschen, die wir gut kennen, auf Probleme anzusprechen. Doch auch bei uns unbekannten Personen stellt dies oftmals ein Problem dar. Wenn sie wüssten, wie viele Menschen bei mir Rat suchen, weil sie nicht in der Lage sind, Vertreter am Telefon abzuweisen! Das geschieht nicht, weil sie an dem Produkt interessiert wären, sondern weil sie ganz einfach nicht Nein sagen können.

Sofern wir die Betreffenden näher kennen, wollen wir die Beziehung nicht gefährden und verzichten darauf, Heikles zur Sprache zu bringen.

„Wenn du nichts Nettes zu sagen hast, dann halt lieber den Mund." Redensarten wie diese sind den meisten von uns aus unserer Kindheit und Jugend nur zu gut bekannt. Dieser gut gemeinte Rat ist jedoch alles andere als hilfreich. Verstehen Sie das jetzt bitte nicht falsch. Schließlich lehre ich auch Business-Etikette. Ich würde Ihnen niemals raten, sich anderen Menschen gegenüber unhöflich zu verhalten. Aber müssen wir deshalb immer nur angenehme Dinge zur Sprache bringen? Natürlich nicht. Wenn wir diese Redewendung im Sinne des freundlichen, aber bestimmten Verhaltens abändern, lautet sie folgendermaßen: „Sag, was du meinst. Stehe zu dem, was du sagst. Doch sag niemals etwas Gemeines."

Auseinandersetzungen scheinen nicht zu der typischen Frauenrolle zu passen, auf die wir Frauen in der Regel schon in frühester Kindheit geprägt wurden. Die meisten Frauen wurden zu regelrechten Friedensstiftern erzogen. Die weiblichen Leser sollten sich einmal Gedanken darüber machen, wie oft sie zu einer ihrer Freundinnen Folgendes gesagt haben: „Bist du jetzt sauer auf mich?" oder „Sei jetzt bitte nicht sauer!", um Auseinandersetzungen zu vermeiden.

Doch auch Männer sind von diesem Thema betroffen. Andrew ist Rechtsanwalt und seine Sekretärin ist ihm als Mensch äußerst sympathisch. Ihn stören jedoch ihre vielen Rechtschreibfehler. Er sprach sie nicht darauf an, weil er befürchtete, damit ihre Gefühle zu verletzen und sie damit vielleicht sogar zum Weinen zu bringen. Doch was waren die Konsequenzen, wenn er sie nicht auf ihre Fehler aufmerksam machte? Er gab zu, dass er sich ihr gegenüber äußerst reserviert verhielt, wenn sie Fehler machte. Ist das einer offenen Auseinandersetzung vorzuziehen? Ich bin da anderer Auffassung. Ich forderte ihn auf, sich mit seiner Sekretärin offen auszusprechen. Vielleicht würde sie dann ja ihre Rechtschreibkenntnisse auffrischen oder sich um ein entsprechendes Rechtschreibprogramm kümmern.

3. **Habe ich denn das Recht, jemandem zu sagen, dass ich mit seinem bzw. ihrem Verhalten nicht einverstanden bin?** Nur die wenigsten Menschen wissen, dass dies ihr gutes Recht ist. Genauso habe ich vor vielen Jahren auch noch gedacht. Ich war mir gar nicht bewusst, dass ich jemanden auf sein unverschämtes Benehmen mir gegenüber oder auf kränkende Kommentare ansprechen durfte. Heute höre ich immer wieder: „Kann ich das wirklich einfach so sagen, wenn mich etwas am Verhalten eines anderen stört?" Und ich gebe immer wieder dieselbe Antwort: „Ja, ja, ja und nochmals ja."

Denise traute sich nicht, ihren Vorgesetzten darauf hinzuweisen, dass ihr Kollege alles Lob für ein Projekt einheimste, an dem sie ebenfalls beteiligt war. Sie war der Auffassung: „Er ist der Chef. Es ist nicht an mir, ihn in diesem Punkt zu belehren." Natürlich musste Denise ihren Arbeitgeber darauf hinweisen. Wer sollte ihr denn sonst die wohlverdiente Anerkennung zusprechen?

Eine meine Seminarteilnehmerinnen beklagte sich bei mir über ihre Tante, die sie immer wieder anrief und sich mit ihren Ratschlägen ein ums andere Mal unaufgefordert in ihr Leben einmischte. Sie fragte mich: „Sie meinen, ich kann meiner Tante sagen, dass ich sie schon um ihre Meinung bitten werde, wenn ich sie hören will?" Ich erklärte ihr, dass sie genau das tun kann – *freundlich, aber bestimmt.*

4. **Ich habe Angst vor den möglichen Konsequenzen.** Wir sollten uns immer bewusst sein, dass mit Ehrlichkeit ein gewisses Risiko verbunden ist. Selbst bei einer positiven Auseinandersetzung, bei der Sie Ihren Standpunkt offen und ehrlich äußern, besteht die Gefahr, dass Sie über das Ergebnis nicht besonders glücklich sein werden. Je nach Art der Beziehung kann eine solche Auseinandersetzung leicht zu einem Machtkampf ausarten. Bei jeder Konfrontation – auch bei einer positiven – besteht ein gewisses Risiko. Vielleicht haben Sie in dieser Beziehung zu wenig Macht oder Einfluss und erhalten tatsächlich nicht das, worum Sie den anderen bitten.

Dieses Risiko besteht vor allem bei Beziehungen am Arbeitsplatz. Welche Konsequenzen könnten mit dem Konflikt verbunden sein, wenn jemand in den Konflikt verwickelt ist, der in der Hierarchie höher angesiedelt ist als Sie selbst? Natürlich können Sie Ihren Vorgesetzten mit einem Thema konfrontieren, das Ihnen am Herzen liegt. Letztlich ist und bleibt er jedoch Ihr Vorgesetzter und ist nicht verpflichtet, sein Verhalten Ihnen gegenüber zu ändern. Schließlich sind Sie der bzw. die Untergebene. Vielleicht ist der Betreffende gar nicht sonderlich erfreut über Ihre Offenheit oder will davon ganz einfach nichts wissen. Besteht möglicherweise die Gefahr, dass Sie Ihre Stellung verlieren – selbst wenn Sie Ihr Anliegen freundlich, aber bestimmt vortragen? Auch das kann passieren. Es ist auch gut möglich, dass Ihr Vorgesetzter Ihnen Ihre Offenheit später zum Vorwurf macht. Auch wenn jemand zu Ihnen sagt: „Erzählen Sie mir ruhig, was Sie auf dem Herzen haben", heißt das noch lange nicht, dass er wirklich wissen will, was Sie denken. In Kapitel 9 werde ich näher darauf eingehen, wie Sie bei einer bevorstehenden Auseinandersetzung den eventuellen Schaden gegen den möglichen Nutzen abwägen können. An dieser Stelle sollten Sie sich zunächst einmal nur vor Augen führen, dass Sie immer ein Risiko eingehen, wenn Sie einem Vorgesetzten Ihre offene Meinung über sein Verhalten sagen.

Auch bei ganz persönlichen Beziehungen ist eine offene Auseinandersetzung nicht ungefährlich. Wenn Sie einem Ihrer Freunde oder Ihrem Partner offen sagen, was Ihnen an seinem Verhalten missfällt, ist es durchaus möglich, dass der- bzw. diejenige Ihnen Ihre Ehrlichkeit persönlich übel nimmt und die Beziehung darunter leidet.

Es folgt eine Geschichte, die ich so oder in verschiedenen Abwandlungen immer wieder höre: Ein Mieter beschwerte sich bei dem Vermieter seines Nachbarn über dessen Verhalten, anstatt sich an seinen Nachbarn persönlich zu wenden. Ich fragte den Betreffenden, warum er so gehandelt hatte, und er antwortete mir: „Ich hatte Angst vor seiner Reaktion."

Der Nachbar wiederum fragte sich, warum der Mann nicht mit ihm persönlich gesprochen hat. Man kann ihm wirklich keinen Vorwurf machen. Er war sich wahrscheinlich nicht bewusst, dass sein Nachbar sein Verhalten als störend empfunden hatte. Im Zweifelsfall sollten wir immer davon ausgehen, dass hinter dem störenden Verhalten des Betreffenden keine böse Absicht steckt.

Dann gibt es da noch die Fremden. Vielleicht ist es gar nicht so dumm, wenn Sie davor zurückschrecken, einem Ihnen fremden Menschen offen Ihre Meinung zu sagen. Schließlich kennen Sie diesen Menschen überhaupt nicht und können folglich nicht wissen, wie derjenige auf eine solche Konfrontation reagiert. In der Regel schrecken die Betroffenen aus Angst vor der Reaktion – z.B. vor möglicher Aggression – zurück. Ich kann Ihnen nur raten, dass Sie in diesem Fall immer auf ihr eigenes Urteilsvermögen vertrauen sollten.

Eine Seminarteilnehmerin wurde von ihrer Firma eigens für die Teilnahme an dem Seminar eingeflogen. Sie berichtete mir, dass sie sich im Flugzeug nicht getraut habe, ihren Sitznachbarn darauf hinzuweisen, dass er die Musik zu laut aufgedreht hatte. Ich fragte sie, warum das so war.

„Ich kannte diesen Mann doch gar nicht", antwortete sie. „Ich wusste nicht, wie er reagieren würde."

Was sollte er ihr schon tun? In einem Flugzeug – mit all den Leuten um ihn herum. In neun von zehn Fällen dreht der Betreffende die Musik leiser. Sie hätte ihn also ruhig ansprechen können.

5. **Ich habe Angst, dass ich aggressiv werde.** Viele Menschen haben die Befürchtung, dass sie die Beherrschung verlieren, wenn sie sich aufregen bzw. ärgern. Aus diesem Grund tun sie einfach so, als wäre alles in Ordnung, und vermeiden jegliche Form der Auseinandersetzung.

Doch die meisten von uns verwechseln Wut und Aggression. Wut ist nicht gleichzusetzen mit Aggression. Wut ist ein Gefühl. Aggression ist das entsprechende Verhalten. Emotionen sind weder gut noch böse, sie sind einfach das, was sie sind. Gut oder böse ist lediglich das, was Sie tun oder nicht tun, wenn Sie diese Emotionen empfinden. Sie können jedoch lernen, Ihre Wut in freundliche, aber bestimmte Worte zu kleiden.

Tamica ist z. B. nicht in der Lage, ihre Angestellte darauf anzusprechen, dass sie in den wöchentlichen Konferenzen immer wieder belanglose Themen anschneidet. „Ich habe Angst, dass ich sie anschreie und dann nicht mehr damit aufhören kann", erklärte sie. Doch was passiert, wenn Tamica sich weiterhin zurückhält? Irgendwann wird sie zwangsläufig explodieren, und was wären die Konsequenzen für die Beziehung zu ihrer Angestellten? Es ist durchaus möglich, dass die Beziehung darunter leidet.

Der Vater, der seinen Sohn nicht zur Rede stellt, wenn dieser wiederholt mitten in der Nacht nach Hause kommt, steht vor einem ähnlichen Problem. Wahrscheinlich spricht er das Thema nicht an, weil er befürchtet, dass er die Beherrschung verliert, wenn sein Sohn ihm Widerworte geben sollte. Er hat einfach keine Lust auf weitere lautstarke Auseinandersetzungen. Doch starke Gefühle klingen nicht einfach so ab. Es ist nur eine Frage der Zeit, bis dem Vater der Geduldsfaden reißt und er seinen Sohn anschreit. Wäre es da nicht besser, er würde sich mit seinem Sohn ruhig unterhalten, bevor er endgültig die Beherrschung verliert?

Drei „Auseinandersetzungs-Muffel" in Aktion

Im Folgenden stelle ich Ihnen drei sehr weit verbreitete Verhaltensmuster der Konfrontationsvermeidung vor.

Der Nörgler

Die häufigste Form, Auseinandersetzungen zu umgehen, besteht darin, Menschen sein Leid zu klagen. Dieses Verhalten zeigen in der Regel die Duckmäuser unter denen, die nicht wissen, wie eine positive Auseinandersetzung verlaufen sollte.

Die Beschwerden der Nörgler sind in der Regel an Freunde, Familienmitglieder, Arbeitskollegen und jeden, der ihnen zuhört, gerichtet – niemals jedoch an die betreffende Person selbst. Die Erleichterung, die diese Menschen sich verschaffen, indem sie sich bei anderen „ausheulen", ist leider nur von kurzer Dauer.

Betsys Vorgesetzter macht sich z. B. vor anderen Leuten über sie lustig. Sie verliert bei der Arbeit kein Wort darüber, doch zu Hause angekommen, greift sie zum Telefonhörer und weint sich bei ihrer Schwester darüber aus. Wenn ihr Mann nach Hause kommt, hat sie den ganzen Abend nur ein Gesprächsthema. Hält das ihren Vorgesetzten davon ab, sich weiterhin in der Öffentlichkeit über sie lustig zu machen? Nein, denn er weiß nichts von Betsys Gefühlen. Und solange er davon nichts weiß, wird er sein Verhalten auch nicht ändern.

Indem wir uns bei anderen Menschen „ausheulen", vergeuden wir enorm viel Energie.

Der Vermeidungsstratege

Auch das Ausweichen kostet die Betreffenden einen Großteil ihrer kreativen Energie. Dieses Verhaltensmuster trifft vorwiegend auf Duckmäuser zu, die so ziemlich alles tun, nur um sich nicht mit demjenigen auseinander setzen zu müssen, über dessen Verhalten sie sich ärgern. Sie trösten sich damit, dass alles ja nur halb so wild ist, obwohl es für sie von großer Bedeutung ist. Häufig meiden diese Menschen nicht nur eine Auseinandersetzung, sie gehen auch der betreffenden Person aus dem Weg. Das ist in jedem Fall leichter für sie, als die Gefühle dieser Person zu verletzen.

Eine Bekannte von mir ging früher jeden Morgen mit ihrer Nachbarin spazieren. Diese Nachbarin beschwerte sich jedoch die ganze Zeit über ihren Mann, ihren Chef, die Lärmbelästigung und darüber, dass man am Obststand auch keine ordentlichen Orangen mehr bekommt. Meine Bekannte hatte einfach keine Lust, sich das ewige Gejammer ihrer Nachbarin länger anzuhören. Schließlich war dieser Spaziergang für sie die einzige Möglichkeit am Tag, sich einmal richtig zu entspannen. Da sie die Gefühle ihrer Nachbarin nicht verletzen wollte, fand sie immer neue Vorwände, um die gemeinsamen Spaziergänge abzusagen. Sie war sich nicht darüber im Klaren, dass ihre Entschuldigungen eine deutliche Sprache sprachen und sie so die Gefühle ihrer Nachbarin ohnehin verletzte. Meine Bekannte entwickelte schließlich ein regelrechtes Fluchtverhalten.

Ein Mitarbeiter eines Finanzinstituts berichtete mir von einer Arbeitskollegin, die ihn immer wieder anrief, um ihm haarklein zu berichten, welch grandioses Geschäft sie gerade wieder abgeschlossen hatte: „Ich freue mich wirklich für sie und möchte keinesfalls ihre Gefühle verletzen, doch ihre Anrufe kosten mich unglaublich viel Zeit. Inzwischen gehe ich schon gar nicht mehr ans Telefon."

Ich forderte ihn dazu auf, dieser Frau nicht länger aus dem Weg zu gehen, sondern das Problem zur Sprache zu bringen – freundlich, aber bestimmt.

Der Leugner

Einige Menschen nehmen Dinge hin, die sie sich, wenn sie ehrlich wären, nicht gefallen lassen würden. Im Gegensatz zu denjenigen, die Auseinandersetzungen aus dem Weg gehen, gestehen sich diese Menschen nicht einmal ein, dass sie wütend, verärgert oder gekränkt sind. Durch diese Verdrängungsmechanismen wird häufig auch die Gesundheit der Betreffenden in Mitleidenschaft gezogen – chronische Erkrankungen sind keine Seltenheit. Ich kenne eine Frau, die von der Chefetage aufgefordert wurde, einen leitenden Posten in einer der ausländischen Tochtergesellschaften des Unternehmens zu übernehmen. Sie wollte die USA nicht verlassen, traute sich jedoch nicht, mit ihren Vorgesetzten darüber zu sprechen, da sie fürchtete, dass es ihrer Karriere schaden könnte. Sie erklärte jedem, sogar sich selbst, immer wieder, dass sie kein Problem mit der neuen Stelle habe – bis ihr die Haare ausfielen. Ihr Arzt erklärte ihr, dass es sich hierbei um eine Reaktion auf psychische Belastung handle. Schließlich musste sie mit ihrem Arbeitgeber reden. Denn wenn einem schon die Haare ausgehen, ist man gezwungen, seinen wahren Gefühlen ins Auge zu sehen.

Bekannte von mir weigern sich, ihren Sohn wegen seines Benehmens, das stark zu wünschen übrig lässt, zur Rede zu stellen. Er raucht, schwänzt die Schule und treibt sich mit einem mehrfach vorbestraften Jungen herum. Sie behaupten, ihr Sohn mache gerade eine Phase durch. Vielleicht wollen sie sich aber auch nicht mit dem wirklichen Problem auseinander setzen. Was immer auch ihre Gründe sind, die Situation wird nicht besser, wenn sie vorgeben, dass alles in Ordnung sei. In der Regel werden die Probleme im Laufe der Zeit nur noch größer. Ich frage mich, was aus diesem Jungen werden soll – steuert er vielleicht geradewegs auf eine kriminelle Laufbahn zu? Solange seine Eltern sein Verhalten als angemessen bezeichnen, besteht immerhin die Gefahr dazu.

Der Preis für vermiedene Auseinandersetzungen

Die Menschen, die ihren Gefühlen nur in Gegenwart Dritter freien Lauf lassen, diejenigen, die jeder Form von Auseinandersetzung aus dem Weg gehen, und die, die ihre Probleme verleugnen, haben neben ihrem Duckmäusertum noch andere Gemeinsamkeiten. Sie haben einen hohen Stresspegel, ein geringes Selbstwertgefühl und das Verhalten der anderen Menschen, über das sie sich so ärgern, hält natürlich an. Warum sollte es auch aufhören? Wir können uns bei Dritten beschweren, den Betreffenden aus dem Weg gehen oder unsere Probleme verleugnen, so viel wir wollen; die Schwierigkeiten mit unseren Mitmenschen werden sich nicht einfach in Luft auflösen. Alle drei genannten Verhaltensweisen führen zwangsläufig dazu, dass die Betroffenen sich machtlos fühlen.

Negative Formen der Auseinandersetzung

Dann gibt es noch die Menschen, die keine Auseinandersetzung scheuen – dabei jedoch nicht gerade positiv vorgehen. Sie sind in der Regel vollkommen perplex, wenn sie vor dem Ergebnis der Auseinandersetzung stehen. Meistens fühlen sie sich dann sogar noch schlechter als vorher. Hier sind die drei häufigsten Ursachen für den negativen Verlauf einer Auseinandersetzung:

Drei Gründe, die zu negativen Auseinandersetzungen führen

1. **Ich unterdrücke meine Gefühle, bis mir „der Kragen platzt".** Gefühle verschwinden nicht einfach. Eine Frau berichtete mir einmal von einem Kurs an der Volkshochschule. Zunächst war ihr ihre Banknachbarin äußerst sympathisch. Doch dann bemerkte sie, dass ihre Nachbarin unaufhörlich Kaugummiblasen zerplatzen ließ. Schließlich hielt sie es nicht mehr aus und schrie ihre Banknachbarin an: „Wissen Sie eigentlich, wie nervtötend dieses ewige

Peng, Peng ist?" Die so Angesprochene schluckte augenblicklich ihren Kaugummi herunter und setzte sich in den kommenden Wochen grundsätzlich auf einen anderen Platz. Was wäre geschehen, wenn diese Frau die Kaugummikauerin freundlich, aber bestimmt darauf angesprochen hätte? Vielleicht würden die beiden sich immer noch gut verstehen und säßen nach wie vor nebeneinander.

So musste diese Frau auf schmerzliche Weise erfahren, dass Gefühle wie Ärger oder Wut immer weiter in uns brodeln, wenn wir ihnen nicht Luft machen. Wir speichern die emotionale Hitze in uns und vergeuden dadurch unendlich viel unserer Energie. Wenn Sie der Situation weiterhin ausgesetzt sind oder die Person irgendetwas anderes macht, was Sie ärgert – peng! Irgendwann platzt Ihnen einfach der Kragen – entweder wegen dieser einen Sache oder aber wegen irgendetwas anderem.

2. **Dieser Idiot wollte es doch nicht anders!** Viele Menschen sind der festen Überzeugung, auf dieser Welt wimmle es nur so von „Idioten". Ein Großteil von uns wurde nach dem Grundsatz erzogen: „Reg dich nicht auf, sondern schlag sie mit ihren eigenen Waffen!" Auch wenn wir es jemandem noch so gerne mit gleicher Münze heimzahlen wollen, ist das noch lange keine Entschuldigung für schlechtes Benehmen unsererseits – niemals. Denn das führt häufig nur dazu, dass der andere aggressiv reagiert.

Erst kürzlich berichtete mir jemand folgende Geschichte: „Ich ertappte meine zukünftige Schwiegermutter, wie sie meine Verlobte und mich bei einem sehr persönlichen Gespräch belauschte. Ich nannte sie ein „Miststück" und rannte aus dem Haus. Zu dem Zeitpunkt war ich fest davon überzeugt, dass sie diese Behandlung verdient hatte. Inzwischen sind wir verheiratet. Das Verhältnis zu meiner Schwiegermutter ist seit jenem Tag jedoch nie wieder so geworden, wie es einmal war. Ich habe mich zwar bei ihr entschuldigt, aber wahrscheinlich nimmt sie mir mein Verhalten immer noch übel. Sie spricht nur noch das Nötigste mit mir und legt offensichtlich keinen Wert darauf, mich in ihre Gespräche einzubeziehen."

Das überrascht mich nicht. Nur die wenigsten Menschen können es wirklich vergessen, wenn sie einmal von jemandem angeschrien wurden. Das ist zwar nicht immer der Fall, doch wenn Sie einen anderen Menschen anschreien, ist die Gefahr, dass die Beziehung dauerhaft darunter leidet, äußerst groß.

3. **Ich dachte, ich hätte endlich einmal durchgegriffen.** Sie sind vielleicht überzeugt davon, dass Sie Durchsetzungsvermögen bewiesen haben. Wenn Sie jedoch wütende Gesten oder Schimpfwörter gebraucht haben, irren Sie sich. Sie haben vielleicht gar nicht absichtlich aggressiv bzw. passiv gehandelt, doch genau so haben Sie gewirkt. Warum? Weil wir nur zu leicht aggressiv werden, ohne es zu wollen.
Einer meiner Seminarteilnehmer berichtete mir, wie er kürzlich im Supermarkt am Express-Schalter für diejenigen, die nur wenig eingekauft haben, auf einen Kunden mit einem vollen Einkaufswagen traf. Er wies seinen Vordermann mit folgenden Worten zurecht: „Hey, Sie! Was haben Sie eigentlich vor? Stellen Sie sich gefälligst an einer anderen Kasse an!"
Der dieserart Zurechtgewiesene war regelrecht erschüttert. Er wusste nicht, dass er sich an der falschen Kasse angestellt hatte. Der Mann, der ihn auf so unverschämte Weise auf seinen Fehler hingewiesen hatte, war für ihn nichts weiter als ein Tyrann.

Der Preis für verpfuschte Auseinandersetzungen

Vielleicht meinen Sie es nur gut. Vielleicht sind Sie auch der Überzeugung, Sie würden lediglich Ihren Standpunkt darlegen. Vielleicht glauben Sie auch, der andere sei schließlich selbst schuld daran. All diese Punkte sind jedoch keine Entschuldigung für aggressives Verhalten. Aggressiven Menschen mangelt es häufig an Selbstbewusstsein oder sie verlieren einfach zu schnell die Beherrschung. In der Regel erzielen sie mit ihrem Verhalten jedoch das Gegenteil von dem, was sie ursprünglich erreichen wollten. Ihre Aggressionen führen zu mehr Konflikten in ihrem Leben, anstatt die bestehenden Konflikte zu beheben. Bei ihren Mitmenschen werden aggressive Leute sich keiner allzu großen Beliebtheit erfreuen

Vier negative Konfrontationsmuster

Bei den negativen Formen der Auseinandersetzung herrschen ebenfalls bestimmte Verhaltensmuster vor. Es folgen vier Beispiele, denen Sie besondere Beachtung schenken sollten:

Der Tyrann

Derjenige, der in Ihrer Kindheit schon immer Ihr Spielzeug demoliert hat, benimmt sich heute wahrscheinlich noch immer wie ein Tyrann und setzt dieses Verhalten in der Arbeitswelt fort. Vielleicht wohnt er sogar in Ihrer Nachbarschaft. Sie sind der Überzeugung, dass niemand es mit diesem Menschen aufnehmen könnte. Solche Leute rechtfertigen ihr Verhalten damit, dass der andere schließlich „selbst schuld ist". Sie wollen immer ihren Willen durchsetzen und werden aggressiv, wenn sich ihnen jemand in den Weg stellt. Menschen mit diesem Verhaltensmuster sind in der Regel äußerst frustriert und können ihrer Frustration nur durch aggressives Verhalten Luft machen. Sie wollen um jeden Preis gewinnen.

Glauben Sie mir, der Umgang mit Tyrannen ist alles andere als einfach. Da ist z. B. der Professor, der sich fürchterlich aufregt, wenn er in seinen Dokumenten einen Tippfehler entdeckt. Es reicht ihm nicht, seine Sekretärin zu bitten, das Schriftstück erneut aufzusetzen. Er hält ihr die fehlerhaften Papiere unter die Nase und schmeißt sie mit aggressiver Geste auf ihren Schreibtisch. Sie können sicher sein, dass sie das Ganze schleunigst fehlerfrei abtippt. Doch empfindet sie Sympathie für ihren Vorgesetzten? Sicherlich nicht.

Auch die Geschichte des Managers, der einen seiner Untergebenen fürchterlich zusammenstauchte und sogar mit einem Stuhl nach ihm warf, weil dieser sich über ein wichtiges Projekt nicht ausreichend informiert hatte, ist wirklich nur schwer zu glauben.

Der Herumbrüller

Beim Herumbrüller handelt es sich um eine Untergruppe des ausgewachsenen Tyrannen. Diese Menschen sind mit dem, was um sie herum geschieht, alles andere als zufrieden. Sie können ihrem Ärger nur durch Schreien Luft machen. Und wenn das nichts hilft, brüllen sie eben noch ein bisschen lauter.

Ein Verwaltungsangestellter berichtete mir Folgendes: „Ich wurde damit beauftragt, neue Visitenkarten für die Vertriebsmitglieder anfertigen zu lassen. Der Abteilungsleiter sagte mir, ich solle den Titel von „Verkaufsvertretung" in „Telemarketing" abändern. Einem langjährigen Mitarbeiter der Abteilung sagte der Titel jedoch überhaupt nicht zu. Als er die neue Visitenkarte sah, brüllte er mich an."

Einige Menschen neigen nur in Extremsituationen dazu, herumzuschreien. Diese Menschen stellen sich der Konfliktsituation mit den besten Absichten, doch ihr Verhalten entspricht leider nur selten ihren guten Vorsätzen. Sobald sie sich aufregen, verlieren sie die Beherrschung. Dann brüllen sie herum, und wenn das nichts hilft, brüllen sie eben noch ein bisschen lauter. Im Nachhinein bereuen sie ihr Verhalten jedoch zutiefst.

Der Masochist

Die Äußerungen des Masochisten werden durch seine verbalen bzw. nonverbalen Botschaften negiert. Im Verlauf einer Konfrontation mit einem Masochisten hört man immer wieder Sätze wie „Entschuldigen Sie bitte. Aber Sie wissen ja, wie sensibel ich bin …" oder „Vielleicht ist das ja wirklich ganz allein mein Problem, aber …" oder „Also ich glaube, vielleicht ärgere ich mich ja nur, weil …" In anderen Fällen sagen diese Menschen durchaus ihre Meinung, z. B.: „Ich empfinde Ihren Kommentar als beleidigend", aber kein Mensch kann es hören, weil sie so leise sprechen.

Diese Menschen nehmen all ihren Mut zusammen, um den anderen zur Rede zu stellen, negieren jedoch gleichzeitig ihren Standpunkt, ergehen sich in Selbstbeschuldigungen oder konfrontieren ihr Gegenüber ganz einfach nicht mit dem wahren Sachverhalt.

Der Verdränger

Diese Menschen leiden schweigend – für einen gewissen Zeitraum –, dann kommt es zum Knall. Sie sehen den wahren Tatsachen nicht ins Auge, bis etwas völlig anderes das Fass zum Überlaufen bringt. Unsere wahren Gefühle kommen immer auf die eine oder andere Weise ans Tageslicht. Häufig geschieht dies in Konflikten, deren Boden weniger unsicher erscheint.

Alan kann mit seiner Frau einfach nicht über finanzielle Angelegenheiten sprechen, weil er sich vor einem heftigen Streit fürchtet. Stattdessen raunzt er sie wegen anderer Kleinigkeiten an, z. B. wenn sie das dreckige Geschirr nicht direkt in die Geschirrspülmaschine einräumt. Seine Frau weiß mit seinem Verhalten natürlich gar nichts anzufangen. Schließlich streiten sich die beiden über Nichtigkeiten, während die eigentliche Problematik nicht zur Sprache kommt.

Das Beispiel zeigt, dass diese Verdrängungsmechanismen einer Beziehung durchaus ernsten Schaden zufügen können. Den beiden Frauen, die sich eine Wohnung teilten, erging es ähnlich. Das Zusammenleben funktionierte hervorragend, bis eine der beiden ihren Freund mehr oder weniger in der Wohnung einquartierte. Die Mitbewohnerin fühlte sich durch die Anwesenheit des Mannes ihrer Privatsphäre beraubt. Sie verlor jedoch kein Wort darüber. Eines Tages entdeckte sie, dass ihre Mitbewohnerin eine ihrer CDs geliehen und ihr nicht zurückgegeben hatte, was schließlich zu einem lautstarken Streit führte. Die Auseinandersetzung hatte sehr wenig – wenn überhaupt etwas – mit der geborgten CD zu tun.

Eine der beiden packte schließlich ihre Sachen und zog aus der gemeinsamen Wohnung aus. Beide Frauen waren wütend aufeinander und jede von ihnen war der Meinung, die andere hätte ihre Gefühle verletzt. Sie wechselten mehr als zwei Jahre lang kein Wort mehr miteinander.

Hand aufs Herz,
wie verhalten Sie sich?

Es geht nicht allein darum, dass Sie Ihr Verhalten einer der genannten Kategorien zuordnen. Ich möchte Ihnen lediglich die Augen für die häufigsten Formen der negativen Konfliktbewältigung öffnen. Vielleicht erkennen Sie sich sogar in mehr als einem der genannten Beispiele wieder. Das kommt sogar relativ oft vor. Die Verhaltensweisen gehen nicht selten fließend ineinander über. So neigen diejenigen, die so tun, als sei alles in bester Ordnung, häufig dazu, die eigentliche Problematik auf einen anderen „Schauplatz" zu verlegen (siehe Tabelle auf Seite 58).

Immerhin können Sie Ihr eigenes Konfliktverhalten inzwischen eindeutig klassifizieren. Es ist gut möglich, dass das, was Sie dabei über sich selbst erfahren, Ihnen nicht gefällt. Sie können dieses Bild von sich jedoch ändern. Neben all den möglichen Ursachen für vermiedene bzw. verpatzte Auseinandersetzungen gibt es vor allem einen Grund: Sie wussten nicht, dass es eine andere Möglichkeit gibt. Sie waren sich nicht darüber im Klaren, dass Sie Fehler gemacht haben.

Sie wussten nichts über die unendlichen Möglichkeiten freundlichen, aber bestimmten Verhaltens, da niemand Sie darüber aufgeklärt hat – bis jetzt.

Verhaltensmuster

Gründe für vermiedene bzw. negative Auseinandersetzungen	Auseinandersetzungs-Muffel			Negative Auseinandersetzungen			
	Nörgler	Ausweichstratege	Lügner	Tyrann	Herumbrüller	Masochist	Verdränger
Vermeiden der Auseinandersetzung							
1. Der andere muss schließlich wissen, dass er sich nicht angemessen verhält.	√	√					
2. Ich will die Gefühle der anderen nicht verletzen.	√	√					
3. Habe ich denn das Recht, jemanden auf sein Benehmen hinzuweisen?	√	√					

Gründe für vermiedene bzw. negative Auseinandersetzungen	Auseinandersetzungs-Muffel			Negative Auseinandersetzungen			
	Nörgler	Ausweichstratege	Lügner	Tyrann	Herumbrüller	Masochist	Verdränger
4. Ich fürchte die möglichen Konsequenzen.	√	√	√				
5. Ich habe Angst, dass ich aggressiv werde.	√	√					√

Negative Auseinandersetzung

1. Ich unterdrücke, bis ich explodiere.				√	√		√
2. Er ist doch selbst schuld.				√	√		
3. Ich hielt mich für energisch.				√	√		

Kapitel 4

Die Entscheidung für einen bestimmten Konfrontationskurs und die Konsequenzen

Sie kennen jetzt die Gründe, warum Sie Auseinandersetzungen meiden bzw. warum Ihre Auseinandersetzungen immer unerfreulich enden. Sie sind sich nun darüber im Klaren, welchem Verhaltensmuster Sie im Konfliktfall folgen. Sie sollten sich jedoch auch mit den entsprechenden Konsequenzen befassen.

Wenn Sie erkannt haben, dass es Ihren zwischenmenschlichen Beziehungen, Ihrem Selbstwertgefühl und Ihrem professionellen Image abträglich ist, wenn Sie nicht in der Lage sind, Ihre Mitmenschen in positiver Form mit wahren Sachverhalten zu konfrontieren, ist das wahrscheinlich Anreiz genug für Sie, endlich freundliches, aber bestimmtes Verhalten im Verlauf einer Konfrontation zu erlernen.

Die meisten Menschen verschwenden in der Regel gar keinen Gedanken an ihre Entscheidung für ein bestimmtes Verhaltensmuster und die damit einhergehenden Konsequenzen. Sie sind sich weder bewusst, dass sie eine Wahl haben, noch, dass sie eine Wahl treffen. Freundliches, aber bestimmtes Verhalten ist nur eine von vielen Möglichkeiten, auf die ich jetzt eingehen möchte.

Passives Verhalten in Konfliktsituationen

Hier ein einfaches, jedoch häufiges Beispiel für einen Konflikt, wie er leider nur zu oft im Zusammenleben mit unseren Mitmenschen auftritt.

Gehen wir einmal davon aus, dass Ihr Arbeitskollege – nennen wir ihn einmal Alex –, dessen Schreibtisch genau neben Ihrem steht, sein Radio so laut aufdreht, dass Sie sich nicht mehr auf Ihre Arbeit konzentrieren können. Sie haben drei Möglichkeiten: Sie beschweren sich bei Dritten, Sie gehen Alex aus dem Weg, oder Sie tun so, als wäre alles in bester Ordnung.

Bei diesen Verhaltensweisen handelt es sich um passives Verhalten im klassischen Sinne. Sie wissen nicht, was Sie sagen sollen, und selbst wenn Sie es wüssten, würden Sie befürchten, dass Sie Alex dadurch gegen Sie aufbringen. Also erzählen Sie jedem Ihrer Kollegen, der Ihnen zuhört, was für ein egoistischer Kerl dieser Alex doch ist. Vielleicht gehen Sie auch jeder Stellungnahme aus dem Weg oder Sie reden sich ein, die Musik würde Sie nicht stören, setzen sich in den Konferenzraum, wo Sie sich besser konzentrieren können, und verpassen aus diesem Grund wichtige Anrufe.

Lassen Sie mich Ihnen den Begriff passives Verhalten veranschaulichen. Menschen, die sich über das Verhalten anderer bei Dritten beschweren, der Konfliktsituation aus dem Weg gehen oder sich einreden, es gebe kein Problem für sie, lassen ihr Leben von dem Verhalten anderer beeinflussen. Wenn Sie sich durch das Verhalten eines anderen Menschen gestört, belästigt oder verletzt fühlen und sich entscheiden, den Betreffenden nicht darauf hinzuweisen, dann handeln Sie passiv. Letztlich räumen Sie durch Ihr passives Verhalten den Gefühlen und Rechten der anderen einen höheren Stellenwert ein als Ihren eigenen.

Die Konsequenzen, wenn Sie Alex nicht bitten, sein Radio leiser zu machen, sehen folgendermaßen aus:

Alles bleibt beim Alten. Alex dreht sein Radio weiterhin zu laut auf. Er weiß ja nicht, dass es Sie stört, weil Sie es ihm nicht gesagt haben. Sie werden sich also auch in Zukunft nicht auf Ihre Arbeit konzentrieren können.

Sie sind unzufrieden mit sich selbst. Schließlich sind Sie ein Duckmäuser! Sie wünschen sich wahrscheinlich nichts sehnlicher, als Alex offen Ihre Meinung zu sagen. Sie schwören sich jeden Tag aufs Neue, dass Sie es morgen ganz bestimmt tun werden. Doch dieses Morgen wird es nie geben. Vielleicht reden Sie sich auch ein, dass die Musik Sie eigent-

lich gar nicht stört, oder Sie halten sich für besonders abge-
klärt, weil Sie sich von solchen Kleinigkeiten nicht aus der
Ruhe bringen lassen. Doch dadurch, dass Sie den Tatsachen
nicht ins Auge sehen, fühlen Sie sich nur noch unzulänglicher.
Und dieses Gefühl der Unzulänglichkeit nagt unaufhörlich an
Ihrem Selbstbewusstsein.

Die Beziehung leidet darunter. Eine Seminarteilnehmerin
berichtete mir einmal davon, wie sehr sie unter der Anwesenheit einer Arbeitskollegin litt: „Allein Karlas Stimme ließ mir
das Blut in den Adern gefrieren." Das ist nicht weiter schlimm,
wenn Sie dieser Karla nur alle Jubeljahre einmal begegnen.
Doch was ist, wenn Sie zwangsläufig jeden Tag mit ihr zu tun
haben? Was ist, wenn diese Karla Ihre Vorgesetzte oder Ihre
Nachbarin ist? Sie können diese Frau nicht einfach aus Ihrem
Leben verschwinden lassen. Früher oder später wird sie ohnehin wieder Ihren Weg kreuzen.

Die anderen könnten schlecht von Ihnen denken. Die
Strafe für passives Verhalten sind unterdrückte Aggressionen.
Die Wut wächst unaufhörlich an, so wie ein kleiner Bach mit
jedem Regentropfen größer wird. Irgendwann schwillt das
kleine Rinnsal zu einem reißenden Fluss an. Und anstatt sich
endlich Erleichterung zu verschaffen und Alex auf sein störendes Verhalten anzusprechen, fangen Sie an, sich über Alex zu
beklagen, oder Ihnen platzt irgendwann der Kragen und Sie
brüllen ihn an. Die Beziehung fällt Ihren unterdrückten Aggressionen zum Opfer.

Jammerlappen, Heulsuse. Das sind nur zwei der Ausdrücke,
mit denen man Sie betiteln könnte. Sie können zu den fähigsten
Mitarbeitern der Firma gehören, wenn Sie erst einmal den Ruf
eines Jammerlappens haben, wird die Firmenleitung befürchten, dass Sie mit der Leitung wichtiger Projekte überfordert
sind oder potenzielle Konflikte nicht aus der Welt schaffen
können.

**Vielleicht machen Sie künftig auch einen Bogen um
Alex.** Auch das kann zur Hölle auf Erden werden. Ich kenne
viele Menschen, die Gebäude verlassen, ein Stockwerk höher
rennen, die Straßenseite wechseln und kilometerlange Umwege
in Kauf nehmen, nur um einer bestimmten Person und einer
längst fälligen Auseinandersetzung aus dem Weg zu gehen.

Ausnahmen – Situationen, in denen passives Verhalten durchaus angebracht ist

Denken Sie bitte immer daran, dass es Situationen gibt, in denen es das Klügste ist, wenn Sie sich ruhig verhalten. Es ist weder der richtige Zeitpunkt noch der richtige Ort; es wäre politisch nicht korrekt; Sie sehen die betreffende Person nie wieder. Oder es handelt sich ganz einfach um eine persönliche Marotte des Betreffenden. Stellen Sie sich einmal folgende Situationen bildlich vor:

- Es macht Sie wahnsinnig, dass Ihre Freundin zu Verabredungen grundsätzlich zu spät kommt. Die Freundschaft dauert jedoch schon viele Jahre an und Sie haben sich inzwischen mit ihrer ewigen Verspätung arrangiert. Warum akzeptieren Sie das? Weil sie Ihre Marotten ebenfalls akzeptiert.
- Ihre Arbeitskollegin hat schon den ganzen Tag furchtbar schlechte Laune. Sobald Sie ihr eine Frage stellen, herrscht sie Sie an. Sie wissen aber, dass ihre Mutter sehr krank ist und ihre Kollegin sich ganz allein um sie kümmern muss. Auch wenn es Sie verletzt, dass Ihre Kollegin Ihnen immer wieder über den Mund fährt, ist Ihnen klar, dass sich dieses Verhalten wieder legen wird, sobald es der Mutter besser geht. Da es sich hierbei nicht um einen Charakterzug Ihrer Kollegin handelt, beschließen Sie, den Mund zu halten.
- Sie haben einen anstrengenden Tag hinter sich und zu allem Überfluss hat Ihre Mitbewohnerin ihr dreckiges Geschirr nicht abgewaschen. Sie wissen jedoch genau, dass Ihnen das nicht besonders viel ausmachen würde, wenn Sie bessere Laune hätten. Sie stellen Ihre Mitbewohnerin also nicht zur Rede, solange Ihre Laune sich nicht gebessert hat.
- Sie arbeiten mit einem Programmierer zusammen, der sowohl für seine Fähigkeiten als auch für seinen Jähzorn berühmt ist. Eines Tages staucht er Sie zusammen, weil Ihnen ein Fehler unterlaufen ist. Er schreit Sie sogar an und schlägt mit der Faust auf den Tisch. Auch wenn sein Benehmen Ihnen an die Nerven geht, erwidern Sie lieber nichts, weil Sie wissen, dass Sie ihn dadurch nur noch mehr

in Rage bringen würden. Sie beschließen also, mit ihm darüber zu sprechen, wenn er sich beruhigt hat.

Denken Sie immer daran ...

Schon im vorigen Kapitel haben Sie erfahren, dass passives Verhalten nicht immer mit mangelnder Bereitschaft zur Konfrontation gleichzusetzen ist. Selbst wenn wir uns zu einer Auseinandersetzung entschließen, ist es durchaus möglich, dass wir uns in deren Verlauf passiv verhalten – etwa gleich eine Entschuldigung vorbringen. Sie nehmen all Ihren Mut für die bevorstehende Konfrontation zusammen, doch Ihre eigentliche Aussage erreicht Ihr Gegenüber nicht, weil Sie falsche verbale oder auch nonverbale Signale aussenden.

So beschloss Jean, Alex zur Rede zu stellen, wobei sie keinesfalls seine Gefühle verletzen wollte. Also schlich sie mehr oder weniger zu seinem Schreibtisch und sagte Folgendes: „Ich behellige dich ja nur ungern damit und du hältst mich jetzt wahrscheinlich für eine absolute Spießerin. Aber deine Musik lenkt mich ab und ich kann mich nicht mehr auf meine Arbeit konzentrieren ...“

Warum macht Jean sich klein, wenn sie sich durch Alex' Radio bei der Arbeit gestört fühlt? Aus lauter Angst, seine Gefühle zu verletzen, wählte sie schließlich diesen Weg und hoffte, es für beide Parteien leichter zu machen, wenn sie sich selbst in einem negativen Licht darstellte. Hierbei handelt es sich eindeutig um selbstzerstörerisches Verhalten, das leider nur allzu viele Menschen immer wieder an den Tag legen.

Aggressives Verhalten in Konfliktsituationen

Wenn Sie jemanden anbrüllen, wenn Sie fluchen, jemanden beschimpfen oder beleidigen, dann reagieren Sie nicht einfach oder handeln Ihrem Naturell entsprechend. Nein, Sie treffen eine Entscheidung und bringen somit möglicherweise eine Lawine negativer Folgen ins Rollen, etwa:

Der Betreffende ändert sein Verhalten oder aber auch nicht. Es kann sein, dass Alex sein Radio abstellt. Es ist aber auch gut möglich, dass Alex meint, Sie hätten „sie nicht mehr alle" und sein Radio wieder aufdreht, nur um Ihnen eins auszuwischen. Vielleicht haben Sie ihn aber auch so sehr eingeschüchtert, dass er die Musik leiser stellt. Denken Sie jedoch immer daran, dass Menschen, die angegriffen werden, sich in der Regel auf die eine oder andere Art zur Wehr setzen. Alex wird es Ihnen garantiert irgendwann irgendwie „heimzahlen".

Die Beziehung leidet darunter. Alex mag es gar nicht, wenn man ihn anbrüllt. Man kann nur schwer mit jemandem zusammenarbeiten bzw. zu jemandem eine freundliche Beziehung aufbauen, wenn man von dem anderen angeschrien wird. Dieses aggressive Verhalten kann zwischenmenschliche Beziehungen zerstören.

Sie sind unzufrieden mit sich selbst. Dieser Punkt ist für die Betroffenen besonders verwirrend. Nachdem Sie Alex so richtig zur Schnecke gemacht haben, fühlen Sie sich zunächst hervorragend – Ihr Selbstbewusstsein steigt in ungeahnte Höhen. Aus diesem Grund sind viele Menschen der Überzeugung, dass es sich bei aggressivem Verhalten um die richtige Vorgehensweise handelt. Doch glauben Sie mir: Dieses Hochgefühl vergeht genauso schnell, wie es gekommen ist. Sie haben die Beherrschung verloren und früher oder später erkennen Sie das auch.

Ihre Mitmenschen haben ein negatives Bild von Ihnen. Wahrscheinlich werden Sie von Ihren Zeitgenossen als Hitzkopf betrachtet; jemand, der mit Vorsicht zu genießen ist. Für Ihre Arbeitskollegen und Freunde sind Sie ein Mensch ohne Selbstbeherrschung. Es ist sogar gut möglich, dass Alex nach Ihrem „Ausrutscher" Angst vor Ihnen hat. Auch in diesem Fall werden Sie trotz hervorragenden Fachwissens bei Beförderungen übergangen, weil Sie sich im Konfliktfall nicht angemessen verhalten.

Ausnahmen – Situationen, in denen aggressives Verhalten durchaus angebracht sein kann

In bestimmten Situationen – insbesondere dann, wenn Sie sich durch einen anderen bedroht fühlen – kann aggressives Verhalten durchaus angebracht sein. Hier das Beispiel einer Frau, die sich für aggressives Vorgehen entschieden hat und es nicht bereute.

Eine Freundin von mir ist Fotografin und erhielt den Auftrag, während eines Gottesdienstes Aufnahmen zu machen. Sie hatte also sowohl die Erlaubnis, an der Messe teilzunehmen, als auch im Inneren der Kirche zu fotografieren. Der Mann in der Reihe hinter ihr wusste entweder nichts davon oder ignorierte diese Tatsache ganz einfach. Als sie sich für eine Aufnahme umdrehte, versuchte er, ihr den Fotoapparat zu entreißen, und würgte sie dabei mit den Lederriemen der Kamera. Er behauptete, sie habe kein Recht, in der Kirche Fotos zu machen, und weigerte sich vehement, die Kamera loszulassen. Sie griff nach seiner Krawatte, zog mit aller Kraft daran und sagte: „Lassen Sie mich *sofort* los!"

Gut möglich, dass er sie nicht absichtlich würgen wollte. Doch er tat es. Als meine Freundin ihn mit der Krawatte ebenfalls würgte, ließ er endlich von ihr ab. In diesem speziellen Fall war die aggressive Reaktion durchaus angemessen.

Begegnen Sie Aggressionen mit positivem Verhalten

Aggressivität sowie freundliches, aber bestimmtes Verhalten sind in der Regel Reaktionen auf unangemessenes bzw. unhöfliches Verhalten eines anderen Menschen. Das verwirrt viele Leute. Sie sind der Auffassung, es reiche aus, in diesem Fall überhaupt etwas zu unternehmen – und sei es auch nur, aggressiv zu reagieren.

Darlene berichtete mir von ihrer Form der positiven Auseinandersetzung – zumindest von dem, was sie dafür hielt. Während einer geschäftlichen Besprechung zeigte eine Frau mit dem Finger auf Darlene und äußerte sich ihr gegenüber unhöflich. Darlene reagierte, indem sie die Frau am Finger packte und ihr gehörig den Kopf wusch: „Was glauben Sie eigentlich, wer Sie sind? Wagen Sie es ja nicht, noch einmal mit dem Finger auf mich zu zeigen!"

Darlene war überzeugt, dass sie sich richtig verhalten hatte. Schließlich hatte sie sich gegen das unhöfliche Verhalten dieser Frau zur Wehr gesetzt. Sie verhielt sich jedoch unangemessen. Darlene wurde ebenfalls ausfallend, indem sie den Finger der Betreffenden packte und sie alles andere als höflich auf ihren Fauxpas aufmerksam machte. Sie reagierte aggressiv.

Dieser Irrglaube ist unter den Menschen weit verbreitet, die sich der freundlichen, aber bestimmten Alternative nicht bewusst sind. Diese Menschen kennen nur zwei Möglichkeiten – entweder sie reagieren ebenfalls aggressiv bzw. unhöflich oder sie zeigen keinerlei Reaktion. Für sie stellt es eine positive Reaktion dar, wenn sie sich – wenn auch unhöflich – zur Wehr setzen oder den Betreffenden zurechtweisen. Die Reaktion selbst ist jedoch nur der erste Schritt zur positiven Auseinandersetzung. Entscheidend ist, *wie* wir reagieren!

Ungerechtes Schubladendenken

Seien Sie darauf gefasst, als aggressive Person in Verruf zu geraten, wenn Sie sich mit Ihren Mitmenschen freundlich, aber bestimmt auseinander setzen. Häufig wissen die anderen nicht, wie sie mit jemandem umgehen sollen, der ihnen freundlich, aber bestimmt begegnet. Es ist auch gut möglich, dass Ihre Mitmenschen dieses Verhalten von Ihnen ganz einfach nicht gewöhnt sind. (Vielleicht waren Sie in Auseinandersetzungen bislang immer der „schwächere Part".)

Entscheiden Sie sich für freundliches, aber bestimmtes Verhalten

Alex ist sich der Tatsache, dass seine Musik Sie bei der Arbeit stört, vielleicht gar nicht bewusst. Stehen Sie auf, gehen Sie zu seinem Schreibtisch und fragen Sie ihn, ob Sie ihn kurz unter vier Augen sprechen können. Erklären Sie ihm dann ganz ruhig, dass Sie sich nicht konzentrieren können, wenn er so laut Musik hört. Bitten Sie ihn darum, das Radio leiser zu drehen.

Was genau ist freundliches, aber bestimmtes Verhalten?

Im Folgenden werde ich Ihnen anhand einer klaren und einfachen Definition erklären, was ich unter dem Begriff „freundliches, aber bestimmtes Verhalten" verstehe. Vergessen Sie Begriffe wie passiv, energisch und aggressiv. Sie stiften nichts als Verwirrung. Die folgenden Punkte werden Ihnen sicherlich verdeutlichen, warum ich immer wieder von freundlichem, aber bestimmtem Verhalten spreche.

Angewandtes freundliches, aber bestimmtes Verhalten bedeutet:

- Sie wissen genau, was Sie stört.
- Sie sind sich darüber im Klaren, was Sie von der betreffenden Person wollen.
- Sie kennen Ihre Position und Sie haben sich mit dem Standpunkt des Betreffenden auseinander gesetzt.
- Sie entscheiden sich bewusst dazu, den Betreffenden direkt, respektvoll und energisch auf das Problem anzusprechen.
- Sie verhalten sich während des Gesprächs höflich.

Dieses Verhalten hat folgende Konsequenzen:

Der Betreffende stellt das störende Verhalten oft ein. Alex dreht wahrscheinlich seine Musik in Zukunft weniger laut auf. Nur die wenigsten Menschen sind wirklich „Idioten", die Ihnen „ans Leder" wollen. Wenn Sie andere respektvoll behandeln, wird man Ihnen auch mit Respekt begegnen. Es gibt keine Garantie dafür, dass Sie das bekommen, worum Sie den anderen bitten. Die Chancen dafür sind in diesem Fall jedoch am höchsten. Andernfalls stellen Sie durch freundliches, aber bestimmtes Verhalten die Weichen für eine für beide Seiten befriedigende Lösung.

Die Beziehung leidet nicht darunter – im Gegenteil, häufig verbessert sie sich sogar. Wenn Sie dazu in der Lage sind, Schwierigkeiten gemeinsam mit Ihren Arbeitskollegen, Bekannten und Freunden aus der Welt zu schaffen, verbessern sich Ihre persönlichen Beziehungen in der Regel, weil sie auf Ehrlichkeit beruhen. Sobald Sie jemanden freundlich, aber bestimmt auf ein bestimmtes Problem ansprechen, brauchen Sie sich nicht länger im Stillen über den Betreffenden zu ärgern. Sie müssen diesem Menschen nicht mehr aus dem Weg gehen oder sich bei anderen über ihn beschweren. Auch hier gibt es leider keine Garantien. Freundliches, aber bestimmtes Verhalten bietet Ihnen jedoch die beste Möglichkeit, bestehende Beziehungen aufrechtzuerhalten bzw. zu verbessern.

Sie sind mit sich selbst zufrieden. Natürlich sind Sie das! Sie haben sowohl sich selbst als auch dem anderen Respekt entgegengebracht. Ihre negativen Gefühle haben keinerlei Einfluss mehr auf Ihr Leben.

Ihre Mitmenschen haben ein positives Bild von Ihnen. Hier die Überraschung – selbst Alex rechnet es Ihnen womöglich hoch an, dass Sie ihn auf sein störendes Verhalten aufmerksam gemacht haben. Wahrscheinlich ist er sogar von Ihrer Offenheit beeindruckt! (Er wäre sicherlich alles andere als positiv beeindruckt, wenn er herausfände, dass Sie hinter seinem Rücken schlecht über ihn reden.) Freundliche, aber bestimmte Menschen haben keinerlei Probleme mit anderen Menschen und tragen zu einem guten Arbeitsklima bei. Aus diesem Grund werden sie auch so häufig befördert.

Die Vorteile freundlichen, aber bestimmten Verhaltens auf einen Blick

Die Tabelle zeigt die Konsequenzen der einzelnen Verhaltensmuster:

	Passiv	Aggressiv	Freundlich, aber bestimmt
Unhöfliches Verhalten	hält an	hört auf/hält an	hört in der Regel auf
Beziehung	leidet	leidet	bleibt bestehen/ Verbesserung möglich
Selbstbewusstsein	sinkt	steigt zuerst und sinkt kurz darauf	steigt
Persönliches Image	leidet	leidet	Verbesserung möglich

Die Art und Weise, wie Sie anderen Menschen begegnen, insbesondere wie Sie sich mit Ihren Mitmenschen auseinander setzen bzw. nicht auseinander setzen, lässt sich durchaus mit einer unbewussten Angewohnheit vergleichen. Sie sind sich der Konsequenzen für sich selbst und für Ihre Mitmenschen nicht bewusst.

Sobald Sie Ihr Verhalten und die entsprechenden Konsequenzen erkannt haben, sind Sie in der Lage, Ihr Leben positiv zu verändern. Glauben Sie mir, es ist möglich, auch wenn es zunächst alles andere als einfach erscheint. Durch freundliches, aber bestimmtes Verhalten stehen Ihnen alle Möglichkeiten zur positiven Konfrontation offen.

Freundliches, aber bestimmtes Verhalten bietet keine Garantie dafür, dass Sie bekommen, worum Sie den anderen bitten

Die meisten Menschen erhalten nach einer freundlichen, aber bestimmten Auseinandersetzung das, worum Sie den Betreffenden gebeten haben; in jedem Fall fühlen Sie sich nach der Konfrontation wesentlich besser. Ich wünschte, ich könnte

Ihnen versprechen, dass auch Sie immer die gewünschten Ergebnisse erzielen. Doch das kann ich leider nicht.

Zu einer Auseinandersetzung gehören immer mindestens zwei Parteien, wobei Sie keinerlei Kontrolle über die andere Person haben; Sie können lediglich *Ihr* Verhalten kontrollieren. Sie können zwar Mutmaßungen über den Verlauf der Auseinandersetzung anstellen, es bleiben jedoch immer nur Vermutungen. Eins kann ich Ihnen jedoch garantieren: Ganz egal, wie die Auseinandersetzung endet, wenn Sie dem anderen freundlich, aber bestimmt begegnen, werden Sie mit sich selbst zufrieden sein und in jedem Fall wissen, wie der Betreffende zu Ihnen steht.

Kapitel 5

Der „Idiotentest"

Sie haben sich entschieden – für freundliches, aber bestimmtes Verhalten. Jetzt müssen Sie die erforderlichen Techniken erlernen. Sie wollen sich nicht länger von all den „Idioten" in Ihrer Umgebung aus der Ruhe bringen lassen! Sie lassen sich nicht länger ausnutzen!

Doch bevor Sie sich nun endgültig durchsetzen, möchte ich Sie bitten, zunächst einmal den „Idiotentest" zu machen. Dieser Test ist äußerst wichtig. Setzen wir uns zuerst einmal mit dem Begriff „Idiot" auseinander.

„Idiot" ist ein relativ negativer Ausdruck und kann in fast jedem Zusammenhang, unabhängig vom Geschlecht des Betreffenden verwendet werden. Männer sind „Idioten", Frauen ebenfalls. Jeder kann ein „Idiot" sein. Doch wie viele Menschen sind eigentlich tatsächlich Idioten?

Wahrscheinlich sehr viel weniger, als wir glauben. „Idioten" haben in der Regel einen triftigen Grund für ihr Verhalten. Fühlen wir uns durch das Verhalten eines anderen belästigt, neigen wir alle zu vorschnellen, negativen Interpretationen. Die Ursache hierfür liegt darin, dass wir nichts über die Beweggründe des anderen wissen. Wir haben keine Ahnung, warum uns dieser Mensch mit aller Macht wahnsinnig machen will. Was treibt den Betreffenden zu seinem Verhalten? Ironischerweise benehmen wir uns, indem wir ein vorschnelles Urteil fällen, tatsächlich selbst wie ein Idiot. Wenn Sie sich mit den Gründen für das Verhalten des Betreffenden auseinander setzen, heißt das noch lange nicht, dass es Ihnen gefällt. Andererseits werden Sie auf diese Weise feststellen, dass der Betreffende Sie nicht aus purer Ignoranz kränkt bzw. belästigt. (Und auch Sie zeigen so, dass Sie kein „Idiot" sind.)

Wenn Sie mit dem Gedanken „Was ist das bloß für ein Idiot" an eine Auseinandersetzung herangehen, sind die Weichen für ein negatives Ergebnis bereits gestellt. Sobald wir jemanden als „Idioten" klassifiziert haben, fühlen wir uns von dieser Person bewusst schlecht bzw. ungerecht behandelt – und dieses Gefühl ist nicht gerade angenehm. Es besteht die Gefahr, dass wir uns weiter in unsere Wut hineinsteigern und schließlich aggressiv werden. Es ist sicherlich nicht einfach, sich im Zweifelsfall immer „für den Angeklagten zu entscheiden". Häufig können wir uns trotz allen guten Willens nur schwer von unserem ersten Eindruck lösen – ganz besonders dann, wenn wir uns aufregen. Wenn Sie sich vor einer Auseinandersetzung jedoch klarmachen, dass dem Verhalten des Betreffenden nicht zwangsläufig böse Absicht zu Grunde liegen muss, und sich zunächst einmal mit dessen Beweggründen für sein Verhalten beschäftigen, steigt die Wahrscheinlichkeit für eine positive Konfliktlösung. Vielleicht wird die Konfrontation durch Ihre Überlegungen sogar unnötig.

Machen Sie den „Idiotentest"

Bevor Sie einem anderen Menschen „Idiotie" bzw. böse Absicht unterstellen, sollten Sie sich zunächst einmal folgende sechs Fragen stellen.

1. **Ist sich der Betreffende der Wirkung seiner nonverbalen Signale bewusst?** Die Menschen kommunizieren sowohl über eine verbale als auch eine nonverbale Ebene. Häufig vermitteln die nonverbalen Signale trotz freundlichen, aber bestimmten Verhaltens eine andere Botschaft. Die Absender sind sich dieser Signale jedoch nicht bewusst. Das macht die ganze Angelegenheit besonders knifflig. Ihre Mitmenschen reagieren zunächst auf die nonverbalen Signale. Der vermeintliche „Idiot" ist sich seiner widersprüchlichen Botschaften womöglich gar nicht bewusst. Er weiß nicht, dass seine nonverbalen Signale das Gegenteil von seinen sprachlichen Äußerungen vermitteln. So hatte z. B. ein Computerexperte das Gefühl, von einer Arbeitskollegin nicht ernst genommen zu werden. Wenn er sich bei Sitzungen zu Wort meldete, lachte sie grundsätzlich und kicherte

herum, so als wäre seine Meinung lächerlich. Er war sauer
auf sie.

Nachdem er sich das erforderliche Wissen über freundliches, aber bestimmtes Verhalten angeeignet hatte, sprach er
seine Kollegin darauf an – ohne dabei die Beherrschung zu
verlieren. Die Frau war völlig perplex, als er sie über ihr
Verhalten aufklärte. Sie war sich gar nicht bewusst, dass sie
lachte bzw. kicherte. Seine Kollegin hatte wirklich nicht die
Absicht, ihn zu verletzen. Sie war sogar froh, dass er sie
darauf angesprochen hatte. Sie fragte sich, wen sie außer
ihm noch völlig unbewusst gekränkt hatte.

Das mag sich verrückt anhören. Schließlich merkt man
doch, wenn man kichert bzw. lacht. Doch glauben Sie mir,
das geschieht häufig völlig unbewusst. Ich habe mit tausen-
den von Menschen gearbeitet. Und fast keiner von ihnen
war sich seiner nonverbalen Signale bewusst. Sie kicherten,
lachten, ließen Kaugummiblasen platzen, verschränkten die
Arme, setzten ein künstliches Lächeln auf, kauten an Stiften, runzelten die Stirn usw. – völlig unbewusst.

Es ist gut möglich, dass auch Sie unbewusst widersprüchli-
che Signale aussenden. In Kapitel 8 werde ich näher auf die
Bedeutung gezielt eingesetzter nonverbaler Kommunikationstechniken für positive Auseinandersetzungen eingehen.

2. Welchen kulturellen Hintergrund hat der Betreffende?

Wir leben zwar in einer globalen Gesellschaft, doch die individuelle Einstellung zum Leben wird in der Regel nach
wie vor von unterschiedlichen kulturellen Hintergründen
geprägt. Ich weiß, wovon ich spreche – schließlich leite ich
Seminare zum Thema internationale Etikette. Sie können
sich nicht vorstellen, wie viele Missverständnisse es auf
diesem Gebiet gibt. Ganz egal, ob Sie internationale Geschäftskontakte pflegen oder Ihr Land nie verlassen, Sie
haben Tag für Tag Kontakt mit Menschen aus verschiedenen Kulturkreisen bzw. mit Menschen, die zwar Deutsch
sprechen, deren Muttersprache jedoch eine andere ist. Ich
habe in den USA als Englischlehrerin für Einwanderer gearbeitet – ähnliche Einrichtungen gibt es auch in Deutschland – und die Problematik unterschiedlicher kultureller
und sprachlicher Hintergründe aus nächster Nähe kennen

gelernt. Die Sprache ist ein äußerst wichtiges Kommunikationsmittel. Wir kleiden unsere Ideen, Gedanken und Vorstellungen in Worte. Doch Menschen, deren Muttersprache eine andere ist, verfügen in der Regel über ein weniger umfangreiches Vokabular und sie haben häufig Probleme, sich klar und unmissverständlich auszudrücken. Häufig stört uns die fehlerhafte Aussprache, und in vielen Fällen können wir den Betreffenden nur mühsam folgen, da sie sich in unserer Sprache nur umständlich bzw. langsam ausdrücken können. So kommt es nicht nur auf Grund der sprachlichen Barrieren zu Verständigungsproblemen; darüber hinaus besteht die Gefahr von zahlreichen Missverständnissen, die auf mangelndem Wissen über kulturelle Feinheiten und Sitten auf beiden Seiten beruhen.

Ich möchte Ihnen eine kurze Definition des Begriffs „Kultur" geben, aus der deutlich hervorgeht, warum auf diesem Gebiet immer wieder Konflikte auftreten. Kultur ist die Summe der Glaubenssätze, der Lebensauffassungen, der Ideen, Vorstellungen und Werte einer bestimmten Bevölkerungsgruppe. Das, was in einem bestimmten Kulturkreis von größter Bedeutung ist, ist anderswo vollkommen unwichtig. Das, was in einer Kultur als Beleidigung gilt, ist in anderen Ländern durchaus akzeptabel.

Die meisten Menschen – ganz egal, aus welchem Kulturkreis sie stammen – neigen dazu, von ihrer Norm Abweichendes als falsch zu betrachten. Wenn Sie z. B. mehrere Amerikaner fragen, auf welcher Straßenseite die Engländer Auto fahren, werden Sie Ihnen mit „auf der falschen Seite" antworten. Stellen Sie diese Frage in England bzgl. der Amerikaner, erhalten Sie dieselbe Antwort. Es ist jedoch nicht die *falsche* Straßenseite, sondern lediglich die *andere* Seite.

Ein amerikanischer Geschäftsmann berichtete mir davon, wie er für sich und einen indischen Kunden Essen von einem Imbiss holen ließ. Die Mahlzeit enthielt Fleisch. Der Kunde – strikter Vegetarier, wie viele Inder – fühlte sich dadurch gekränkt. Der Inder empfand es als unhöflich, dass er kein vegetarisches Essen erhielt. Er war der Meinung, sein Geschäftspartner hätte schließlich wissen müssen, dass er kein Fleisch isst, und brach den Geschäftskontakt ab. Der

Amerikaner wiederum wusste nicht, was den Inder zu diesem Schritt bewegt hatte. Jeder hielt den anderen für einen „Idioten".

Die nonverbale Kommunikation, wie etwa Blickkontakt, Gesten und Körpersprache, sind eine weitere Quelle für Missverständnisse zwischen Angehörigen verschiedener Kulturkreise. In Kapitel 16 werde ich näher auf die Punkte eingehen, die Sie beachten sollten, wenn Sie Missverständnisse auf diesem Gebiet vermeiden wollen.

3. **Wollte der andere mich wirklich verletzen?** Nur in den seltensten Fällen wollen Menschen andere durch ihr Verhalten tatsächlich verletzen. Die eigentliche Ursache ist in der Regel Unaufmerksamkeit. Die meisten Leute achten nicht wirklich auf das, was sie tun bzw. sagen, und machen sich keine Gedanken über die Konsequenzen ihres Verhaltens.

Vor einigen Jahren fädelte ich auf einer Autobahnauffahrt ein. Ein anderer Fahrer drückte auf die Hupe und beschimpfte mich aufs Übelste. Erst da wurde mir bewusst, dass ich ihn geschnitten hatte. Ich hatte mich mit der festen Überzeugung, Vorfahrt zu haben, in den Verkehr eingefädelt. Der andere Autofahrer war auf Grund meines gewagten Manövers jedoch der Überzeugung, ich wäre nicht ganz bei Verstand und hätte es absichtlich getan. Dabei hatte ich lediglich einen Fehler gemacht.

4. **Sind vielleicht die Unternehmensrichtlinien des Arbeitgebers die Ursache?** Wenn wir uns über das Verhalten eines Menschen ärgern, befolgt dieser – und das ist gerade im Geschäftsleben häufig der Fall – vielleicht lediglich die Richtlinien seines Arbeitgebers. Wir sind uns dessen möglicherweise nicht bewusst oder wir sind mit den Geschäftspraktiken nicht einverstanden – wir k önnen dem Betreffenden jedoch keinen Vorwurf machen. Es ist nicht seine Schuld.

Ein Mitarbeiter der Kundenbetreuung berichtete mir von all den, seiner Meinung nach, belanglosen E-Mails seiner Mitarbeiter, über die er sich maßlos aufregte. Er fragte: „Warum vergeuden diese Menschen meine Zeit? Es ist mir egal, wer wann im Büro ist. Und die Urlaubspläne meiner Kollegen interessieren mich ebenso wenig." Als er sich darüber bei seinem Vorgesetzten beschwerte, erklärte ihm dieser, dass es in einigen Abteilungen des Unternehmens Vorschrift sei, alle anderen über seine Anwesenheit bzw. Abwesenheit im Büro zu informieren. In der Abteilung für Kundenbetreuung galt diese Regel ebenfalls. Nun musste der Mitarbeiter sich vor seinem Vorgesetzten dafür rechtfertigen, warum er sich nicht dementsprechend informiert hatte.

5. **War der Betreffende vielleicht ganz einfach mit der technischen Ausrüstung überfordert?** Erinnern Sie sich noch an die Zeit, als Sie an Ihrem Arbeitsplatz lediglich den Kopierer bedienen mussten? Als es noch das schlimmste Vergehen war, wenn jemand kein neues Papier einlegte? Dann kamen Anrufbeantworter, E-Mail, Fax, Mailbox, Handy, Laptop, Modems, Netzwerke – und das alles innerhalb kürzester Zeit. Die neue Technologie eroberte unsere Büros und unsere Wohnungen in rasender Geschwindigkeit, und einige von uns haben heute noch Probleme mit der Bedienung all der modernen Gerätschaften. Durch die moderne Technologie können wir besser, schneller und kostengünstiger arbeiten. Andererseits kommt es in diesem Bereich immer wieder zu Missverständnissen.

Vielen Menschen unterlaufen bei der Anwendung modernster Technologie Fehler und sie hinterlassen so bei ihren Mitmenschen – unabsichtlich – einen unhöflichen Eindruck. Auch wenn keine Absicht dahinter steckt, hat das in der Regel negative Konsequenzen. Nur wenige von uns sind sich der Tatsache bewusst, dass es nicht nur lächerlich, sondern auch unhöflich ist, wenn sie in einem gut besuchten Restaurant ihr Handy benutzen. Und wer weiß schon, dass sich kaum jemand über zehnminütige Nachrichten auf dem Anrufbeantworter freut?

In diesem Bereich kann Unwissenheit zu einer Vielzahl von Konflikten und Missverständnissen führen. Aus diesem Grund gehe ich in Kapitel 15 auf die verschiedenen Bereiche der Techno-Etikette sowie weitere Aspekte der allgemeinen Etikette ein.

6. Ist der Betreffende ausreichend informiert? In der Regel setzen wir voraus, dass der andere über dieselben Informationen verfügt wie wir selbst. Das ist jedoch nicht immer der Fall. Vielleicht haben wir den Betreffenden nicht ausreichend informiert; vielleicht handelt es sich um ein Versehen oder Sie verfügen über falsche Informationen.

Da sind z. B. die vier Freunde, die seit Jahren gemeinsam Silvester feiern. Einer von ihnen berichtete mir von seinem Problem: „Drei von uns stehen miteinander in regelmäßigem Kontakt und planen den Silvesterabend. Der Vierte im Bunde hat einen sehr anstrengenden Job, darum haben wir zu ihm nur eine relativ lockere Verbindung. Ohne ihn können wir aber keine Entscheidung treffen. Also rief ich ihn mehrmals an, worauf er jedoch nicht reagierte. Wenn wir ihn einfach übergehen würden, wäre er sicherlich enttäuscht. Warten wir noch länger auf ihn, können wir jedoch keinen Tisch mehr reservieren."

Ich fragte ihn, ob er seinem Freund auch den Grund für seine Anrufe genannt hatte. Er antwortete: „Nein, eigentlich nicht. Ich habe ihn lediglich um Rückruf gebeten." Also hinterließ er seinem Freund bei seinem nächsten Anruf eine deutliche Nachricht: „Hallo Tom, wir versuchen gerade unsere Silvesterfeier zu organisieren, ohne dich geht das aber nicht. Wir wollen dich nicht übergehen. Ruf doch bitte Jeff spätestens bis Freitag an, damit wir für uns vier noch einen Tisch reservieren können." Tom verhielt sich nicht ignorant. Er war sich einfach der Dringlichkeit nicht bewusst. Nachdem die anderen ihn aufgeklärt hatten, rief er selbstverständlich noch vor Freitag zurück.

Was tun, wenn es sich bei dem Betreffenden tatsächlich um einen „Idioten" handelt?

Es gibt also weniger „Idioten" bzw. Ignoranten auf der Welt, als Sie bislang angenommen haben. Trotzdem gibt es sie. Was können Sie also tun, wenn Sie tatsächlich auf einen „Idioten" treffen? Lassen Sie mich Ihnen zunächst erklären, was Sie *auf keinen Fall* tun sollten:

- **Lassen Sie sich nicht von Ihren Rachegelüsten hinreißen.** Genau das ist der Grund, warum riskante Manöver im Straßenverkehr mittlerweile etwas ganz Alltägliches sind. „Du hast mich beim Fahren behindert, also behindere ich dich auch." Wenn Sie sich so verhalten, unterscheiden Sie sich in nichts von einem typischen „Idioten".

- **Werden Sie nicht unverschämt.** In diesem Zusammenhang muss ich immer an das Pärchen denken, das bei einer seiner ersten Verabredungen von einem aggressiven Autofahrer geschnitten wurde. Der Mann brachte das Auto auf gleiche Höhe mit dem Wagen des Verkehrsrowdys, drehte die Scheibe herunter und spuckte dem anderen Fahrer auf die Windschutzscheibe. Er hatte seiner Wut Luft gemacht und hervorragend gezielt. Doch seine neue Eroberung fühlte sich von seinem unverschämten Benehmen abgestoßen und beendete die Beziehung. Durchaus möglich, dass dies nicht der einzige Grund für ihre Entscheidung war. Es trug jedoch in jedem Fall zu dem Bild bei, das sie sich von ihrem neuen Freund gemacht hatte – und dieses Bild gefiel ihr offensichtlich nicht.

- **Fallen Sie nicht in alte Verhaltensmuster zurück.** Wenn das Verhalten Sie regelrecht zur Weißglut treibt und Sie regelmäßig mit diesem Menschen zu tun haben, beschweren Sie sich nicht bei anderen darüber. Meiden Sie diese Person nicht und reden Sie sich nicht ein, dass Sie das Verhalten eigentlich gar nicht stört. Schreien Sie nicht herum; schikanieren Sie diesen Menschen nicht, und verdrängen Sie nicht Ihre wahren Gefühle.

Der richtige Umgang mit „Idioten"

- Sie können diesen Menschen ignorieren. Ist er es wirklich wert, dass Sie sich mit ihm auseinander setzen? Sofern es sich um einen Fremden handelt, warum sollten Sie sich dann über diesen Menschen aufregen? Wahrscheinlich sehen Sie ihn nie wieder. (Je mehr Sie sich mit freundlichen, aber bestimmten Verhaltensweisen auseinander setzen, desto leichter wird Ihnen diese Entscheidung fallen.)

- Sie können sich mit dem Betreffenden freundlich, aber bestimmt auseinander setzen.

Freundliches, aber bestimmtes Verhalten ist in den meisten Fällen – insbesondere dann, wenn Sie mit diesem Menschen *regelmäßig* zu tun haben – die bessere Alternative. Warum sollten Sie sich immer wieder von den „Idioten" an den Nerven zerren lassen? Sie können sich mit einem „Idioten" auseinander setzen – sofern Sie dabei höflich, aber bestimmt vorgehen.

Inzwischen ist Ihnen hoffentlich klar, warum Sie eine Auseinandersetzung immer freundlich, aber bestimmt angehen sollten. Schließlich birgt diese Entscheidung viele Vorteile: weniger Stress, bessere zwischenmenschliche sowie geschäftliche Beziehungen und mehr Selbstwertgefühl. Dies ist der Punkt, an dem die meisten meiner Seminarteilnehmer nur noch ein Ziel haben: selbst zu einer freundlichen, aber bestimmten Persönlichkeit zu werden.

Die PAC-Methode werde ich Ihnen im folgenden Kapitel erläutern.

Teil II

Das Handwerkszeug der positiven Konfrontation

Kapitel 6

Nicht angreifen – sondern die PAC-Methode einsetzen

Wie bereits erwähnt, handelt es sich bei jeder Form der Konfrontation – auch der positiven – um eine schwierige Kommunikationssituation. Für die meisten von uns stellt dies sogar die schwierigste Form der Kommunikation überhaupt dar. Da nur die wenigsten von uns gelernt haben, was sie in diesem Fall sagen sollen und wie sie es in freundlicher, aber bestimmter Form anbringen können, ist das nur zu verständlich. Wenn Sie jedoch wissen, was Sie sagen sollen und *wie* Sie es sagen sollen, haben Sie bereits die größte Hürde auf dem Weg zur positiven Konfrontation genommen.

Die PAC-Methode

Jede positive Auseinandersetzung beginnt mit der PAC-Methode. Wenn Sie also Ihre alltäglichen Konflikte sowie die immer wieder auftretenden schwierigen Formen der Kommunikation in Zukunft besser bewältigen wollen, sollten Sie sich zunächst dieses relativ einfache Kommunikationsmodell aneignen. Jeder einzelne Buchstabe des Akronyms „PAC" steht für einen Punkt, der im Verlauf jeder schwierigen Gesprächssituation zu beachten ist.

P = Problem. Was genau stört Sie? Definieren Sie Ihr Problem so klar wie möglich.
A = Anliegen. Welches Anliegen haben Sie? Worum wollen Sie den Betreffenden bitten? Inwieweit soll der andere sein Verhalten Ihnen gegenüber verändern? Legen Sie genau fest, wodurch das Problem für Sie aus der Welt zu schaffen wäre.

C = Check. Sie haben den anderen darum gebeten, sein Verhalten Ihnen gegenüber zu verändern. Wie denkt derjenige darüber? Finden Sie es heraus!

Nicht angreifen – sondern anPACken

Greifen Sie Ihre Mitmenschen niemals an. Wenden Sie stattdessen die PAC-Methode an, und Sie werden sehr viel bessere Resultate erzielen.

Wie Sie bereits wissen, vermitteln Sie ein negatives Bild von sich selbst, wenn Sie einen anderen Menschen angreifen. Sie sind später mit sich selbst unzufrieden und die Wahrscheinlichkeit, dass der Angegriffene sein Verhalten ändert, ist relativ gering. Wenn Sie den Betreffenden jedoch mit sorgfältig gewählten Worten freundlich, aber bestimmt auf das Problem aufmerksam machen, sind Sie in jedem Fall mit sich selbst zufrieden. Sie haben Ihrem Gegenüber ein positives Bild von sich selbst vermittelt, und die Wahrscheinlichkeit, dass der Betreffende sein Verhalten ändert, steigt beträchtlich.

Bei der PAC-Methode handelt es sich um eine leicht anzuwendende Strategie – und sie hat sich schon vielfach bewährt: bei Männern und Frauen verschiedenster Gesellschaftsschichten, verschiedener Einkommensklassen und unterschiedlichsten Bildungsstandes. Mit Hilfe des PAC-Modells sind Sie in der Lage, *deutlich* zu sagen, was Sie stört und was Sie *tatsächlich* von dem anderen erwarten.

Erfolg durch positive Konfrontation

Mit Hilfe des vorliegenden Modells können Sie sich nach dem Motto „Nicht angreifen – anPACken" auf die bevorstehende positive Konfrontation vorbereiten.

P = Problem
Was genau stört mich?

A = Anliegen
- Welches Anliegen habe ich? Inwieweit soll der andere sein Verhalten mir gegenüber verändern?

● Definieren Sie, wie Sie sich die Lösung des Problems vorstellen:
„Ich möchte ...“
„Ich würde mich freuen, wenn ...“
„Wären Sie bitte so freundlich und würden ...“

C = Check
Sie haben den anderen gebeten, sein Verhalten Ihnen gegenüber zu verändern. Wie denkt der andere darüber? Machen Sie den Check und finden Sie es heraus.
„Was denken Sie darüber?“
„Wären Sie bitte so freundlich?“
„Wäre das möglich?“

Denken Sie jedoch immer daran: Auch wenn sich das leicht anhört, ist es nicht ganz so einfach in die Praxis umzusetzen. Nur die wenigsten von uns haben eine Vorstellung davon, wie schwer es ist, die passenden Worte in einer schwierigen Kommunikationssituation zu finden. Das wird uns erst klar, wenn wir es versuchen. Aus diesem Grund ist es unbedingt erforderlich, dass Sie sich Ihre Worte sorgfältig zurechtlegen, *bevor* Sie irgendetwas sagen. Nur so können Sie sicherstellen, dass Sie Ihre Argumente freundlich, aber bestimmt vorbringen – also weder passiv noch aggressiv. Wenn wir uns nicht ausreichend auf die bevorstehende Auseinandersetzung vorbereiten, besteht die Gefahr, dass wir uns verhaspeln, nervös werden, uns aufregen oder sogar den anderen anschreien.

Aus diesem Grund sollten Sie sich mit Hilfe des PAC-Modells gründlich auf die bevorstehende Auseinandersetzung vorbereiten. Die einzelnen Buchstaben stehen jeweils für ein entscheidendes Element einer positiven Konfrontation. Benutzen Sie sie als Wegweiser, und Sie werden die richtigen Worte finden. Ich werde Ihnen die Buchstaben zunächst einzeln erläutern, und am Ende des Kapitels fügen wir sie dann zu einem Ganzen zusammen.

Das P: Das Problem – was genau stört Sie?

Die Beantwortung dieser Frage wird Ihnen helfen, Ihre Gedanken zu ordnen. Beantworten Sie sie jedoch möglichst genau. Wenn Sie Probleme mit einem Arbeitskollegen oder auch Ihrem Bruder haben, was ist es *genau*, an dem Sie Anstoß nehmen?

Untergliedern Sie Ihre Antwort in einzelne Elemente: Was genau tut oder sagt die betreffende Person? Hier eine Hilfestellung zur möglichst exakten Beantwortung dieser Frage:

1. **Benennen Sie spezifische Punkte.** Vermeiden Sie Generalisierungen durch Wörter wie „immer" und „nie". Bringen Sie das störende Verhalten besser mit einer bestimmten Situation in Verbindung: Sean kam gestern 20 Minuten zu spät zu unserem Meeting. Betty sollte den Parkschein schon am Dienstag bezahlen. Dan kommt nach Hause, legt seine Unterlagen auf den Fernseher und schmeißt seine Jacke einfach in die Ecke.
2. **Kategorisieren Sie das Verhalten des anderen nicht.** Keine Allgemeinplätze wie: „Er ist ein Egoist" oder „Sie ist einfach rücksichtslos". Denken Sie lieber darüber nach, welche bestimmten Verhaltensweisen Sie so ärgern.
3. **Lassen Sie Ihre eigenen Gefühle zunächst außer Acht.** Konzentrieren Sie sich fürs Erste ausschließlich auf die andere Person und nicht darauf, wie Sie deren Verhalten empfinden.

Organisation der für die P-Aussage erforderlichen Schritte

Die Teilnehmer meiner Seminare haben häufig Probleme, klar zu benennen, was sie an der anderen Person bzw. deren Verhalten stört. Im Folgenden zeige ich Ihnen anhand von zwei Beispielen, welche Schwierigkeiten bei der klaren Ausformulierung der P-Aussage auftreten können.

Beispiel I
„Meine Arbeitskollegin führt während der Arbeitszeit regelmäßig Endlostelefonate mit ihrem Freund. Das geht mir furchtbar

auf die Nerven. Letztens hat sie zwei geschlagene Stunden mit ihm telefoniert. Ich möchte ihr gerne sagen, dass sie sich wie eine liebestolle Närrin aufführt."

Was stimmt nicht an dieser P-Aussage? In diesem Fall handelt es sich bei der P-Aussage – Was stört mich? – um eine persönliche Angelegenheit. Die Frau hat sich bei ihrer P-Aussage nicht darauf konzentriert, wie ihre Kollegin sich ihr gegenüber verhält. Stattdessen hat sie ein persönliches Urteil gefällt. Wird die Betreffende mit dieser P-Aussage konfrontiert, hat sie sicherlich eine „passende" Antwort parat, wie: „Wie kommen Sie eigentlich dazu, mich eine liebestolle Närrin zu nennen? Sie sind doch bloß eifersüchtig!"

Der P-Aussage sollten jedoch immer Fakten zu Grunde liegen. So könnte der Punkt in diesem Fall z. B. lauten: „Wenn Sie so ausgedehnte Privatgespräche führen, kann ich mich nicht auf meine Arbeit konzentrieren."

Beispiel II
„Wenn ich in der Verkaufsabteilung meine Vorschläge präsentiere, hört der Manager mir nie zu. Er unterhält sich, lacht und macht Späße mit den anderen Vertretern. Ich möchte ihm gerne sagen, dass ich sein Benehmen als respektlos und unprofessionell empfinde. Außerdem ist er ein schlechtes Vorbild für die übrigen Mitarbeiter."

Auch hier bewertet der Betreffende das Verhalten des Managers und hat sich so vom Wesentlichen ablenken lassen. Darüber hinaus enthält seine P-Aussage Verallgemeinerungen, und die haben in einer positiven Auseinandersetzung nichts zu suchen. In diesem Fall sollte der Betreffende sich lediglich auf das Verhalten des Managers beziehen, etwa: „Während meiner gestrigen Präsentation habe ich gehört, wie Sie Tom Witze erzählt haben." Konzentrieren Sie sich immer auf das Verhalten der Person, und Sie werden keine Schwierigkeiten haben, Ihre P-Aussage klar und deutlich zu formulieren.

Das Problem mit dem Schubladendenken

Jetzt wollen wir einmal näher auf unsere Angewohnheit, unsere Mitmenschen in bestimmte Schubladen zu stecken, eingehen.

Wenn sich Ihr Bruder Ihr Auto ausleiht und es Ihnen mit leerem Tank zurückbringt, mag das für Sie so aussehen, als hätte er vollkommen unüberlegt gehandelt. Die P-Aussage – Was stört mich? – ist das egoistische bzw. rücksichtslose Verhalten Ihres Bruders. In diesem bestimmten Fall mag er sich sogar wie ein echter „Idiot" verhalten haben. Also steht Ihre P-Aussage fest: Mein Bruder ist ein Egoist.

Da gibt es nur ein kleines Problem. Sie haben das Verhalten Ihres Bruders verallgemeinert. Sie sind nicht näher auf sein Verhalten, mit dem er Sie verletzt hat bzw. Ihnen nicht genügend Respekt gezollt hat, eingegangen. Und vielleicht sieht Ihr Bruder den Sachverhalt in einem ganz anderen Licht.

Wenn Sie Ihren Bruder mit der Aussage „Du bist ein Egoist" konfrontieren, ist es durchaus möglich, dass er Ihnen in diesem Punkt widerspricht und verschiedene Beispiele anführt, in denen er sich absolut nicht selbstsüchtig verhalten hat. Vielleicht hat er erst letzte Woche Ihren Rasen gemäht. Vielleicht kann er Ihnen triftige Gründe und Entschuldigungen für sein Verhalten nennen und Ihnen so deutlich machen, dass es sich bei Ihrer P-Aussage um einen ungerechtfertigten Vorwurf handelt. Auseinandersetzungen wie diese bilden häufig den Grundstein für die „schönsten" Familienfehden.

In diesem Fall sollte sich Ihre P-Aussage klar und eindeutig auf das rücksichtslose Verhalten Ihres Bruders beziehen: Er hat sich Ihr Auto ausgeliehen und es Ihnen mit leerem Tank zurückgegeben.

Was ist schon gerecht?

Verallgemeinerungen wie „schwierig", „fies" oder „ungerecht" sagen nichts über die eigentliche Problematik aus. Formulierungen wie diese lassen sich auf unzählige Weise auslegen und vermitteln in der Regel ein negatives Bild.

Ein Seminarteilnehmer erklärte mir: „Mein Chef ist einfach fies. Er beachtet mich nur dann, wenn er mit meiner Arbeit unzufrieden ist." Ein anderer berichtete mir, dass sein Kollege sich um die Arbeit drückt, und noch ein anderer bezeichnete seinen Vorgesetzten als ungerecht.

Ich antwortete ihnen, dass ich mit Begriffen wie „fies" und „ungerecht" sowie mit anderen Verallgemeinerungen nichts anfangen könne. Ich forderte sie auf, ihre P-Aussage klar zu benennen. So waren sie gezwungen, sich über ihr eigentliches Problem klar zu werden und es in Worte zu fassen. Es stellte sich heraus, dass der „ungerechte" Chef drei Arbeitskollegen für eine Computerschulung angemeldet, denjenigen, der mein Seminar besuchte, jedoch übergangen hatte.

Das war das eigentliche Problem. Und wenn der Betreffende seinen Arbeitgeber darauf ansprechen möchte, kann er das ohne weiteres tun.

Denken Sie immer daran: Die P-Aussage sollte niemals einen Vorwurf beinhalten. Fällen Sie keine Urteile, beschreiben Sie lediglich das Verhalten des Betreffenden. Sie haben zwar das Recht, jemanden darüber aufzuklären, dass Sie sich durch sein Verhalten gekränkt bzw. gestört fühlen, Sie haben jedoch kein Recht, den anderen verbal anzugreifen.

Gehen wir einmal davon aus, Sie hätten sich über Ihre Schwägerin geärgert, weil größere Familienfeste immer wieder in Ihrem Haus stattfinden und Ihre Schwägerin sich bei Einladungen dieser Art in vornehmer Zurückhaltung übt. Lesen Sie die folgenden Aussagen und urteilen Sie selbst:

„Blanche, du lädst nie die ganze Familie ein." versus:
„Blanche, in den letzten zwei Jahren fanden die Familienfeste immer bei mir statt."

Wenn Sie Blanche wären, wie würden Sie sich fühlen, wenn Sie mit der ersten Aussage konfrontiert würden? Wahrscheinlich hätten Sie das Gefühl angegriffen zu werden, vielleicht wären Sie auch verlegen oder fühlten sich überrumpelt. Vielleicht glaubt Blanche ja auch, es würde Ihnen Spaß machen, die ganze Familie einzuladen und zu bewirten. Indem Sie Blanche angreifen, sorgen Sie dafür, dass sie sich in Ihrer Haut nicht wohl fühlt. Und glauben Sie mir, das ist bestimmt keine gute Basis für eine positive Auseinandersetzung.

Konfrontieren Sie Ihre Schwägerin dagegen mit der zweiten Aussage, schaffen Sie die für eine positive Auseinandersetzung erforderlichen Voraussetzungen. Sie machen Blanche darauf aufmerksam, dass Sie mit der momentanen Situation nicht zufrieden sind, und erklären ihr gleichzeitig, was Sie stört. Sie machen ihr keinen Vorwurf, Sie nennen lediglich Fakten. Durch dieses Verhalten stellen Sie die Weichen für eine positive Auseinandersetzung.

Die folgenden Beispiele sollen Ihnen helfen, Ihre P-Aussage künftig besser zu spezifizieren:

> *„Immer muss ich fahren." versus:*
> *„In den letzen Wochen bin immer ich gefahren, wenn wir zusammen ausgegangen sind."*

> *„Ich hätte wissen müssen, dass du nichts für dich behalten kannst." versus:*
> *„Ethel hat mir erzählt, du hättest mit ihr darüber gesprochen, dass Tom und ich einen Termin bei einem Eheberater hatten."*

Achten Sie darauf, dass Ihre P-Aussage keine Verallgemeinerungen enthält. Vergessen Sie dabei auch längst vergangene Auseinandersetzungen. Konzentrieren Sie sich lediglich auf das aktuelle Problem. Erläutern Sie die Einzelheiten, doch halten Sie Ihre Aussage so kurz wie möglich.

Warum ärgert Sie das Verhalten?

Sie sollten jedoch nicht nur darlegen, was Sie an dem Verhalten des anderen stört, sondern auch erklären, warum das so ist. Wie wirkt sich dieses Verhalten auf Sie aus? Enthalten Sie dem Betreffenden diese Informationen keinesfalls vor.

Zurück zu Blanche:

> *„Blanche, in den letzten zwei Jahren fanden die Familienfeste immer bei mir statt."*
> *(Sie legen dar, was Sie ärgert.)*
> *„Folglich musste ich auch alles vorbereiten und hinterher aufräumen."*
> *(Sie erläutern die Konsequenzen.)*

Ein weiteres Beispiel:

„In den letzten Wochen bin immer ich gefahren, wenn wir zusammen ausgegangen sind."
(Sie legen dar, was Sie ärgert.)
„Darum konnte ich nichts trinken."
(Sie erläutern die Konsequenzen.)

Sparen Sie sich die Mühe, wenn Sie nicht wirklich betroffen sind

Wenn Sie sich mit dem vermeintlichen Problem näher beschäftigen, werden Sie vielleicht feststellen, dass für Sie daraus keine Konsequenzen entstehen. Wenn es Sie nicht wirklich betrifft, ist es auch nicht Ihre Angelegenheit. Und wenn es Sie nichts angeht, warum sollten Sie den anderen dann darauf ansprechen?

So beschwerte sich einmal Anne bei mir darüber, dass ihre Schwägerin nie für ihren Mann, also Annes Bruder, kocht. Ich fragte sie, ob ihr Bruder krank sei und nicht für sich selbst kochen könnte. Das war jedoch nicht der Fall. Darauf fragte ich sie: „Inwiefern bist du denn dann davon betroffen?" Sie dachte kurz darüber nach und entgegnete: „Gar nicht. Wahrscheinlich geht mich das Ganze gar nichts an." Bingo!

Alice beklagte sich darüber, dass ihr Freund rein gar nichts tat. Mit dieser P-Aussage kann kein Mensch wirklich etwas anfangen. Als ich sie fragte, was genau sie an dem Verhalten ihres Freundes störte, antwortete sie: „Er sitzt die ganze Zeit herum und liest." Ich fragte Alice: „Und wie wirkt sich das auf Sie aus?" „Letztens habe ich die Koffer für unseren Urlaub gepackt und er hat währenddessen die ganze Zeit gelesen." – „Mussten Sie denn für ihn packen?", fragte ich. „Nein." – „Hat er seinen Koffer selbst gepackt?" – „Ja, aber erst auf den letzten Drücker." Und wieder fragte ich: „Welche Konsequenzen hatte das für Sie persönlich?" „Keine", antwortete Alice. „Wahrscheinlich sind wir in diesem Punkt einfach zu unterschiedlich."

Vielleicht hatte dieses Paar auch in anderen Bereichen seine Differenzen. Doch dieser Punkt war ein für alle Mal aus der Welt geschafft.

Wenn Sie einfach nicht darüber hinwegsehen können ...

In manchen Situationen können wir vielleicht nicht anders und müssen den anderen einfach darauf hinweisen, dass wir mit seinem Verhalten nicht einverstanden sind, selbst wenn es für uns persönlich keine Konsequenzen hat – außer vielleicht der Tatsache, dass wir das Verhalten als ungerecht bzw. respektlos empfinden. Da ist vielleicht der Arbeitskollege, der grundsätzlich früher Feierabend macht, wenn der Chef nicht da ist. Sie regen sich maßlos darüber auf, weil Sie sein Verhalten als ungerecht empfinden. Oder Ihre Nachbarin parkt regelmäßig auf dem Behindertenparkplatz in Ihrer Straße. Warum kann die Frau sich eigentlich keinen anderen Parkplatz suchen?

Da Sie diese Ungerechtigkeit nicht einfach hinnehmen wollen, fühlen Sie sich vielleicht verpflichtet, die Betreffenden darauf hinzuweisen. Auf diese Problematik werde ich in Kapitel 12 näher eingehen.

Wenn es Sie betrifft, seien Sie in jedem Fall ehrlich

Wie ich schon an anderer Stelle erwähnt habe, ist es nicht immer einfach, dem Betreffenden seine ehrliche Meinung zu sagen. Doch die Offenheit zahlt sich für uns in der Regel aus. Wenn Sie sich dafür entschuldigen, dass Sie den anderen auf sein Fehlverhalten hinweisen – und sei es auch nur, weil Sie dessen Gefühle nicht verletzen wollen –, kann dies zu einem ganz anderen Problem führen. Der Betreffende geht auf Ihre Entschuldigung ein.

Wenn Sie z. B. zu Blanche sagen würden „Ich weiß, dass ich bei meinen Einladungen nicht immer alles perfekt organisiere", könnte diese mit „Du machst das wirklich ganz hervorragend" antworten.

Das ist jedoch nicht das, was Sie von Blanche hören wollen. Sie wollen ja, dass sie auf Ihr eigentliches Anliegen eingeht. Also lenken Sie nicht mit irgendwelchen Ausflüchten davon ab. Darum ist es so wichtig, dass Sie Ihre P-Aussage klar, deutlich und vor allem ehrlich formulieren.

Drücken Sie Ihre Gefühle aus

In manchen Fällen sind Sie durch das Verhalten eines Menschen betroffen, weil es bestimmte Gefühle bei Ihnen auslöst. Sofern es angebracht ist, sollten Sie diese Gefühle auch zum Ausdruck bringen. Je nachdem, welcher Art Ihre Beziehung zu dem Betreffenden ist, möchten Sie dem anderen vielleicht erklären, welche Gefühle sein Verhalten bei Ihnen auslöst.

> *„Ich mag es nicht, wenn du mich als faul bezeichnest."* (wenig Gefühl) oder:
> *„Wenn du mich faul nennst, fühle ich mich gekränkt."* (viel Gefühl)

Der Ausdruck von Gefühlen im Berufsleben

Sofern Sie zu dem Betreffenden in einem persönlichen Verhältnis stehen, ist es durchaus angebracht, wenn Sie erklären, welche Gefühle sein Verhalten bei Ihnen auslöst. Häufig ändert der andere schon sein Benehmen, wenn wir ihm erklären, dass er uns durch seine Handlungsweise verletzt. Handelt es sich jedoch um einen geschäftlichen bzw. beruflichen Kontakt oder stehen Sie der Person nicht besonders nahe, sollten Sie sich in Ihrer P-Aussage auf das Wesentliche – Was stört mich? – beschränken und Ihre Gefühle nicht in die Auseinandersetzung einbringen.

Wenn Sie jedoch über Ihre Gefühle sprechen möchten, entschuldigen Sie sich nicht dafür. Sagen Sie einfach offen und ehrlich, was Sie empfinden. Dies ist gerade bei geschäftlichen und beruflichen Kontakten angebracht. Wenn Sie sich über ein bestimmtes Verhalten wirklich aufregen bzw. es Sie verletzt, haben Sie auch im Berufsleben das Recht, den anderen darüber aufzuklären, welche Gefühle sein Verhalten bei Ihnen auslöst – fassen Sie Ihre Empfindungen jedoch in klare Worte. Hüten Sie sich vor langatmigen Erklärungen. Ihr Vorgesetzter muss nicht wissen, dass Sie von Ihrem Vater regelmäßig vor anderen zurechtgewiesen wurden. Es reicht vollkommen, wenn Sie ihm erklären, dass Sie sich verletzt fühlen, wenn er Sie vor der versammelten Mannschaft kritisiert. Auf diese Weise machen Sie Ihrem Vorgesetzten deutlich, welche Gefühle sein Verhalten bei Ihnen auslöst.

Sagen Sie Ihre Meinung – freundlich, aber bestimmt

Fliegen fängt man bekanntlich mit Honig. In unserem Fall lässt sich der Honig mit unserem Taktgefühl gleichsetzen. Verhalten Sie sich in Auseinandersetzungen taktvoll, so steigen die Chancen, dass Sie genau das erhalten, worum Sie den anderen gebeten haben, immens. Ihre Äußerungen bestimmen nicht selten den Verlauf einer Auseinandersetzung. Wählen Sie also Ihre Worte sorgfältig. Hier einige Richtlinien, die Sie unbedingt beachten sollten:

1. **Notieren Sie Ihre P-Aussage:** Worüber ärgern Sie sich? Schreiben Sie es nieder. Auf diese Weise werden Sie sich besser über das eigentliche Problem klar, insbesondere dann, wenn Sie gerade die ersten unsicheren Schritte mit der PAC-Methode unternehmen. Wenn wir uns über etwas aufregen, neigen wir zu Übertreibungen bzw. zu defensivem Verhalten. Wenn Sie Ihre Gedanken zu Papier bringen, müssen Sie Ihr Tempo zwangsläufig ein wenig drosseln. Auf diese Weise fällt es Ihnen leichter, sich auf das Verhalten der betreffenden Person zu konzentrieren, und Sie können Verallgemeinerungen leichter vermeiden. Sie können jederzeit innehalten und Ihre Aussage in aller Ruhe noch einmal überarbeiten. Denken Sie immer daran, dass diese Niederschrift ausschließlich für Sie bestimmt ist. Lesen Sie Ihre Notizen dem anderen bitte nicht vor. Wahrscheinlich werden Sie das auch gar nicht wollen, da sich Ihre P-Aussage in geschriebener Form wahrscheinlich ein wenig gestelzt anhört. Im weiteren Verlauf des Buches werde ich Ihnen einige Situationen aufzeigen, in denen es

angebracht ist, die PAC-Methode in schriftlicher Form einzusetzen.

2. Vermeiden Sie Vorwürfe. Verzichten Sie unbedingt auf vorwurfsvolle Aussagen im „Du"/„Sie"-Stil.

Bei „Ich"-Aussagen handelt es sich in der Regel um bestimmt vorgebrachte, positive Formulierungen. „Du"/„Sie"-Aussagen haben dagegen meistens einen aggressiven Charakter. Wenn Sie Aussagen mit „Du" bzw. „Sie" einleiten, besteht die Gefahr, dass Sie dem Betreffenden schließlich Vorwürfe machen bzw. sich in Verallgemeinerungen ergehen. Wenn Sie Ihre Formulierungen jedoch mit „Ich" beginnen, beziehen Sie sich darin in erster Linie auf sich selbst. Durch „Du"/„Sie"-Formulierungen treiben Sie den anderen nur unnötig in die Defensive. Vergleichen Sie einmal die folgenden Aussagen miteinander:

„Sie kränken mich jeden Tag aufs Neue." (offensiv) versus:
„Ich fühle mich durch Ihren Kommentar beleidigt." (freundlich, aber bestimmt)

„Du regst dich immer gleich so auf." (offensiv) versus:
„Ich würde mich lieber hinsetzen und in Ruhe über diese Angelegenheit sprechen." (freundlich, aber bestimmt)

Verzichten Sie auf negative Ausdrücke wie z. B. *versäumen, vergessen, absagen, falsch* bzw. Formulierungen, die ein *nicht* enthalten. Durch diese Worte fühlt der Betreffende sich angegriffen und gerät in die Defensive. Verwenden Sie lieber Formulierungen wie:

„Ich brauche deine Hilfe, damit die Kinder pünktlich ins Bett kommen."
„Die Haare müssen noch einmal neu gefärbt werden."
„Termine müssen nun einmal eingehalten werden."

Durch die positiven Formulierungen schaffen Sie eine Atmosphäre, in der die andere Person sich eher bereit erklären wird, sich Ihren Standpunkt anzuhören. Wenn wir hören, dass wir versagt bzw. etwas falsch gemacht haben, wappnen wir uns augenblicklich für den bevorstehenden Kampf. Durch „Ich"-Aussagen, denen eine positive Formulierung folgt, vermeiden Sie unnötige Komplikationen.

3. **Vermeiden Sie krasse Adjektive und Ausschmückungen, wenn Sie näher auf das Verhalten des Betreffenden eingehen.** Auch wenn Sie dem anderen erklären wollen, dass Sie sich über sein Verhalten ärgern, sollten Sie keine Ausdrücke wie „du nervst" verwenden. Verzichten Sie auch auf Wörter wie: „abstoßend", „faul", „egoistisch", und „ärgerlich". Diese Ausdrücke haben auf den Betreffenden dieselbe Wirkung wie negative Formulierungen – sie drängen Ihren Gesprächspartner in die Defensive. Auf diese Weise mindern Sie die Chancen für eine positive Auseinandersetzung.

4. **Vermeiden Sie Übertreibungen und Verallgemeinerungen,** wie „immer", „nie" und „selten". Auch diese Formulierungen behindern eine positive Konfrontation. Der Betreffende fühlt sich angegriffen und Sie müssen sich für Ihre Verallgemeinerung entschuldigen. Auf diese Weise können Sie unmöglich eine Auseinandersetzung nach dem PAC-Modell einleiten.

Ausnahmen – Situationen, in denen „Du"/„Sie"-Formulierungen durchaus angebracht sind

In einigen Fällen bringt jedoch nur eine „Du"/„Sie"-Formulierung genau das zum Ausdruck, was Ihnen am Herzen liegt. Denken Sie jedoch immer daran, dass es sich in jedem Fall um eine beschreibende Formulierung – niemals um eine vorwurfsvolle – handeln sollte.

> *„Gestern, als Sie mit 30 Minuten Verspätung zu der Besprechung gekommen sind ..."*
> *„Gestern Abend hast du gesagt, dass du nicht da hingehen willst ..."*

Beschwichtigungen

Wenn Sie Ihre Worte für die P-Aussage zu Papier bringen, sollten Sie darauf achten, dass Sie Ihre Aussagen mit einer freundlichen Formulierung einleiten. Auf diese Weise stellen Sie sicher, dass Ihr Gesprächspartner offen für Ihre Argumente ist. Diese so genannten Beschwichtigungen nehmen einer schwierigen Gesprächssituation die Spannung, indem sie dem Betreffenden deutlich machen, dass Sie davon überzeugt sind, dass er Ihnen nicht mit Absicht schaden wollte. Auf diese Weise fällt es dem anderen in der Regel leichter, Ihren Argumenten zu folgen. Folgende Beispiele zeigen einige äußerst wirkungsvolle Beschwichtigungen:

„Ich weiß ja, dass keine böse Absicht dahinter steckt …"
„Ich vermute, Sie sind sich darüber wahrscheinlich nicht im Klaren, dass …"
„Ich bin mir sicher, dass es sich hierbei nur um ein Versehen handelt …"

Die P-Aussage – Zusammenfassung

Für eine erfolgreiche und positive Auseinandersetzung ist es von größter Bedeutung, dass Sie klar benennen, worüber Sie sich ärgern. Beachten Sie folgende Punkte:

- Benennen Sie spezifische Vorfälle. Beschreiben Sie das Verhalten des anderen, fällen Sie jedoch kein Urteil.
- Keine Kategorisierungen und Verallgemeinerungen. Vermeiden Sie Ausdrücke wie „egoistisch", „rücksichtslos", „immer" oder „nie".
- Werden Sie sich darüber klar, welche Konsequenzen das Verhalten des Betreffenden für Sie persönlich hat.
- Achten Sie auf eine positive Ausdrucksweise, wenn Sie Ihre P-Aussage in Worte fassen. Verwenden Sie „Ich"-Formulierungen.
- Verzichten Sie auf negative bzw. schroffe Ausdrücke, wie z. B. „belästigen", „stören", „dumm" usw.

- Falls nötig, beginnen Sie die Auseinandersetzung mit einer Beschwichtigung und stellen Sie sicher, dass Ihr Gesprächspartner sich für Ihre Argumente öffnet.

Das A: Das Anliegen – worum wollen Sie den Betreffenden bitten?

Sobald Sie sich über Ihre P-Aussage im Klaren sind, ist es an der Zeit, sich näher mit Ihrem eigentlichen Anliegen auseinander zu setzen. Worum möchten Sie den anderen bitten? Was kann er tun, damit er Sie durch sein Verhalten nicht länger belästigt bzw. kränkt? Ihr Anliegen stellt den zweiten Buchstaben in dem Akronym PAC dar.

Es ist nicht damit getan, dass Sie den anderen lediglich auf das Problem hinweisen und dann wieder Ihrer Wege gehen. So wie der Nachbar, der mit folgender Aussage an einen Hundehalter herantritt: „Wenn Sie Ihren Hund nicht anleinen, macht er sein Geschäft in meinem Garten." Sie können nicht voraussetzen, dass der andere aus dieser Aussage schließt, was Sie von ihm wollen. Aus diesem Grund sollten Sie Ihre A-Aussage klar definieren, bevor Sie einen anderen mit einem Problem konfrontieren. Nachdem Sie dem Betreffenden erklärt haben, was Sie an seinem Verhalten stört, müssen Sie auch den nächsten Schritt machen und erklären, inwieweit der andere sein Verhalten Ihnen gegenüber verändern soll. So könnte der Nachbar den Hundebesitzer bitten, den Hund aus seinem Garten fern zu halten.

Sie sollten Ihre A-Aussage jedoch in jedem Fall vor der eigentlichen Auseinandersetzung ausformulieren. Ich kenne viele Menschen, die bei ihrer ersten positiven Konfrontation vor lauter Aufregung ihre Vorbereitungen für die A-Aussage vergessen haben. Wenn Sie jedoch jemand anderen in eine Auseinandersetzung einbeziehen, ohne sich darüber bewusst zu sein, was Sie eigentlich von ihm wollen, geben Sie die Kontrolle über den Verlauf des Gesprächs aus der Hand. Darüber hinaus erschwert es den Weg zu einer gemeinsamen Lösung.

Legen Sie genau fest, worum Sie den Betreffenden bitten möchten

Bei der schriftlichen Ausfertigung Ihrer A-Aussage sollten Sie ebenso gründlich vorgehen wie bei der P-Aussage. Wenn Sie nicht genau festlegen, worum Sie den anderen bitten wollen, ist es unwahrscheinlich, dass Sie das gewünschte Ziel erreichen. Sie erhalten das, von dem der Betreffende glaubt, dass Sie es wollen, oder aber lediglich das, zu dem der andere bereit ist.

Viele Menschen stehen bei der Definition ihrer Bitte vor unerwarteten Problemen. Häufig stellt sich dieser Schritt sogar als noch schwieriger als das Formulieren der P-Aussage dar. Wir beschweren uns zwar regelmäßig über andere, wissen aber nicht genau, welches Verhalten wir uns von dem Betreffenden stattdessen wünschen. Wenn Sie sich darüber klar werden, was Sie wollen, wird es Ihnen leichter fallen, Ihre Bitte präzise zu formulieren. Hierbei gibt es kein Richtig oder Falsch. *Sie* entscheiden, was Sie sich von dem anderen wünschen bzw. was für Sie von besonders großer Bedeutung ist. Lassen Sie mich Ihnen diese Vorgehensweise an einem Beispiel näher erläutern:

Hierzu eignet sich das Beispiel des Vorgesetzten, der seine Angestellten mit der uns bekannten Ausnahme zu einer EDV-Fortbildung angemeldet hat, besonders gut. Die A-Aussage in diesem Fall könnte lauten: „Ich möchte auch an einem Fortbildungskurs teilnehmen." Vergessen Sie jedoch nicht, Ihre Aussagen so präzise wie möglich zu formulieren. Eine wesentlich genauere und bessere Formulierung wäre die folgende Aussage: „Ich würde mich freuen, wenn Sie mich für den EDV-Lehrgang im Juli anmelden könnten."

Wenn Sie Ihre A-Aussage – „Ich möchte gerne an dem nächsten EDV-Kurs teilnehmen" – nicht anbringen, wird Ihr Vorgesetzter Ihnen vielleicht eine andere Lösung vorschlagen. So könnte er sagen: „Dann können Sie ja als Alternative die Marketing-Konferenz besuchen." Doch was ist, wenn Sie unbedingt an diesem EDV-Lehrgang teilnehmen möchten? Diese Fortbildung, und nicht die Marketingkonferenz, ist für Ihre berufliche Karriere von so großer Bedeutung. Also müssen Sie Ihre A-Aussage möglichst präzise formulieren.

Im Zweifelsfall halten Sie sich lieber zurück

Wenn Sie sich nicht wirklich darüber im Klaren sind, worum Sie den Betreffenden bitten wollen, halten Sie sich zunächst besser zurück. Eine Marketingleiterin im Verlagswesen, die sich nicht ausreichend mit ihrer A-Aussage auseinander gesetzt hatte, erlebte Folgendes: „Während einer Unterredung mit meinem Chef wartete einer der Angestellten an meiner Tür, so dass ich mich nicht mehr auf das Gespräch konzentrieren konnte. Ich habe mich darüber ziemlich geärgert."

Also stellte sie die betreffende Person zur Rede. Ihre P-Aussage lautete: „Wenn Sie an der Tür stehen, während ich mich unterhalte, kann ich mich nicht mehr auf das Gespräch konzentrieren." Sie versäumte es jedoch, dem Angestellten zu erklären, wie er sich künftig in einer solchen Situation verhalten sollte. In einigen Fällen zieht der Betreffende vielleicht die richtigen Schlüsse aus der P-Aussage; das ist jedoch nicht immer der Fall.

Die Frau hat dem Angestellten nicht gesagt, welches Verhalten sie von ihm erwartete. Die A-Aussage hätte wie folgt lauten müssen: „Ich möchte Sie bitten, hier nicht länger herumzustehen. Wenn Sie mit mir sprechen wollen, hinterlassen Sie mir bitte eine entsprechende Nachricht." Da Sie Ihre Bitte nicht klar formulierte, wartete der Angestellte fortan nicht mehr an der Tür, sondern im Flur!

Bringen Sie Ihre A-Aussage zu Papier

Wenn Sie Ihre A-Aussage schriftlich ausformulieren, tritt derselbe Effekt wie bei der Formulierung der P-Aussage ein: Es fällt Ihnen leichter, Ihre Gedanken zu ordnen.

Beginnen Sie Ihre Aussage immer mit einer höflichen Einleitung wie „Ich würde mich freuen, wenn ...", „Ich möchte Sie bitten, ..." oder „Es wäre wirklich nett, wenn Sie ...". Selbst ein einfaches „Bitte" eignet sich, um eine A-Aussage einzuleiten.

Bestimmen Sie, wie direkt Sie vorgehen wollen

Wie direkt Sie zu Ihrem Gesprächspartner sein wollen, wird von der Art Ihrer Beziehung zu dem Betreffenden bzw. vom Ernst der Lage bestimmt.

Wenn wir besonders direkt vorgehen, haben wir in der Regel ein genaues Bild von dem, was wir von dem anderen erwarten. In diesem Fall verwenden wir Aussagen wie „Ich möchte …" oder „Ich erwarte …". Formulierungen dieser Art gebrauchen vor allem Vorgesetzte gegenüber ihren Untergebenen.

Sie können diese Formulierungen auch ein wenig mildern, indem Sie weniger direkte Aussagen wie z. B. „Ich möchte Sie bitten, …" oder „Ich würde es begrüßen, wenn Sie …" verwenden.

Wenn Sie sich für eine noch weniger direkte Vorgehensweise entscheiden, sollten Sie Ihre Bitte in eine Frage verwandeln: „Wärst du bitte so nett, und spielst nach 22.00 Uhr keine laute Musik mehr?" oder „Wäre es möglich, dass …?" Formulierungen dieser Art empfehlen sich besonders dann, wenn wir mit Vorgesetzten sprechen.

Standpunkt versus Bitte

Mit der A-Aussage müssen Sie deutlich zum Ausdruck bringen, was Sie von dem anderen erwarten. Aus diesem Grund werden die Ausdrücke „Standpunkt" und „Bitte" häufig als Synonyme verwendet. Wir sollten uns jedoch ausschließlich auf die Absicht hinter dem Standpunkt bzw. der Bitte konzentrieren. Die *Bitte* drückt aus, welches Ergebnis Sie sich von der Auseinandersetzung erhoffen. Bei einem *Standpunkt* stellen Sie den anderen vor die Wahl. Ein Standpunkt erfordert Konsequenzen. Wechseln Sie also nicht ohne weiteres von der Bitte zum Standpunkt. In diesem Fall schränken Sie die Möglichkeiten des gegenseitigen Gebens und Nehmens sowie die Chance auf eine gemeinsame Lösung erheblich ein. Konfrontieren Sie Ihren Gesprächspartner erst dann mit einem festen Standpunkt, wenn Sie bereit sind, die Konsequenzen zu tragen.

Wenn Sie Ihren Mitbewohner wiederholt gebeten haben, spätabends keine laute Musik mehr zu spielen, und er sich immer wieder über Ihre Bitte hinwegsetzt, sind Sie gezwungen, Stellung zu beziehen.

> *„Ich würde es begrüßen, wenn du nach 22.00 Uhr nicht mehr so laut Musik hören würdest." (Bitte) versus:*
> *„Ich würde es begrüßen, wenn du nach 22.00 Uhr nicht mehr so laut Musik hören würdest. Sollte das nicht möglich sein, muss ich leider ausziehen." (Standpunkt)*

> *„Bitte besuch Mama jede Woche im Pflegeheim." (Bitte) versus:*
> *„Ich möchte, dass du Mama einmal in der Woche im Pflegeheim besuchst. Solltest du das nicht schaffen, werde ich ein Heim für sie in meiner Nähe suchen." (Standpunkt)*

Bleiben Sie realistisch

Ihre Bitte sollte immer im Rahmen der Möglichkeiten des Betreffenden liegen. Sie bitten z. B. Ihren Arbeitskollegen, pünktlich zur Besprechung zu erscheinen. Er muss jedoch noch einen weiteren Termin wahrnehmen und diese Konferenz endet genau dann, wenn Ihr Meeting beginnt. Er kann also unmöglich auf die Minute pünktlich bei Ihnen erscheinen.

Oder Sie wollen am Flughafen einchecken, Ihr Flug wurde jedoch abgesagt. Sie bitten die Frau am Schalter um eine Reservierung in der nächsten Maschine. Wenn der Flug bereits ausgebucht ist, werden Sie sicherlich nicht mit dieser Maschine fliegen können. Wenn Sie also eine unmögliche Bedingung stellen, ist ein größerer Konflikt bereits vorprogrammiert.

Ebenso wie bei der P-Aussage wird es Ihnen im Laufe der Zeit und mit etwas Übung immer leichter fallen, Ihre A-Aussage zu spezifizieren. Irgendwann werden Sie sogar auf die schriftliche Ausformulierung verzichten können. Sie werden sich nur noch die Frage stellen, worum Sie den anderen bitten wollen, und schon haben Sie Ihre A-Aussage auf den Punkt gebracht.

Das C: Check: Wie denkt Ihr Gesprächspartner darüber?

Der letzte Schritt der PAC-Methode besteht im Formulieren der C-Aussage. Doch keine Sorge, dieser Schritt ist äußerst unkompliziert. Dieser Punkt sollte jedoch in keinem Fall übergangen werden. Denn mit einer Auseinandersetzung verhält es sich genauso wie mit dem guten alten Walzer: Es gehören immer zwei dazu. Sie haben sowohl Ihre P-Aussage als auch Ihre A-Aussage klar und deutlich ausgesprochen. Jetzt müssen Sie eine Verbindung zu Ihrem Gesprächspartner herstellen. Dies geschieht mit Hilfe der C-Aussage.

Durch den so genannten Check fordern Sie den anderen auf, Stellung zu beziehen. Auf diese Weise wird gewährleistet, dass Ihr Gesprächspartner Sie verstanden hat. Darüber hinaus können Sie so feststellen, was der Betreffende über die Angelegenheit denkt. Der andere hat vielleicht auch einige gute Vorschläge.

Die C-Aussage kann sich auf ein einfaches „Okay?" beschränken. Sie können aber auch andere Formulierungen verwenden, so z. B.:

„Ist das für Sie in Ordnung?"
„Was denken Sie darüber?"
„Wäre das möglich?"

Nachdem Sie den Betreffenden mit Hilfe der PAC-Methode auf das Problem angesprochen haben, wird dieser auf Ihre Aussagen reagieren. Auf einige dieser Reaktionen sind Sie vielleicht nicht vorbereitet. Was in einem solchen Fall zu tun ist, werde ich in Kapitel 9 näher erläutern.

PAC-Aussagen für alltägliche Konflikte – Beispiele

Situation: Mein Nachbar lässt seine Hunde frei herumlaufen und sie erledigen ihr Geschäft in meinem Garten. Das raubt mir noch den letzten Nerv!

PAC-Aussage: „Ich weiß nicht, ob Sie sich darüber im Klaren sind, dass Ihre Hunde ihr Geschäft regelmäßig in meinem Garten erledigen. Ich habe keine Lust, diese Bescherung wegzumachen. Bitte sorgen Sie dafür, dass das nicht wieder vorkommt, in Ordnung?"

Situation: Eine meiner Freundinnen ruft mich immer wieder tagsüber an und hinterlässt auf meinem Anrufbeantworter eine Nachricht mit der Bitte um Rückruf. Das geht mir ziemlich auf die Nerven. Schließlich weiß sie ganz genau, dass ich tagsüber nicht zu Hause bin. Außerdem wohnt sie in einer anderen Stadt. Der Rückruf ist also obendrein ziemlich teuer.

PAC-Aussage: „Du rufst mich immer tagsüber an, wenn ich bei der Arbeit bin. Dann muss ich dich gezwungenermaßen später zurückrufen, das geht ganz schön ins Geld. Mir wäre es lieber, wenn wir die Telefonkosten gerechter aufteilen würden. Lass uns doch mit den Anrufen abwechseln. Wäre das möglich?"

Situation: Mein Mann geht meiner Meinung nach bei der Erziehung unseres sechsjährigen Sohnes viel zu streng vor. Er ist der Überzeugung, er könne dem Jungen nur Respekt einflößen, indem er ihn einschüchtert. Schließlich hätte ihm das auch nicht geschadet.

PAC-Aussage: „Ich mache mir wirklich Sorgen, weil du unser Kind so hart anfasst. Ich glaube nicht, dass die Angst vor Bestrafung eine angemessene Erziehungsmethode ist, und ich befürchte, dass der Junge dabei seelischen Schaden nimmt. Lass uns bitte gemeinsam eine Alternative zum Hinternversohlen suchen, okay?"

Situation: Ein Vertriebsmitarbeiter berichtet unserem Vorgesetzten brühwarm, was auf den Besprechungen in unserer Abteilung geredet wird – ohne Rücksicht auf die möglichen Konsequenzen für die Kollegen.

PAC-Aussage: „Joe, vielleicht weißt du nichts von dem Ehrenkodex unter uns Vertretern. Wenn du ein Problem oder eine Frage hast, wende dich in Zukunft bitte erst an mich und nicht direkt an den Manager. Können wir uns darauf einigen?"

Situation: Ein Arbeitskollege, mit dem ich sehr eng zusammenarbeiten muss, spricht hinter meinem Rücken schlecht über mich.

PAC-Aussage: „Mir ist zu Ohren gekommen, dass Sie sich in Gegenwart der Kollegen negativ über mich geäußert haben. Mir wäre es lieber, wenn Sie sich direkt an mich wenden würden, wenn Sie ein persönliches oder auch ein berufliches Problem mit mir haben. Würden Sie das in Zukunft bitte tun?"

Situation: Einer unserer Kunden legt regelmäßig seine Hand auf mein Knie, sowohl in seinem Büro als auch bei anderen geschäftlichen Zusammentreffen.

PAC-Aussage: „Mir gefällt das gar nicht, wenn Sie Ihre Hand auf mein Knie legen. Ich möchte Sie bitten, das in Zukunft zu unterlassen." (Eine C-Aussage ist in diesem Fall nicht erforderlich. In dieser Situation ist kein Platz für Diskussionen. Der Betreffende zeigt ein Benehmen, das Sie in keinem Fall akzeptieren müssen.)

Arbeiten mit dem PAC-Modell

Bei der PAC-Methode handelt es sich um ein flexibles Modell. Sobald Sie gegenüber Ihren Mitmenschen die PAC-Methode einsetzen, anstatt die Leute anzugreifen, wird es für Sie immer leichter werden, sowohl Ihre P-Aussage als auch Ihre A-Aussage zu spezifizieren. Manchmal werden Sie vielleicht nur eine der beiden Aussagen anbringen, und mehr ist häufig auch gar nicht nötig.

Beschränken auf die P-Aussage

Manchmal müssen Sie nichts weiter tun, als Ihr Missfallen – *freundlich, aber bestimmt* – über eine Situation zu äußern, und der Betreffende erklärt sich bereit, sein Verhalten zu ändern. Und genau das ist für ein gesundes Selbstwertgefühl von größter Bedeutung.

„Ich mache mir Sorgen, wenn du mich nicht anrufst." Mehr ist häufig gar nicht nötig. Sie müssen den Betreffenden um nichts bitten. Der andere weiß genau, was Sie an seinem Verhalten stört und was zu tun ist, um die Situation zu bereinigen.

Beschränken auf die A-Aussage

In anderen Fällen müssen Sie nichts weiter tun, als dem anderen – natürlich ohne ihn anzugreifen – zu sagen, was Sie von ihm erwarten. „Bitte frag mich erst, bevor du dir meine CDs ausleihst." Eine Erklärung ist nicht erforderlich. In diesem Fall liegt die P-Aussage durch die ausgesprochene Bitte auf der Hand.

Das Beschränken auf die A-Aussage ist besonders bei eindeutigen Situationen sehr hilfreich. Stellen Sie sich die Frage: „Worum möchte ich den anderen bitten?" Beispiele:

- Wenn jemand zu Ihren Meetings zu spät kommt, liegt die P-Aussage auf der Hand. Welches Verhalten erwarten Sie von diesem Menschen in Zukunft? „Für mich ist es wirklich wichtig, dass Sie künftig spätestens um 10.05 Uhr zu meinen Besprechungen erscheinen."
- Wenn Ihr Vorgesetzter Ihnen Aufträge erteilt, ohne Sie darüber aufzuklären, wie dringend deren Erledigung ist – worum wollen Sie dann also Ihren Vorgesetzten bitten? „Chef, wenn Sie mir einen Auftrag erteilen, sagen Sie mir doch bitte auch, bis wann ich ihn erledigt haben soll."
- Patricia ist eine der führenden Forscherinnen auf dem Gebiet der Produktion. Bei einem Treffen mit europäischen Kollegen musste sie feststellen, dass diese sie nicht ernst nahmen. Sie hatte einen befreundeten Patentanwalt gebeten, einen Vortrag vor der Gruppe zu halten. Während dieser sprach, bezeichnete er sie unentwegt als „Schatz", woraufhin einer der europäischen Teilnehmer in Gelächter ausbrach. Es blieb keine Zeit für die PAC-Methode. Sie musste sofort handeln. Also brachte sie ruhig und deutlich ihre A-Aussage an: „Tom, ich möchte nicht, dass du mich Schatz nennst."

Verzicht auf das PAC-Modell

Die angeführten Beispiele hören sich vielleicht simpel an. Doch für alle von uns, die tagtäglich in diese und ähnliche Situationen geraten, ist deren Bewältigung alles andere als einfach. Wir alle tendieren zu der Auffassung, unsere persönlichen Probleme seien etwas ganz Besonderes. Manchmal sind sie das sogar. Andererseits ähneln sich all die Geschichten, die mir Woche für Woche zugetragen werden. Tatsächlich stehen wir alle, wenn auch mit Abweichungen, vor denselben Konflikten. Und manchmal handelt es sich allerdings um wirklich extreme Situationen.

Eine Frau berichtete mir von einer Arbeitskollegin, die sich bei ihr darüber beschwerte, dass ihr Vorgesetzter ihr – der Arbeitskollegin – mehr Aufgaben übertrug als den anderen Mitarbeitern. Sie sprach ihren Vorgesetzten jedoch nie persönlich darauf an. Irgendwann war sie so frustriert, dass sie kündigte und die Firma verließ. Sie hatte einen guten Arbeitsplatz in einem renommierten Unternehmen aufgegeben. Und das nur, weil sie nicht in der Lage war, ihren Vorgesetzten mit dem Problem zu konfrontieren!

Diese Frau hatte Angst, ihre Meinung zu äußern. Wovor genau sie sich fürchtete, kann ich nicht beurteilen. Da sie ohnehin freiwillig die schlimmste aller Konsequenzen – den Verlust ihres Arbeitsplatzes – wählte, was hätte sie schon verlieren können, wenn sie ihren Vorgesetzten mit Hilfe des PAC-Modells auf das Problem aufmerksam gemacht hätte? Nichts! Im Gegenteil, sie hätte wahrscheinlich einige Vorteile für sich verbuchen können. Denn viele Arbeitgeber warten nur darauf, dass ihre Angestellten das Problem beim Namen nennen.

Benutzen Sie Ihre PAC-Anleitung

Am Anfang dieses Kapitels auf den Seiten 84/85 finden Sie die PAC-Methode zusammengefasst (siehe Kasten). Solange Sie erste Erfahrungen auf dem Gebiet der positiven Konfrontation sammeln, sollten Sie diese Anleitung immer bei sich tragen. Sie wird Ihnen eine große Hilfe dabei sein, sich auf die wesentlichen Punkte zu konzentrieren.

Kapitel 7

Schluss mit den sprachlichen Schnitzern

Die PAC-Methode hilft Ihnen, die richtigen Worte zu finden. Sie gibt Ihnen das nötige Selbstbewusstsein für eine erfolgreiche Auseinandersetzung. Im letzten Kapitel habe ich besonderen Wert auf die richtige Ausdrucksweise gelegt. Sie haben gelernt, wie Sie einer Auseinandersetzung eine positive Wendung geben können, indem Sie auf „Du/Sie"-Aussagen bzw. negative und krasse Ausdrucksweise verzichten und das Gespräch mit einer Beschwichtigung einleiten.

Die richtige Formulierung spielt bei einer positiven Auseinandersetzung jedoch eine so große Rolle, das wir näher darauf eingehen sollten. Denn die Art und Weise, wie Sie Ihre Aussagen formulieren, ist für das angestrebte freundliche, aber bestimmte Verhalten von größter Bedeutung. Jetzt werden Sie sicherlich die Augen verdrehen und sich auf einen Crashkurs in Grammatik einstellen – keine Angst. Ich möchte Sie vielmehr auf das *Wie* aufmerksam machen. Natürlich sollten Sie darauf achten, was Sie sagen. Achten Sie aber auch darauf, *wie* Sie Ihre Meinung äußern – denn der Ton macht die Musik. Wie drücken Sie sich aus? Sind Sie höflich? Sind Sie bestimmt?

In welche Worte Sie Ihre Meinung kleiden, hat großen Einfluss darauf, wie Ihre Gedanken von Ihrem Gesprächspartner aufgenommen werden. Wie Sie die Worte vorbringen, ist jedoch für Ihr Gegenüber von ebenso großer Bedeutung. Was nützt Ihnen die beste Grammatik, wenn Sie in einer hitzigen Auseinandersetzung die Beherrschung verlieren?

Selbstabwertungen

Selbstabwertungen stellen vor allem für diejenigen, die auf dem Gebiet der positiven Konfrontation erste Schritte tun, ein großes Problem dar! Selbstabwertende Formulierungen mindern häufig die Wirkung Ihrer positiven Aussagen und machen Ihre Bemühungen, dem anderen bestimmt gegenüberzutreten zunichte. Wenn Sie selbst schon Ihre eigenen Aussagen herabsetzen, wie soll Ihr Gegenüber erst darüber denken?

Sofern auch Sie sich in Ihren Aussagen immer wieder abwerten, müssen Sie sich dieses Laster unbedingt abgewöhnen. Wenn Sie das versäumen, werden Sie niemals wirklich von den Vorteilen positiver Auseinandersetzungen profitieren können. Im Folgenden nenne ich Ihnen die Bereiche, in denen Sie besonders auf selbstabwertende Formulierungen achten sollten.

Worthülsen

Unter diesem Begriff sind u. a. folgende Wörter und Formulierungen zu nennen: „ich glaube", „ich hoffe", „vielleicht", „sozusagen", „irgendwie", „möglicherweise". In meinen Seminaren verwende ich immer folgenden Satz zur Veranschaulichung: „Ich hoffe, dass diese Informationen Ihnen vielleicht helfen werden."

Was jetzt? Halte ich diese Informationen für nützlich oder nicht? Lässt man die nichtssagenden Wörter aus, hört der Satz sich gleich ganz anders an: „Ich bin sicher, dass diese Informationen Ihnen helfen."

Einer meiner Teilnehmer (ein gescheiter und hochbezahlter Manager) formulierte folgendermaßen: „Ich weiß nicht, ob ich mich richtig ausdrücke. Es ist ja auch nur meine persönliche Meinung …" (Woher soll ich wissen, ob er sich richtig ausdrückt?)

Ich habe schon häufig gehört, wie Vertreter zu potenziellen Kunden Folgendes sagten: „Ich glaube, ich sollte mich darum kümmern …" (Wird er sich nun darum kümmern oder nicht?) – „Ich hoffe, dass Sie das Pauschalangebot überzeugen wird …" (Das hoffe ich auch!) Vergleichen Sie einmal folgende Beispielsätze:

Abwertend	Freundlich, aber bestimmt
„Ich denke, ich sollte mich darum kümmern …"	„Ich werde das heute noch in die Hand nehmen."
„Ich hoffe, dass Sie das Pauschalangebot überzeugen wird."	„Schauen Sie sich einmal das Pauschalangebot an und Sie werden sehen, dass sich damit die Kosten für Sie um einiges reduzieren."
„Vielleicht finden wir ja eine Lösung für Ihr Problem."	„Ich bin überzeugt, dass wir eine Lösung für Ihr Problem finden werden."
„Ich denke, wir sollten hier beginnen."	„Lassen Sie uns hier beginnen."
„Ich hoffe, dass Sie mir die Unterlagen vielleicht zurückfaxen können."	„Bitte faxen Sie mir die Unterlagen zurück."
„Das ist uns schon irgendwie unangenehm."	„Das ist uns wirklich äußerst unangenehm."
„Vielleicht sollten wir doch besser woanders hingehen."	„Ich würde gerne in ein anderes Restaurant gehen."

„Ich glaube" versus „Ich weiß"

Die exzessive Verwendung der Floskel „ich glaube" ist ein weiteres Beispiel für unverbindliche und die eigene Person abwertende Formulierungen. Wenn Sie etwas wirklich wissen, sagen Sie nicht: „Ich glaube …"

Als mein Sohn mich einmal fragte, ob er einen Freund besuchen dürfe, antwortete ich mit: „Ich glaube, das ist in Ordnung." Mein Sohn entgegnete darauf: „Mama, glaubst du, dass ich gehen darf, oder weißt du es?" Ich antwortete: „Ich weiß es." Warum habe ich das dann nicht gleich gesagt? Heute weiß ich es.

„Es tut mir Leid, dass ich mich für nichts entschuldigen kann"

Häufig sagen wir „Entschuldigung", obwohl wir uns nichts haben zu Schulden kommen lassen. Dies ist eine ebenso schlechte und belastende Angewohnheit wie die oben erwähnte Verwendung der Floskel „Ich glaube …"

Eine Pharmareferentin entschuldigte sich bei einem Arzt, den sie aufsuchte: „Entschuldigen Sie bitte, dass ich Sie heute belästigen muss. Ich sehe ja, dass Sie viel zu tun haben."

Sie war sich nicht einmal bewusst, dass sie sich entschuldigte, bis der Arzt sie fragte, wie sie darauf kam, dass sie ihn belästigte. Er fragte sie sogar noch, ob sie nicht auch die eine oder andere interessante Information für ihn habe. Und diese Frau wunderte sich, warum die Ärzte sich so wenig Zeit für sie nahmen.

Entschuldigen Sie sich nur dann, wenn einer der folgenden Punkte zutrifft:

a)   Sie meinen es wirklich ernst.
b)   Sie haben wirklich etwas getan, für das Sie sich entschuldigen müssen. Wenn Sie z. B. etwas verschütten, jemandem versehentlich ein Bein stellen o. Ä., dann haben Sie allen Grund, sich zu entschuldigen.

Selbstabwertende Einleitungen

Beginnen Sie eine Auseinandersetzung nach dem PAC-Modell niemals mit einer Entschuldigung bzw. einer nichtssagenden Formulierung. Sie sollen zwar freundlich sein, das heißt jedoch nicht, dass Sie Ihre P-Aussage und Ihre A-Aussage abwerten sollen.

Wie Sie eine PAC-Auseinandersetzung niemals beginnen sollten

Ihre Aussage	Was der andere davon hält
„Ich sage das ja wirklich nicht gerne …"	Dann lassen Sie es eben bleiben.
„Ich weiß ja, dass Sie zurzeit eine schwere Phase durchmachen …"	Das ist richtig. Also machen Sie es nicht noch schlimmer.
„Vielleicht halten Sie mich jetzt für zu emotional …"	Oh Gott, jetzt wird sie emotional.
„Ich habe ein Problem mit Ihnen …"	Hinten anstellen, bitte.
„Ich möchte Ihre Gefühle nicht verletzen, aber…"	Ich möchte auch nicht, dass Sie meine Gefühle verletzen.
„Vielleicht irre ich mich ja …"	Richtig: Sie irren sich.
„Ich bin mir nicht sicher …"	Ich auch nicht.
„Das ist vielleicht eine blöde Idee …"	Wahrscheinlich.

Schwaches Ende für starke Aussagen

Ich erlebe es immer und immer wieder: Die Teilnehmer meiner Seminare erklären etwas oder sprechen einen bestimmten Punkt an, ausgesucht freundlich und äußerst bestimmt und dabei absolut klar und verständlich. Perfekte Aussagen, sowohl die P-Aussage als auch die A-Aussage. Und dann machen Sie alles mit einem Schlag zunichte und schieben noch ein „Ich weiß nicht" hinterher.

„Ich weiß nicht" (Sie wissen es sehr wohl!)

Insbesondere Frauen sind wahre Meister der selbstabwertenden, ja regelrecht selbstzerstörerischen Floskeln. Eine Teilnehmerin äußerte in bewundernswerter Form ihre Meinung zu dem aktuellen Thema. Es war deutlich, dass sie wusste, wovon sie sprach. Doch kurz bevor sie ihre Ausführungen beendete, stockte sie kurz und fuhr dann fort: „Nun ja, ich weiß nicht genau ..." Natürlich wusste sie es genau, schließlich hatte alles, was sie bislang gesagt hatte, Hand und Fuß. Und sie war sich nicht einmal bewusst, was sie tat. Ich musste sie erst darauf aufmerksam machen. Sie war regelrecht schockiert!

Als ich vor einer Gruppe Ärztinnen einen Vortrag zu diesem Thema hielt, meldete sich eine der Teilnehmerinnen zu Wort. Sie erklärte, dass sie ihre Ausführungen zwar nicht mit „Ich weiß nicht" beendete, stattdessen jedoch eine ähnliche Formulierung verwendete. Wenn sie den Assistenzärzten Anweisungen gab und ihnen dabei komplizierte Zusammenhänge erläuterte, beendete sie ihre Erklärungen mit einem „Was weiß denn ich?" (Den Assistenzärzten blieb nur zu hoffen, dass sie eine ganze Menge wusste, schließlich war sie die Verantwortliche!)

Statt dieser Frage hätte sie ebenso gut sagen können: „Ich vertraue weder auf mein eigenes Urteil noch auf mein Fachwissen."

Warum haben vor allem Frauen diese lästige Angewohnheit? Dafür gibt es wahrscheinlich eine Vielzahl von Gründen – von denen viele im Zusammenhang mit den geschlechtsspezifischen Rollenbildern o. Ä. im Zusammenhang stehen. Wir sollten uns an diesem Punkt jedoch nicht von den Gründen für dieses Verhalten ablenken lassen. Alles, was Sie tun müssen, ist, sich über diese Angewohnheit klar zu werden und sie so schnell wie möglich abzulegen.

Selbstabwertende Bestätigungsfragen

Die meisten Menschen behaupten, dass sie niemals solche Fragen stellen. Die Wahrheit ist jedoch, dass die meisten von uns es tun. Sie machen eine gute freundliche, aber bestimmte Aussage und hängen dann noch schnell eine Bestätigungsfrage an. Das ist so, als würden wir ein weißes Pferd noch einmal weiß einfärben. Wenn Sie Ihre Äußerungen mit einer solchen

Frage beenden, setzen Sie die Aussage zurück ins Unverbindliche.

„Wir gehen hin, oder etwa nicht?"
„Das kommt uns beiden entgegen, oder etwa nicht?"

Warum sollten Sie fragen: „Der neue Italiener ist wirklich hervorragend. Glaubst du, dir würde das Essen dort auch schmecken?", wenn Sie unbedingt in dieses Restaurant gehen möchten? Warum sagen Sie nicht einfach: „Der neue Italiener ist wirklich hervorragend. Ich möchte gerne mit dir dort essen gehen."

Handelt es sich bei der C-Aussage denn nicht meistens um eine Frage?

Sicherlich, doch da gibt es einen kleinen Unterschied: „Mandy, wenn du deine Essensreste so lange im Kühlschrank stehen lässt, stinkt es irgendwann in der ganzen Küche. Könntest du die Reste bitte alle zwei bis drei Tage wegwerfen?"

In diesem Fall handelt es sich bei Ihrer A-Aussage und Ihrer C-Aussage um ein und denselben Satz, den Sie freundlich, aber bestimmt als Frage formulieren. Mandy kann Ihnen darauf entweder mit einem „Ja" oder mit einem „Nein" antworten. Schließlich müssen Sie wissen, ob Mandy zur Kooperation bereit ist oder nicht.

Das hätten Sie mit einer unverbindlichen Äußerung – wie z. B.: „Mandy, wenn du die Essensreste so lange im Kühlschrank stehen lässt, stinkt es irgendwann in der ganzen Küche. Es wäre toll, wenn du die Sachen entsorgen könntest … Vielleicht alle zwei Tage oder so. Was hältst du davon? Ich weiß ja auch nicht …" – nie erreicht.

Auf diese Weise vermitteln Sie Ihrem Gesprächspartner den Eindruck, dass Sie selbst nicht genau wissen, was Sie von Ihren eigenen Ideen halten sollen.

Oder Sie frustrieren den anderen ganz einfach:

„Wir gehen hin, oder etwa nicht?" – „Nein." – „Aber ich will
unbedingt dahin!" – „Warum fragst du mich dann erst, ob wir
gehen wollen, wenn du genau weißt, dass du unbedingt dahin

willst?" – *„Na ja, ... du weißt doch ... Ich weiß auch nicht.*
Lass uns einfach gehen."

Andere sprachliche Probleme

Selbstabwertungen sind jedoch nicht das einzige sprachliche
Problem, das bei Auseinandersetzungen immer wieder zu Konflikten führt. Es gibt viele unzählige Unarten, die Sie in Zukunft unterlassen sollten:

Fluchen

Eine Firma beauftragte mich mit der Schulung eines Managers,
der in den wöchentlichen Besprechungen immer wieder lautstark fluchte. Die Sekretärinnen trauten sich während der
45 Minuten dauernden Sitzungen nicht ans Telefon, weil sein
Fluchen einfach nicht zu überhören war!

Bei Flüchen oder unflätigen Beschimpfungen handelt es
sich weder am Arbeitsplatz noch anderswo um eine geeignete
Form der Auseinandersetzung. Trotzdem tun viele Leute es
immer wieder. Etwas frustriert sie. Sie wissen nicht, wie sie
ihrem Unmut Luft machen können und so greifen sie einfach
nach dem erstbesten Wort, das ihnen einfällt und das jeder
versteht. Sch ... – schon ist es heraus. Die Äußerung steht im
Raum. Derjenige, der das Wort in den Mund genommen hat,
hinterlässt in jedem Fall einen schlechten Eindruck. Beim Fluchen ist die Sachlage ähnlich. Glauben Sie mir, ich bin alles
andere als etepetete. Ich bin mir lediglich bewusst, wie negativ
sich Fluchen auf Ihr berufliches und Ihr persönliches Image
auswirkt.

Unzählige Menschen sind wegen dieses Verhaltens bei der
Beförderung übergangen worden oder haben sogar ihren Arbeitsplatz verloren. Und soweit es das Privatleben betrifft, ist
mir niemand bekannt, der sich gerne unflätig beschimpfen
lässt. Ihnen etwa?

Füllwörter

Füllung gehört in einen Windbeutel, in einer freundlichen, aber bestimmten Auseinandersetzung hat sie jedoch nichts zu suchen. Wenn Sie Wert darauf legen, dass man Ihnen aufmerksam zuhört, sollten Sie weitestgehend auf Füllwörter verzichten. Tun Sie das nicht, wird man Ihnen nur ungern zuhören. Es hört sich nämlich fürchterlich an. Haben Sie schon einmal eine Rede verfolgt, in der es von „Alsos“, „Oder-Sos“, „Okays“, „Genaus“, „In-Ordnungs“, „Sie-wissen-schons“ und „Verstehen-Sie-was-ich-meines“ nur so wimmelt?

Das Zuhören wird zu einer einzigen Qual und verursacht uns nicht selten sogar regelrechtes Bauchweh. Sie würden alles darum geben, wenn der Redner nur endlich seinen Mund hielte.

Es ist absolut nichts dagegen einzuwenden, wenn Sie ab und an mal ein „Okay” oder „Genau“ einstreuen. Problematisch wird es erst, wenn diese Füllwörter überstrapaziert werden. Denn dann lenken diese Ausdrücke von dem eigentlichen Inhalt der Aussage ab. Die Zuhörer achten mehr auf die Füllwörter als auf das Gesagte.

Ein Manager hinterließ einem potenziellen Kunden eine Nachricht auf dem Anrufbeantworter. Die Nachricht war so gespickt mit „Alsos“, dass der Kunde das Interesse an der Zusammenarbeit verlor.

Die meisten Menschen sind völlig überrascht, wenn sie erkennen, dass auch sie zu viele Füllwörter verwenden. Wenden Sie einen kleinen Trick an, und überprüfen Sie, ob auch Sie zu den Füllwörter-Benutzern zählen. Immer, wenn Sie eine neue Ansage auf Ihren Anrufbeantworter sprechen, spielen Sie die Ansage noch einmal ab. Sofern Sie über ein Voicemail-System verfügen, können Sie Ihre Nachrichten auch vor dem Absenden abhören. Verwenden Sie zu viele Füllwörter? Nehmen Sie Ihre Ansage ggf. erneut auf. Auf diese Weise können Sie Ihre Sprache wunderbar kontrollieren. Nutzen Sie diese Möglichkeit.

Nachdem eine meiner Seminarteilnehmerinnen ihrer eigenen Stimme eine Zeitlang zugehört hatte, sagte sie zu mir: „Kein Wunder, dass mir kein Mensch zuhört. Alles, was man dabei tun kann, ist zu zählen, wie oft ich ,oder so‘ sage. Das hört sich wirklich fürchterlich an.“

„Du" bzw. „Sie" anstelle von „Ich"

Mit diesem Thema haben wir uns schon im vorangegangenen Kapitel beschäftigt. Ich möchte hier jedoch noch einmal darauf eingehen, weil viele Menschen aus diesem Grund aggressiv wirken, obwohl sie sich bemühen, freundlich, aber bestimmt zu sein. Und in der Regel sind sie sich dieses kleinen, aber bedeutenden Unterschieds nicht einmal bewusst. Sie sind sich nicht darüber im Klaren, dass ihre Aussagen sehr viel positiver aufgenommen würden, wenn sie die „Du"/„Sie"-Aussagen in Formulierungen umwandeln würden, die mit „Ich" beginnen. Solange Sie das Verhalten des Betreffenden nicht beschreiben müssen, wie z. B. in „Du bist zwei Stunden später als vereinbart nach Hause gekommen", sollten Sie ausschließlich „Ich"-Aussagen verwenden.

Lesen Sie sich die folgenden Beispielsätze einmal laut vor und achten Sie dabei auf den Unterschied:

„Du" bzw. „Sie"	„Ich"
„Sie irren sich."	„Ich sehe das anders."
„Sie erklären das nicht richtig."	„Ich verstehe das nicht."
„Sie kommen immer zu spät."	„Für mich ist es wirklich wichtig, dass Sie pünktlich erscheinen."
„Sie haben mir eine patzige Antwort gegeben."	„Ich muss darauf bestehen, dass Sie mir vor den anderen mit Respekt begegnen."
„Davon haben Sie mir nichts gesagt."	„Das wusste ich nicht."
„Sie sitzen auf meinem Platz."	„Ich habe auch die Platznummer 6C."

Sexistische Formulierungen

Sowohl Männer als auch Frauen bezeichnen Frauen häufig als „Mädchen". Frauen sind jedoch Frauen. Also sollten sie auch als solche bezeichnet werden. Viele werden jetzt fragen, was denn daran so schlimm ist. Für das „Mädchen" ist diese Bezeichnung jedoch in der Regel nicht besonders schmeichelhaft.

Ich könnte Ihnen Geschichten erzählen ... z. B. von der Frau, die als Beraterin in einem Verlag arbeitete. Der Verleger – also der oberste Chef – gab ihr folgenden Auftrag: „Sei ein braves Mädchen und koch uns einen guten Kaffee." Die Frau war außer sich.

Einige Menschen verwenden auch gerne den Ausdruck „Damen". „Dame" ist zwar eine angemessenere Bezeichnung als „Mädchen", der richtige Ausdruck ist und bleibt jedoch Frau.

Hier noch einige Beispiele dafür, wie Sie andere Menschen niemals ansprechen sollten: Süße/Süßer, Kumpel, Schatz oder Langer/Lange.

Grammatikalische Schnitzer und Stilbrüche

Während meiner beruflichen Tätigkeit habe ich eine Vielzahl von Menschen gecoacht und musste einem Großteil von ihnen immer wieder erklären, dass sie auf Grund ihrer grammatikalischen Schwächen weniger intelligent erscheinen, als sie tatsächlich sind.

Wenn Ihre Grammatikkenntnisse zu wünschen übrig lassen, sollten Sie Ihr Wissen so schnell wie möglich auffrischen. Zu diesem Thema sind viele hervorragende Bücher auf dem Markt, mit deren Hilfe Sie Ihr Wissen innerhalb kürzester Zeit wieder auf Vordermann bringen können. Oder belegen Sie einen entsprechenden Kurs an der Volkshochschule.

Das nächste Beispiel verdeutlicht, warum Sie unbedingt Ihre Grammatikkenntnisse auffrischen sollten.

Wenn Sie z. B. Ihren Vorgesetzten mit der folgenden P-Aussage konfrontieren: „Ich weiß nicht, ob ich den Termin einhalten kann, weil mir die Verkaufsabteilung die Unterlagen nicht rechtzeitig *gegeben hätte*." Es mag ja stimmen, dass Ihnen die entsprechenden Daten nicht rechtzeitig vorgelegt wurden. Ihre inhaltlich korrekte Aussage wird jedoch durch den grammatikalischen Schnitzer getrübt. Die Verwendung der falschen Zeitform „gegeben hätte" lässt Sie und Ihre Angaben in einem wenig schmeichelhaften Licht erscheinen.

Doppelte Verneinungen

„Mir hat niemand nichts gesagt", ist nicht nur eine doppelte Verneinung, sondern auch ein grammatikalischer Albtraum. Die korrekte Formulierung lautet: „Mir hat niemand etwas davon gesagt" oder „Ich habe die Verkaufszahlen nicht erhalten" oder „Mir liegen die erforderlichen Informationen nicht vor."

Fehler in Diktion und Aussprache

Wie die angeführten Beispiele zeigen, wird die Formulierung durch Ihre Wortwahl bestimmt. Ihre Aussprache und Diktion sind ebenfalls von großer Bedeutung. Denn wir alle bilden uns unsere Meinung über unsere Gesprächspartner nicht zuletzt auf Grund ihrer Aussprache. Einer meiner Seminarteilnehmer beschwerte sich darüber, dass niemand ihm wirklich zuhörte. Nachdem ich ihn reden gehört hatte, wusste ich, warum das so war. Er wirkte charmant und äußerst intelligent. Er hatte eben nur diesen einen Nachteil – er verschluckte halbe Wörter.

Immer wieder höre ich, dass die Menschen, die Probleme mit der Aussprache und Diktion haben, bei ihren Gesprächspartnern keinen guten Eindruck hinterlassen.

Noch ein Geständnis

Früher war ich nicht nur ein erbärmlicher Duckmäuser, ich war obendrein auch noch eine begnadete Wortverstümmlerin. Zu Beginn meiner beruflichen Karriere meldete mich mein damaliger Vorgesetzter zu einem Rhetorikkurs an. Meine Sprachtrainerin rauchte eine Zigarette nach der anderen. Zu dieser Zeit war das Rauchen in Bürogebäuden noch erlaubt und ich war Anfängerin auf dem Gebiet des freundlichen, aber bestimmten Verhaltens. Nachdem sie mich zum Sprechen aufgefordert hatte, gab ich ihr eine Kostprobe meiner Redekünste.

Ich sprach nur ungefähr fünf Minuten. Während ich redete, sah ich, wie meine Trainerin hinter einer dichten Rauchwolke den Kopf schüttelte – schließlich unterbrach sie mich, verdrehte die Augen und sagte: „Sie stammen von der Ostküste, richtig?"

Ich traute mich nicht zu fragen, woran sie das erkannt hatte. Also fuhr sie fort: „Sie sind wirklich eine beeindruckende Erscheinung. Aber Sie sagen ‚gotta' und ‚gonna'. (Im Deutschen ließe sich das mit dem häufig verwendeten „hamwer" anstelle von „haben wir" vergleichen.) Das müssen Sie sich unbedingt abgewöhnen. Sie vermischen die Wörter miteinander, dass einem beim Zuhören die Ohren klingeln."

Auch wenn diese Frau meinen Stolz zutiefst verletzte, hatte sie vollkommen Recht. Wenn wir jemandem zuhören müssen, der die Wörter derartig entfremdet, verlieren wir das Interesse an der eigentlichen Aussage.

Weitere Wortverstümmelungen, die Sie vermeiden sollten

Nicht ...	Sondern ...
Schon gegessn?	Hast du schon gegessen?
Stulle	belegtes Brot
icke	ich
Haste?	Hast du?
Weiß nich.	Ich weiß es nicht.
Wat machste?	Was machst du?
sollste/solln'se	sollst du/sollen Sie

Das Problem mit dem Dialekt

„Wo is'n das Problem?" Das sagen doch alle so. Jeder Landstrich und jede Stadt hat eigene sprachliche Besonderheiten. So sagt der Rheinländer z. B.: „Kommens rin" anstelle von „Kommen Sie herein".

Wenn Sie jemanden mit Hilfe des PAC-Modells mit einem Problem konfrontieren wollen, können diese Kleinigkeiten – insbesondere für Ihr persönliches Image – ausschlaggebend sein. In Ihrer heimischen Umgebung bemerkt das vielleicht niemand. Aber was ist, wenn Sie umziehen und es plötzlich mit Einwohnern einer anderen Stadt zu tun haben? Den Menschen in Ihrer neuen Umgebung wird es ganz bestimmt auffallen. Und im schlimmsten Fall werden diese Sie für ein bisschen zurückgeblieben halten! Achten Sie einmal auf die sprachlichen Besonderheiten Ihrer Heimatstadt. Haben Sie vielleicht sogar schon die eine oder andere „Kleinigkeit" in Ihr sprachliches Repertoire aufgenommen?

Fremdwörter machen nicht immer einen guten Eindruck

Einer meiner Professoren an der Universität forderte von uns einen Groschen Strafe, wenn wir ein unnötiges „großes" Wort benutzten. Ich hielt den Mann für verrückt, bis ich im Berufsleben auf die ersten Menschen traf, die mit „großen" Worten nur so um sich warfen. Das soll nicht heißen, dass Sie sich in Ihrem Vokabular ausschließlich auf einfache Ausdrücke beschränken sollen. Im Verlauf einer schwierigen Auseinandersetzung sollten Sie jedoch auf unnötige Fremdwörter und bombastische Ausdrücke verzichten. Andernfalls stiften Sie nur unnötige Verwirrung oder kränken sogar Ihren Gesprächspartner. Drücken Sie Ihr Anliegen in möglichst einfachen Worten aus.

Verwenden Sie auf keinen Fall Fremdwörter, um Eindruck zu schinden. Denn das Gegenteil ist der Fall. Glauben Sie mir, das nötige Selbstbewusstsein für eine Auseinandersetzung gewinnen Sie nicht durch die exzessive Verwendung von Fremdwörtern – das Selbstvertrauen kommt mit etwas Übung von ganz allein. Wenn Sie dann auch noch ein Wort benutzen, dessen Bedeutung Ihrem Gesprächspartner unbekannt ist, bringen Sie ihn nicht nur in Verlegenheit, Sie stiften zudem unnötige Verwirrung. Auf diese Weise handeln Sie weder freundlich noch bestimmt. Seien Sie einfach Sie selbst. Drücken Sie sich dabei grammatikalisch korrekt aus und vermeiden Sie fehlerhafte Diktion.

Warum kompliziert ...	... wenn es auch einfach geht?
zertifizieren	bescheinigen
naszierend	aufkommend
repetieren	wiederholen
Deskription	Beschreibung

Noch ein Hinweis: Wenn Sie nicht genau wissen, wie ein Wort ausgesprochen wird, verwenden Sie es nicht. Und: Wenn Sie die Bedeutung eines Wortes nicht genau kennen, lassen Sie es ebenfalls aus.

Drücken Sie sich höflich aus – ausnahmslos

Sie werden jetzt denken: „Diese Barbara Pachter musste ja zur Höflichkeitsfanatikerin werden. Das ist schließlich ihr Beruf." Da haben Sie Recht. Doch ich liebe meinen Beruf, selbst wenn ich nur über meine Arbeit schreibe, nicht zuletzt deshalb so sehr, weil ich im Laufe der Jahre gelernt habe, welch große Wirkung sich mit kleinen Höflichkeiten erzielen lässt. Wenn Sie Formulierungen wie „Schön, dass Sie an mich gedacht haben" oder „Nein danke, vielleicht ein anderes Mal" oder ein einfaches „Guten Morgen" verwenden, werden Ihre Mitmenschen Ihnen in der Regel sehr viel freundlicher begegnen.

Dori hat früher für ein Fünf-Sterne-Hotel gearbeitet, in dem selbst die Angestellten ohne Kundenkontakt dazu angehalten wurden, das flapsige „Hallo" durch ein „Guten Morgen/Guten

Tag/Guten Abend" zu ersetzen. Statt mit einem einfachen „Ja",
oder „Natürlich kann ich das machen", antwortete Dori mit
„selbstverständlich".

Nachdem sie einen neuen Arbeitsplatz als Sekretärin angenommen hatte, behielt Dori ihre höfliche Ausdrucksweise bei.
Eines Tages trat der Vizepräsident – einer der führenden Mitarbeiter – auf sie zu und fragte: „Sind Sie diejenige, die immer
so freundlich ‚Guten Morgen' und ‚Das mache ich doch gern'
sagt, wenn ich Dr. Miller sprechen möchte?"

Dori antwortete mit „Ja". Der Mann erklärte ihr, dass es
ihm jedes Mal eine Freude sei, mit ihr zu telefonieren, und dass
er ihre kommunikativen Fähigkeiten zutiefst bewundere!

Probieren Sie es aus! Sie werden erstaunt sein, welch positive Resultate Sie mit höflichen Umgangsformen erzielen.

Kontrollieren Sie sich selbst

Jetzt, da Sie wissen, wie wichtig Ihre sprachlichen Fähigkeiten
sowohl für positive Auseinandersetzungen als auch für Ihr
persönliches Image sind, sollten Sie Ihre Ausdrucksweise einmal genauer unter die Lupe nehmen. Was sind Ihre sprachlichen Laster? Wo liegen Ihre grammatikalischen Schwächen?
Verunstalten Sie einzelne Wörter oder haben Sie fehlerhafte
Ausdrucksweisen Ihrer Heimat angenommen?

Nehmen Sie sich jede der in diesem Kapitel angeführten
Kategorien einzeln vor und untersuchen Sie für ein paar Tage
Ihre Ausdrucksweise auf diese Formulierungen und Fehler.
Machen Sie sich ein objektives Bild Ihrer eigenen sprachlichen
Fähigkeiten.

Beobachten Sie sich genau. Achten Sie darauf, was Sie zu
anderen Menschen sagen. Wenn Sie sich bei einem Fehler
ertappen, schreiben Sie es auf. Führen Sie Buch über Ihre
sprachlichen Ausrutscher. Nur wenn Sie sich Ihrer sprachlichen
Laster bewusst sind, können Sie diese schlechten Angewohnheiten ablegen. Sobald Sie einen Fehler ausgemerzt haben,
nehmen Sie sich den nächsten vor. Schon nach wenigen Wochen werden Sie staunen, welch große Fortschritte Sie gemacht
haben.

Kapitel 8

Entscheidende nonverbale Signale

Sie sind sich jetzt darüber im Klaren, dass Ihre sprachlichen Fähigkeiten für den erfolgreichen Verlauf einer Auseinandersetzung nach dem PAC-Modell von größter Bedeutung sind. Doch nicht selten sind gerade die nonverbalen Signale für den Verlauf einer Auseinandersetzung bzw. einer schwierigen Kommunikationssituation entscheidend. Das bedeutet also, dass Ihre nonverbalen Ausdrucksformen ebenfalls großen Einfluss darauf haben, wie Ihr Gesprächspartner Ihre PAC-Formulierungen auffasst.

Haben Sie schon mal jemanden gesehen, der:

- seine Zustimmung gibt und gleichzeitig mit dem Kopf schüttelt?
- lächelt und seinen Gesprächspartner mit einer negativen Tatsache konfrontiert?
- seine Arbeitsergebnisse präsentiert und dabei unentwegt auf den Füßen wippt?
- jemanden um ein Treffen bittet und dann den ganzen Abend mit verschränkten Armen herumsteht?

Die Beispiele zeigen, was passiert, wenn Ihre nonverbalen Signale nicht mit Ihren Äußerungen übereinstimmen. Stimmen das gesprochene Wort und die nonverbalen Signale nicht miteinander überein, führt das, insbesondere in Konfliktsituationen, zu Problemen. In meinen Seminaren veranschauliche ich diese Problematik, indem ich meine Teilnehmer freundlich begrüße und gleichzeitig die Arme vor der Brust verschränke, den Kopf senke und die Stirn runzle. Ich wirke ganz und gar nicht so, als würde ich mich freuen, vor diesen Menschen zu stehen – und natürlich entgeht ihnen das nicht.

Die meisten Menschen haben wirklich keine Ahnung, welche Botschaften ihre nonverbalen Signale ihren Mitmenschen vermitteln. Auch das nonverbale Verhalten wird uns zur Gewohnheit. Wir machen auf andere den Eindruck eines respektlosen und ungehobelten Menschen, ohne uns dessen überhaupt bewusst zu sein. Oder wir verhalten uns so, dass unsere Mitmenschen uns für schüchtern oder sogar dumm halten. Und auch das tun wir vollkommen unbewusst. Vielleicht sind Sie fest davon überzeugt, dass Sie sich freundlich, aber bestimmt verhalten – wirken tatsächlich jedoch ganz anders, weil Sie Ihre Botschaft lediglich sprachlich korrekt übermitteln. Doch die richtigen PAC-Aussagen allein reichen für eine erfolgreiche Konfrontation nicht aus. Wenn Sie eine wirklich positive Auseinandersetzung führen wollen, müssen Sie sich sowohl auf verbaler als auch auf nonverbaler Ebene freundlich, aber bestimmt verhalten.

Bei der nonverbalen Kommunikation spielen Ihre Körpersprache, Ihr Tonfall und Ihr Äußeres eine bedeutende Rolle. Aus diesem Grund werde ich nun auf alle drei genannten Punkte näher eingehen und Ihnen erläutern, wie die persönliche Wirkung in allen drei Bereichen positiv oder auch negativ beeinflusst wird.

Wie wirken Ihre nonverbalen Botschaften auf Ihre Mitmenschen?

Werden Sie sich der nonverbalen Signale bewusst, die Sie Ihren Mitmenschen senden. In meinen Seminaren fordere ich die Teilnehmer häufig dazu auf, ihre nonverbalen Fähigkeiten selbst einzuschätzen. Es ist wirklich erstaunlich, welch hohe Meinung ein Großteil der Teilnehmer von dem eigenen Können hat. Also weise ich sie darauf hin, dass dies allein ihre persönliche Meinung ist, und ermahne sie: *„Denken Sie immer daran, dass andere Menschen Sie vielleicht ganz anders beurteilen. Sollte es hier Abweichungen geben, müssen Sie sich dessen bewusst sein."*

Natürlich ist dann jeder davon überzeugt, dass ich seinen Nachbarn meine.

Einige Menschen erklären mich lieber für verrückt, als dass sie von ihrem Selbstbild abweichen. Sie können einfach nicht akzeptieren, dass sie auf ihre Mitmenschen aggressiv oder auch passiv wirken, ohne sich dessen bewusst zu sein. So wie der Mann, der mit der Faust auf den Tisch schlug, als er mich darüber aufklärte, dass er sich auf nonverbaler Ebene sehr wohl positiv und bestimmt verhalte und seine nonverbalen Signale vollkommen unter Kontrolle habe. Und dann war da noch die Frau, die ihre PAC-Aussagen in einer solchen Lautstärke vortrug, dass ich unwillkürlich zurückwich.

All diesen Menschen und auch Ihnen kann ich nur raten: Reden Sie sich nicht ein, dass das auf Sie ganz bestimmt nicht zutrifft, solange andere Menschen Ihnen das nicht bestätigen.

Wir alle machen Fehler

Auch ich mache Fehler auf diesem Gebiet, und das obwohl ich anderen Menschen diese Fähigkeiten täglich vermittle. Ich lebte in dem festen Glauben, meine nonverbalen Signale absolut gezielt einzusetzen, wenn ich zu einer größeren Gruppe von Menschen sprach. Doch während meiner Schwangerschaft hielt ich Vorträge und kratzte dabei meinen dicken Bauch. Ich war mir meines Verhaltens nicht bewusst, bis mich einige der Zuhörer darauf hinwiesen! Ich kann Ihnen gar nicht sagen, wie froh ich über dieses Feedback war.

Beantworten Sie bitte die folgenden Fragen und bewerten Sie Ihr eigenes Verhalten:

	Ja	Nein	Weiß nicht
1. Ich schaue den Menschen in die Augen, wenn ich mit ihnen spreche.	❏	❏	❏
2. Meine Mimik stimmt mit dem, was ich sage, überein.	❏	❏	❏

	Ja	Nein	Weiß nicht
3. Ich zeige nicht mit dem Finger auf andere Menschen.	❏	❏	❏
4. Ich spreche so laut, dass andere mich ohne Probleme verstehen können.	❏	❏	❏
5. Ich kichere nicht, wenn ich einen Satz beendet habe.	❏	❏	❏
6. Während ich mit anderen Menschen spreche, spiele ich weder mit meinen Haaren, meiner Krawatte, meinem Schnurrbart oder meinem Schmuck, noch lasse ich meine Fingergelenke knacken.	❏	❏	❏
7. Ich habe eine aufrechte Körperhaltung. Ich lasse mich nicht hängen, schaukle nicht herum oder lehne mich auch nicht irgendwo an.	❏	❏	❏
8. Ich kann den Abstand einschätzen, den ich zu meinem Gesprächspartner halten muss.	❏	❏	❏
9. Ich bin mir meiner Gestik durchaus bewusst.	❏	❏	❏
10. Ich zeige meinen Gesprächspartnern deutlich, dass ich ihnen zuhöre.	❏	❏	❏

Zweck dieses Tests ist keinesfalls, dass Sie sich danach besonders gut oder schlecht fühlen. Genauso wie ich Ihnen dabei geholfen habe, sich Ihres persönlichen Konfrontationsstils bewusst zu werden, soll die Beantwortung dieser Fragen Ihnen vor Augen führen, welchen Eindruck Ihre Körpersprache bei Ihren Mitmenschen hinterlässt. Werden Sie sich Ihrer Wirkung auf andere bewusst. Sie haben zwar keinen Einfluss darauf, wie die anderen Sie wahrnehmen, Sie können jedoch das Bild kontrollieren, das Sie Ihren Mitmenschen vermitteln. Und ich garantiere Ihnen, dass unzureichende Körpersprache häufig der Grund dafür ist, wenn wir in einigen Bereichen unseres Lebens, u. a. auch in unserer Fähigkeit zur positiven Konfrontation, keine Fortschritte machen.

Stellen Sie sich einmal vor, Sie wollten Ihren Nachbarn mit Hilfe des PAC-Modells auf ein Problem aufmerksam machen. Gehen wir davon aus, Ihre Sprache ist durchaus angemessen – freundlich, aber bestimmt. Doch wie wirken die Worte auf den anderen, wenn Sie während des Sprechens den Kopf senken und angestrengt Ihre Schuhspitzen betrachten? Oder wenn Sie die Hände zu Fäusten ballen und herumschreien?

Auf verbaler Ebene geben Sie sich zwar freundlich, aber bestimmt, doch alles andere an Ihnen wirkt eben nicht so, und das hat in der Regel große Auswirkungen darauf, wie der andere Ihre Worte auffasst. Neueste Forschungsergebnisse zeigen sogar, dass Menschen zunächst auf die nonverbalen Signale reagieren, bevor sie sich auf die eigentliche, verbale Aussage konzentrieren.

Übung

Zeichnen Sie sich selbst mindestens einmal jährlich auf Video auf – entweder mit Ihrer eigenen Kamera oder suchen Sie zu diesem Zweck ein entsprechendes Fortbildungsinstitut auf. Spielen Sie mit einem Freund eine Situation aus Ihrem Berufsalltag durch oder stellen Sie eine Präsentation nach. Schauen Sie sich das Video in Ruhe an und füllen Sie dann noch einmal den Fragebogen aus.

Auf die Kleinigkeiten kommt es an

All die Kleinigkeiten – Haltung, Blickkontakt, Gestik usw. – ergeben schließlich ein großes Ganzes. Und das ist dann der persönliche Eindruck, den Sie Ihren Mitmenschen vermitteln. Und dieser Eindruck kann sowohl zu Ihrem Vorteil als auch zu Ihrem Nachteil ausfallen. *Sie wollen doch bestimmt, dass dieser erste Eindruck zu Ihren Gunsten ausfällt.* Sie wollen schließlich so wirken wie eine freundliche, aber bestimmte Persönlichkeit.

Zehn Unsitten bei der Körpersprache

- Mit dem Finger auf andere zeigen
- Während des Sprechens die Zunge herausstrecken/Lippen lecken
- Hände ringen
- Schaukeln
- Eine ernste Miene aufsetzen
- Keine oder zu stark ausgeprägte Gestik (Hände in den Hüften)
- Mit der Faust auf den Tisch hauen
- Beim Sitzen mit dem Fuß wippen
- Während des Sprechens auf den Boden sehen
- Mit dem Kleingeld in der Hosentasche klimpern

Grundbegriffe der Körpersprache

„Mir öffnete ein besonderes Ereignis die Augen über meine Körpersprache. Ich saß mit meiner Mutter in ihrem Wohnzimmer und sie sprach ein ziemlich unangenehmes Thema an. Ich fiel in mich zusammen, zog die Beine an, nahm mir ein Kissen, hielt es mir vor die Brust und setzte mir meine Sonnenbrille auf. Das alles geschah jedoch vollkommen unbewusst. Meine Mutter fragte mich dann, ob ich mich nicht wohl fühlte. Erst da erkannte ich, dass ich mich eingeigelt hatte und versuchte, mich zu verstecken. Wir beide mussten über meine allzu offen-

sichtliche Körpersprache herzhaft lachen." (Eine Seminarteilnehmerin)

Gerade in unangenehmen Situationen sollten Sie ganz besonders auf Ihre Körpersprache achten. Zeigen Sie Ihrem Gegenüber durch Ihre Haltung, dass Sie sich nicht wohl fühlen?
Ein Bekannter hing kürzlich auf einer Party in der Ecke herum
und blickte finster drein. Seine Körpersprache vermittelte jedem der Anwesenden: „Ich gehöre hier nicht hin." Schließlich
fragte ihn einer seiner Freunde: „Warum zeigst du eigentlich
jedem, dass du dich hier fehl am Platze fühlst und es dir lieber
wäre, dass alle einen Bogen um dich machen würden?"

Körperhaltung

Wie ist Ihre Körperhaltung? Öffnen Sie sich Ihrem Gesprächspartner bzw. demjenigen, den Sie gerade mit Hilfe der PAC-
Methode auf ein Problem ansprechen? Stehen Ihre Füße dicht
beieinander? Stemmen Sie Ihre Hände in die Hüften? Gehen
Sie auf und ab und zeigen Ihre Nervosität? Machen Sie es etwa
so wie Millionen anderer Frauen auch und kreuzen Sie die
Beine und verlagern Ihr Gewicht auf ein Bein?

Ihre Haltung sagt, vor allem während einer schwierigen
Kommunikationssituation, eine Menge über Sie aus. Sie vermittelt schließlich Ihr Image als vertrauenswürdige, freundliche, aber bestimmte Persönlichkeit – oder auch nicht.

Freundliche, aber bestimmte Persönlichkeiten stehen während einer schwierigen Kommunikationssituation oder wenn
sie einen anderen auf ein Problem ansprechen folgendermaßen:
die Füße parallel mit ungefähr zehn bis fünfzehn Zentimeter
Abstand zueinander. Verteilen Sie Ihr Gewicht gleichmäßig auf
beide Beine. Straffen Sie die Schultern, aber denken Sie daran:
Sie sind hier nicht in der Kaserne. Nehmen Sie das Kinn hoch,
aber nicht so weit, dass es hochnäsig wirkt. Und sofern Sie
nicht gestikulieren, sollten sich Ihre Hände seitlich am Körper
befinden.

Ein Treffen mit Klein-Erna

Viele Frauen kreuzen die Beine übereinander und verlagern ihr
Gewicht auf einen Fuß. Zu allem Überfluss nesteln sie auch

noch an etwas herum. Dieses Verhalten vermittelt dem Gesprächspartner Nervosität. Während Sie einen anderen Menschen auf ein Problem ansprechen, sollten Sie sich wie eine
ernst zu nehmende Person verhalten. Ansonsten wird der andere Sie nicht respektieren.

Vor einigen Jahren entdeckte ich in der *Newsweek* (2. Sep-
tember 1996) ein Foto von Kathleen Kennedy Townsend, der
Vizegouverneurin von Maryland, das sie gemeinsam mit Ted
Kennedy, ihrem Bruder Joseph und ihrem Cousin Patrick
zeigte. Ich fragte verschiedene Menschen, wer diese Frau auf
der Abbildung sei, und die Antworten waren wenig schmeichelhaft. Man hielt sie für das Kindermädchen, die Geliebte
eines der abgebildeten Männer usw.

Warum? Sie hatte ihre Hände fest umklammert, hielt sich
nicht aufrecht, verlagerte ihr Gewicht nur auf ein Bein und
wandte den Blick von der Kamera ab. Darüber hinaus trug sie
ein kurzärmliges Kostüm, das wesentlich weniger Autorität
vermittelt als ein Kostüm mit langen Ärmeln. Doch schon
allein durch ihre schlechte Körperhaltung hinterließ sie einen
dürftigen Eindruck.

Ein Treffen mit Möchtegern-John-Wayne

Männer dagegen stehen häufig besonders breitbeinig und
stemmen dabei die Hände in die Hüften. In dieser typischen
John-Wayne-Pose nehmen sie sehr viel Platz ein, was von den
Gesprächspartnern häufig als aggressiv aufgefasst wird.

Oder sie halten die Füße sehr dicht zusammen, lehnen sich
während des Sprechens vor und zurück und klimpern währenddessen mit ihrem Kleingeld in der Hosentasche. Dieses Verhalten lenkt jedoch von dem eigentlichen Gesprächsthema ab
und beeinträchtigt die Konzentration des Gegenübers. Unter
diesen Umständen werden Sie auf Ihren Gesprächspartner ganz
bestimmt nicht wie eine freundliche, aber bestimmte Persönlichkeit wirken.

Gestik

Durch Gesten verleihen wir unseren Worten Lebendigkeit.
Durch angemessene Gestik können Sie einem Gespräch den

richtigen Schwung verleihen oder einen bestimmten Punkt besonders hervorheben.

Im Verlauf einer positiven Auseinandersetzung sollten Sie sich jeder einzelnen Geste bewusst sein. Wenn wir nervös bzw. aufgebracht sind, fuchteln wir häufig mit Händen und Armen herum. Solange Sie Ihre Gestik nicht bewusst kontrollieren, besteht immer die Gefahr, dass man Ihnen Ihre Nervosität anmerkt. Wenn Sie zu einer eher aggressiven Gestik neigen, könnte sich Ihr Gesprächspartner im schlimmsten Fall von Ihnen körperlich bedroht fühlen. Sie müssen Ihre Gesten unbedingt mit dem Inhalt Ihrer Worte in Einklang bringen. Nur die wenigsten Menschen setzen ihre Gestik gezielt ein. Kontrollieren Sie sich selbst per Video.

Aggressive Gestik

Folgende Gesten werden in der Regel falsch aufgefasst:

1. **Mit dem Finger auf andere Menschen zeigen:** Unzählige Männer und Frauen haben diese unangenehme Angewohnheit. Davon geht doch die Welt nicht unter, werden Sie jetzt vielleicht denken.

   Ich kenne einen Vertriebsmitarbeiter, der seinen Arbeitsplatz bei einer landesweit angesehenen Firma verlor, weil er während einer Konferenz aufgebracht mit dem Finger auf den Vizepräsidenten des Unternehmens deutete und sagte: „Ich brauche diese Informationen aber jetzt!" Der Vizepräsident sah das offensichtlich anders.

   Bill Clinton war ein Meister dieser Unart. Inzwischen wurde er offensichtlich darauf getrimmt, nicht länger mit dem Finger auf andere zu zeigen. Neuerdings streckt er nur noch einen Fingerknöchel aus, um einem bestimmten Punkt mehr Ausdruck zu verleihen. Das ist in jedem Fall besser als ein ausgestreckter Finger, da diese Geste nicht als aggressiv verstanden wird.

2. **Mit der Faust auf den Tisch hauen:** Einige Menschen – nach meiner Erfahrung überwiegend Männer – hauen gerne mit der Faust auf den Tisch, um ihren Aussagen besonderen Nachdruck zu verleihen. Hierbei handelt es sich um eine

ausgesprochen aggressive Geste, die selbst den höflichsten PAC-Aussagen einen aggressiven Touch verleiht.

3. **Arme verschränken:** Verschränkte Arme müssen nicht zwangsläufig einen aggressiven Eindruck vermitteln. Diese Geste wirkt häufig eher beleidigend oder lässt vermuten, dass der andere sich seinem Gesprächspartner verschließt. Manchmal verschränken wir aber auch nur die Arme, weil wir frieren. Vielleicht wissen wir auch einfach nicht wohin mit unseren Armen.

Auch hier wird die Wirkung der Geste dadurch bestimmt, wie unser Gegenüber sie auffasst. Wenn Sic die Arme verschränken, weil Ihnen kalt ist, Ihr Gegenüber dies jedoch als eine defensive Haltung interpretiert, was ist dann ausschlaggebend? In jedem Fall die Auffassung Ihres Gegenübers. Ihr Gesprächspartner wird Sie so behandeln, als befänden Sie sich auf dem Rückzug.

Passive Gestik

Vermittelt Ihre Gestik Nervosität, wird Ihr Gegenüber Sie als nervös betrachten – und aus diesem Grund vielleicht nicht wirklich ernst nehmen. Nervöse Gesten lenken vom eigentlichen Inhalt Ihrer Aussage ab!

1. **An den Händen herumnesteln:** Viele Menschen umklammern und reiben ihre Hände während einer Unterhaltung. Oder sie lassen die Gelenke der Fingerknochen knacken. Was glauben Sie, wer Ihnen zuhört, wenn Sie so sehr von Ihren eigenen Worten ablenken?
   Stellen Sie sich einmal vor, Sie bauen sich vor Ihrem Vorgesetzten auf und sagen: „Ich möchte gerne die Leitung des nächsten Projekts übernehmen" – und das, während Sie die Hände ringen! Ihr Vorgesetzter wird Sie für ein nervliches Wrack halten, das mit der Leitung eines Projekts vollkommen überfordert ist.

2. **Herumspielen mit Büroklammern, Radiergummis, Gummibändern usw.:** Vor einiger Zeit sollte ich dem Ge-

neraldirektor einer großen Produktionsfirma bei der Verbesserung seiner Präsentationen helfen. Nachdem ich ihn
während eines Vortrags beobachtet hatte, fragte ich ihn,
warum er so nervös sei. Er entgegnete: „Woran haben Sie
das denn erkannt? Ich dachte, ich hätte meine Nervosität
ganz gut überspielt." Ich erklärte ihm, dass er während des
Vortrags unablässig mit einem Gummiband herumgespielt
hatte. Worauf er erwiderte: „Das habe ich gar nicht bemerkt."

3. **Die Hände vor den Mund halten:** Diese Geste, bei der wir
   den Mund ganz bzw. teilweise mit den Händen bedecken,
   ist äußerst weit verbreitet. Das wirkt so, als wollten Sie Ihre
   Worte mit aller Macht zurückhalten! Glauben Sie mir,
   wenn Sie sich die Hände vor den Mund halten, wirken Sie
   ganz bestimmt nicht energisch bzw. bestimmt.

Blickkontakt

Der Blickkontakt bildet – vor allem in amerikanischen und
europäischen Kulturkreisen – einen ebenso wichtigen Bestandteil der Körpersprache wie die Gestik. Schaut uns jemand
nicht in die Augen, während er mit uns spricht, werden wir
misstrauisch. Susan berichtete mir von folgendem Erlebnis:

„Ich suchte einen Arzt auf, der mir wärmstens empfohlen
worden war. Er wirkte auf mich äußerst charmant und schien
auf seinem Gebiet wirklich außerordentlich fähig zu sein. Doch
als ich ihm eine Frage stellte, machte er diesen positiven Eindruck wieder zunichte. Bei seiner Antwort wich er meinem
Blick aus. Er betrachtete den Boden, die Decke, seine Hände,
die Instrumente usw. Er schaute alles an, nur mich nicht! Danach interessierte es mich nicht mehr, wie gut er war. Diesem
Mann konnte ich nicht vertrauen, und ich wollte mich von ihm
auch nicht behandeln lassen."

Wir wollen den Menschen, mit denen wir reden, in die Augen schauen. Dieser Punkt ist gerade in schwierigen Gesprächssituationen von großer Bedeutung. Wenn wir Blickkontakt zu unserem Gegenüber herstellen, verhalten wir uns
sowohl freundlich als auch bestimmt. Achten Sie jedoch darauf, dass Sie den anderen nicht anstarren, das wirkt aggressiv.

Wenden Sie den Blick zwischenzeitlich kurz ab – aber nicht zu oft bzw. zu lange. Das könnte wiederum als passives Verhalten interpretiert werden oder den Eindruck vermitteln, dass Sie nicht aufmerksam zuhören.

Wenn unser Gesprächspartner uns nicht in die Augen schaut, ziehen wir daraus unsere Schlüsse – unnötige Konflikte sind nicht selten die Folge. Das Abwenden des Blickes kann verschiedene Ursachen haben, u. a. Schüchternheit, kulturelle Hintergründe usw. Doch nur die wenigsten von uns sind sich überhaupt bewusst, dass sie dadurch möglicherweise unfreiwillig einen Konflikt heraufbeschwören.

Gerade Frauen haben häufig Schwierigkeiten, ihrem Gegenüber in die Augen zu schauen. Ich war früher auch nicht anders. Vor einigen Jahren wurde ich dann als eine der ersten Frauen aufgefordert, vor einer internationalen Gruppe von Karriereberatern zu sprechen. Einige der Männer hatten sogar ihren Unmut darüber geäußert, dass ich überhaupt eingeladen worden war. Ich war schrecklich nervös. Mein Magen fühlte sich an, als würde ich Achterbahn fahren! Ich bemühte mich jedoch redlich, meine Gefühle zu verbergen, und war fest davon überzeugt, hierbei gute Arbeit geleistet zu haben. Nach der Konferenz fragte mich ein Freund, warum ich eigentlich so nervös war. Ich entgegnete: „Wie kommst du denn darauf?" Und er antwortete: „Du hast die Zuhörer während deines Vortrags nicht ein einziges Mal angeschaut." Doch nicht nur das, ich hatte auch noch meine Stimme gesenkt. All das tat ich natürlich vollkommen unbewusst. In meinen Seminaren erlebe ich immer wieder Ähnliches. Zahlreiche Frauen wenden grundsätzlich den Blick von mir ab, wenn sie eine Frage stellen bzw. einen Wortbeitrag machen.

In verschiedenen Kulturkreisen gilt das Abwenden des Blickes als ein Zeichen von Respekt (lesen Sie dazu auch das Kapitel „Wie Sie kulturelle Konflikte vermeiden" auf S. 285). In Amerika und Nordeuropa sollten Sie sich jedoch angewöhnen, Blickkontakt zu Ihrem Gesprächspartner aufzunehmen.

Auf gleicher Augenhöhe

Während einer Auseinandersetzung sollten Ihre Augen sich auf gleicher Höhe befinden wie die Augen desjenigen, den Sie auf das Problem ansprechen wollen. Denn wenn einer von Ihnen, sei es auf Grund seiner Größe oder weil der andere steht, sich in einer niedrigeren Position befindet, hat dieser unweigerlich das Gefühl, wie ein kleines Kind zu einem „Großen" aufschauen zu müssen. Das ist jedoch keine ideale Voraussetzung, wenn Sie freundlich, aber bestimmt vorgehen wollen. Während meiner Seminare gehe ich grundsätzlich zwischen den sitzenden Teilnehmern umher, stelle mich neben einen von ihnen und frage: „Haben Sie das Gefühl, Einfluss auf mich ausüben zu können?", während ich auf den Betreffenden herabblicke. Nein, ganz sicher nicht. Jeder, der so zu einem anderen aufblicken muss, fühlt sich klein und hilflos.

Mimik

Unsere Mimik ist ebenfalls eine bedeutende Form der nonverbalen Kommunikation.

Ihre Mimik sollte in jedem Fall mit dem Inhalt Ihrer Aussage übereinstimmen. Ist das nicht der Fall, wird Ihr Gesprächspartner eher Ihrer Mimik trauen als Ihren Worten. Wir alle haben schon einmal erlebt, dass ein Nachrichtensprecher mit einem Lächeln auf dem Gesicht von einem schrecklichen Unglück berichtet hat. Das liegt ganz bestimmt nicht daran, dass er sich über das, was er da sagte, amüsiert hat. Doch Nachrichtensprecher sind so sehr daran gewöhnt zu lächeln, dass sie selbst dann nicht damit aufhören können, wenn ein Lächeln vollkommen unangebracht ist. Aber dieses Lächeln hat Sie sicherlich ungemein irritiert, nicht wahr?

Auch bei diesem Aspekt der Körpersprache spielt das Geschlecht eine wichtige Rolle. Frauen neigen häufig dazu, ihr Lächeln zu offensichtlich zur Schau zu tragen. Denn sie wurden schon in frühester Kindheit darauf geprägt, freundlich zu sein und nur ja niemanden zu kränken. Ein Mann berichtete mir einmal, dass die Angestellte am Flughafenschalter ihn vollkommen verwirrte, als sie ihm mit einem Lächeln auf den Lippen erklärte, dass sie ihm keinen Platz in dem gewünschten Flieger reservieren konnte. Sie hatte ihm eine verwirrende Botschaft vermittelt und den armen Mann so völlig durcheinander gebracht.

Männer dagegen sollten sich häufiger um ein Lächeln bemühen. Ich hatte einmal einen Vorgesetzten, der mir mit finsterer Miene verkündete, dass er mit meiner Arbeit sehr zufrieden war. Ich verließ sein Büro in größter Verwirrung. War er etwa der Meinung, dass ich dieses Lob eigentlich gar nicht verdiente? Nach einiger Zeit fand ich jedoch heraus, dass es sich bei dieser finsteren Miene um seinen ganz normalen Gesichtsausdruck handelte.

Wie ist Ihr normaler Gesichtsausdruck?

Habe ich denn überhaupt einen normalen Gesichtsausdruck? Ja, den haben Sie. Das, was andere Menschen sehen, wenn sie Ihnen zuhören, bezeichne ich gerne als Ihre „Standardmiene".

Eine Teilnehmerin berichtete, sie sei sich nie darüber bewusst gewesen, dass sie grundsätzlich eine ernste Miene aufsetzte. Das wurde ihr erst klar, als Freunde und Nachbarn sie wiederholt fragten, ob bei ihr alles in Ordnung sei. Sie antwortete jedes Mal mit einem kräftigen „Ja". Sie wollte jedoch wissen, warum die anderen sich immer wieder nach ihrem Wohlbefinden erkundigten. Deren Antwort war: „Du siehst immer so niedergeschlagen aus."

Sie wollte das einfach nicht glauben. Als sie schließlich das Video ihrer Hochzeit anschaute, musste sie jedoch erkennen, dass die anderen Recht hatten: „Das war der glücklichste Tag in meinem Leben und ich sah aus, als müsste ich aufs Schafott." Jetzt endlich schenkte sie ihren Freunden und Bekannten Glauben.

Mit der richtigen Kleidung zum Erfolg

Wenn Sie beachtet und respektiert werden wollen, sollten Sie Ihre professionelle Erscheinung durch Ihre Kleidung unterstreichen. Die richtige Kleidung entscheidet nicht selten darüber, ob Sie – und das, was Sie zu sagen haben – ernst genommen werden oder nicht.

Wenn z. B. einer Ihrer Angestellten in völlig unangemessener Kleidung zu Ihnen kommt und sich darüber beschwert, dass man ihn nicht respektiere, werden auch Sie dies schwerlich tun können.

Das Bild, das Sie durch Ihre Kleidung von sich selbst vermitteln, kann im schlimmsten Fall sogar einen vollkommenen Gegensatz zu Ihrer P-Aussage – Was stört mich? – bilden. (Ich ärgere mich, weil ich nicht befördert werde.) Ich weiß! Ich weiß! Natürlich dürfte die Kleidung keine so große Rolle spielen. Schließlich kommt es darauf an, was in der Verpackung steckt. Das sehe ich auch so. Aber wollen Sie tatsächlich, dass man Ihnen wegen Ihrer äußeren Erscheinung keine Aufmerksamkeit schenkt?

Nach einem meiner Seminare suchte mich eine promovierte Ärztin auf und beklagte sich darüber, dass sie nicht befördert wurde. Sie bat mich, ihr bei der Formulierung ihrer PAC-Aussagen zu helfen, mit denen sie ihren Vorgesetzten auf das Problem aufmerksam machen wollte. Ich hätte diese Frau eher in einem Nachtclub vermutet als in einem Krebsforschungslabor! Und wenn ich mir schon auf Grund ihrer Kleidung ein solches Bild von ihr machte, was hat dann wohl erst ihr Vorgesetzter von ihr gedacht?

Ich erklärte ihr: „Zunächst einmal müssen Sie sich selbst ein paar Fragen stellen."

Einige Zeit später schrieb sie mir, wie viel sich verändert hatte, seitdem sie in ihrem Beruf auf eine angemessene Garderobe achtete. Sie war endlich befördert worden und hatte zum ersten Mal das Gefühl, dass ihre Arbeitskollegen sie respektierten.

Ich rate den Menschen immer wieder: Wenn Sie jemanden mit der PAC-Methode auf ein Problem ansprechen wollen, müssen Sie in jedem Fall das Vertrauen des Betreffenden gewinnen. Mit Hilfe Ihrer Kleidung und Ihres Äußeren (weitere Tipps dazu finden Sie auf S. 140) können Sie Ihre Glaubwürdigkeit sowie Ihre Vertrauenswürdigkeit positiv beeinflussen.

Die richtige Kleidung für eine Auseinandersetzung mit Ihrem Nachbarn

Wenn Sie Ihren Nachbarn auf ein Problem ansprechen, spielt die Kleidung sicherlich eine untergeordnete Rolle. Trotzdem sollten Sie dabei weder im Bademantel noch im Unterhemd erscheinen. Ich kenne einen Mann, der beim Rasenmähen zufällig auf seinen Nachbarn traf. Er unterbrach seine Arbeit und beschloss, seinen Nachbarn auf dessen Hecke anzusprechen, die mehr und mehr in seinen Garten wucherte.

„Ich hatte mir die Worte sorgfältig zurechtgelegt, trotzdem habe ich die ganze Aktion sehr bald bereut", berichtete er. „Der Schweiß rann an mir herab und ich trug nicht einmal ein T-Shirt. Ich fühlte mich ziemlich unbehaglich."

Die richtige Kleidung trägt einen großen Teil zu unserem Selbstbewusstsein bei. Ich möchte Ihnen raten, für eine Auseinandersetzung mit Nachbarn, Freunden oder Bekannten Kleidungsstücke auszuwählen, in denen Sie sich besonders wohl fühlen.

Die richtige Kleidung für schwierige Gesprächssituationen im Berufsleben

Wenn Sie im Berufsalltag jemanden auf ein Problem ansprechen, ist die richtige Kleidung von größter Bedeutung. Im Folgenden stelle ich Ihnen drei wichtige Grundregeln für die angemessene Kleidung bei schwierigen Gesprächssituationen im beruflichen Alltag vor:

Richtiger Sitz: Die Kleidungsstücke sollten gut sitzen und keinesfalls Ihre Figur zu sehr betonen. Die Kleidung sollte weder zu eng anliegen noch an irgendeiner Stelle Falten werfen. Männer sollten darauf achten, dass die Knöpfe nicht abspringen, wenn sie ihr Jackett zuknöpfen, und dass ihre Hose die Fußknöchel bedeckt. Frauen sollten ihre Arme frei bewegen können und weder ein zu tiefes Dekolletee noch zu viel Bein zeigen.

Gute Qualität und guter Zustand: Sparen Sie nicht an Ihrer Berufskleidung. Sie verbringen die meiste Zeit bei der Arbeit, also sollten Sie auch den Großteil Ihres Kleiderbudgets in die entsprechende Kleidung investieren. Bei guter Kleidung gilt das Motto: „Weniger ist mehr." Kaufen Sie qualitativ hochwertige, klassische Kleidungsstücke – vergessen Sie allzu Modisches. Diese Kleidungsstücke sind besser verarbeitet, halten länger, tragen sich angenehmer und geraten nicht so schnell aus der Mode.

Dem Anlass entsprechend: Was sagt Ihre Kleidung über Sie aus? Vermitteln Sie das Bild eines vertrauenswürdigen

Geschäftspartners? Wenn ein Mann in legerer Kleidung zu einem Meeting erscheint, bei dem alle anderen Teilnehmer einen klassischen Anzug tragen, welches Bild von sich selbst vermittelt er dann? Welche Botschaft sendet eine Frau aus, die in einem eng anliegenden, verführerischen Kleid zum Betriebsfest erscheint? Denken sie immer daran, was Sie den anderen vermitteln wollen: Sie sind eine vertrauenswürdige Persönlichkeit, für die auch „Kleinigkeiten" wichtig sind.

Berufskleidung, die überzeugt – Grundregeln

1. **Der Anzug bzw. das Kostüm:** Sie wollen überzeugend wirken? Dann ist der Anzug bzw. das Kostüm genau das Richtige für Sie. Je dunkler die Farbe, desto mehr Seriosität vermitteln Sie. Doch vor allem große Männer sollten bei der Farbe Schwarz Vorsicht walten lassen. Ein schwarzer Anzug kann die anderen leicht einschüchtern. Frauen sollten auf allzu leuchtende Farben verzichten, damit lenken sie nur die Aufmerksamkeit auf die eigene Person und nicht auf ihre beruflichen Leistungen.

2. **Die Schuhe:** Ich habe schon oft gehört, dass bei einem Vorstellungsgespräch die Schuhe der Bewerber eine große Rolle spielen. Die Schuhe sollten sauber und in gutem Zustand sein. Männer sollten Schuhe mit dünnen Sohlen tragen, das wirkt eleganter. Frauen sollten auf allzu hohe Absätze verzichten – fünf bis sechs Zentimeter reichen vollkommen.

3. **Hochwertige Accessoires:** Eine Aktentasche aus hochwertigem Leder, ggf. ein Regenschirm und Lederhandschuhe sind ein Muss. Sparen Sie nicht an der Armbanduhr.

4. **Achten Sie auf Körperpflege und Aussehen:** Ihre Frisur sollte regelmäßig nachgeschnitten werden und Ihr Gesicht möglichst vorteilhaft zur Geltung bringen. Achten Sie auf frischen Atem, gesunde Zähne und vermeiden Sie unbedingt Laufmaschen.

Sprechen Sie laut und deutlich

Freundliche, aber bestimmte Persönlichkeiten legen großen Wert auf ihre Stimme. Schenken Sie Ihrer Stimme bei einer Auseinandersetzung besondere Aufmerksamkeit.

Wenn Sie sich durchsetzen wollen, muss der andere Sie natürlich verstehen. Wenn Ihnen jemand kein Gehör schenkt, liegt das nur selten daran, dass Sie an einen „Idioten" geraten sind. In der Regel kann der andere Sie einfach nicht verstehen. Entweder weil Ihre Stimme zu leise, zu schrill oder aber auch zu laut ist.

Die Bedeutung der Stimme

Erst kürzlich bot mir eine Organisationsspezialistin am Telefon ihre Dienste an. Sie schlug mir vor, mein Büro für mich neu zu organisieren. Sie können mir glauben, dass meine Aktenschränke dringend einer Neuorganisation bedürfen. Doch diese Frau sprach unglaublich leise. Ich konnte mir einfach nicht vorstellen, dass sie in der Lage sein würde, mir zu sagen, was ich zu tun habe. Sie hat diesen Auftrag nur wegen ihrer Stimme nicht erhalten.

In schwierigen Gesprächssituationen sollten Sie vor allem Folgendes beachten: Sprechen Sie so laut, dass die anderen Sie ohne Probleme verstehen können? Viele Menschen – jedoch vorwiegend Frauen – sprechen einfach zu leise. In meinen Seminaren ist eine meiner ersten Bitten an die Teilnehmer immer wieder: *Bitte sprechen Sie lauter!* Sobald die Betreffenden meiner Aufforderung nachkommen und die Stimme erheben, haben sie jedoch das Gefühl, sie würden schreien. Das ist jedoch nicht der Fall, wir anderen können sie nur endlich verstehen.

Während eines meiner viertägigen Seminare – Positive Konfrontation und Frauenfragen – fiel mir eine junge Frau besonders auf. Sie war äußerst zurückhaltend und meldete sich nicht ein einziges Mal freiwillig zu Wort. Wir begannen jeden Tag damit, dass die einzelnen Teilnehmerinnen berichteten, was sie nach dem Seminar erlebt und inwieweit sie dabei ihre neuen Kenntnisse bereits in die Tat umgesetzt hatten. Dabei könnte man natürlich nichts weiter sagen als: „Ich habe nichts zu dem Thema beizutragen." Diese Frau sagte die ersten zwei Tage lang nichts anderes. Doch am dritten Tag hatte auch sie endlich etwas zu berichten.

Sie war noch vor dem Unterricht in ihr Büro gegangen und traf dort auf ihren Vorgesetzten. Ihr Chef forderte sie auf, sich noch am selben Vormittag mit einem Kunden zu treffen. Sie antwortete: „Das ist leider nicht möglich. Ich muss jetzt gleich zu meinem Seminar." Seine Antwort bestand darin, dass er ihr noch mehr Aufgaben übertrug. Sie wies ihn noch einmal auf ihr Seminar hin: „Erinnern Sie sich denn nicht? Ich habe keine Zeit dazu. Ich muss jetzt gleich zu meinem Seminar." Ihr Vorgesetzter erwiderte darauf, dass sie doch bitte noch schnell etwas von der Post abholen solle, bevor sie von dem Kundentermin wieder an ihren Arbeitsplatz zurückkehrte.

Sie wurde langsam nervös und fürchtete, ihr Seminar zu versäumen. Da kam ihr der Gedanke, dass ihr Chef sie vielleicht rein akustisch nicht verstanden hatte. Sie erinnerte sich daran, was sie bezüglich Lautstärke in meinem Seminar gelernt hatte, richtete sich auf und sagte laut und deutlich: „Ich gehe jetzt zu meinem Seminar." Ihr Arbeitgeber entgegnete: „Ach ja, das hatte ich ganz vergessen. Dann muss das wohl jemand anderer übernehmen." Endlich hatte er sie verstanden!

Achten Sie außerdem auf Ihr Sprechtempo. Wenn wir wegen einer Auseinandersetzung nervös sind, sprechen wir häufig besonders schnell, ohne uns dessen bewusst zu sein. Der andere hat dann jedoch große Schwierigkeiten, unseren PAC-Aussagen zu folgen. Auch wenn Sie schneller sprechen, kann Ihr Gegenüber nur ein bestimmtes Maß an Informationen aufnehmen. Sollte die Zeit nicht ausreichen, um alles zur Sprache zu bringen, was Ihnen auf dem Herzen liegt, verschieben Sie die Auseinandersetzung auf einen späteren Zeitpunkt.

Übung

Machen Sie sich die Wirkung Ihrer eigenen Stimme bewusst. Wenn Sie sich zu diesem Zweck eine Videoaufnahme ansehen, besteht die Gefahr, dass Sie sich von den visuellen Einflüssen ablenken lassen. Im vorherigen Kapitel habe ich schon einmal auf die Möglichkeiten der Voicemail-Systeme hingewiesen. Der Vorteil bei dieser

Form der Nachrichtenübermittlung besteht darin, dass Sie Ihre gesprochene Nachricht vor dem Versenden abhören können. Nutzen Sie diese Möglichkeit und Sie werden sich schon sehr bald über Ihr Sprechtempo und Ihre Lautstärke bewusst sein.

Sollten Sie beim Abhören Ihrer Nachricht der Meinung sein, dass Sie sich selbst unmöglich anhören, wiederholen Sie den Vorgang so lange, bis Sie mit dem Ergebnis zufrieden sind. Auch die Ansage auf dem eigenen Anrufbeantworter bzw. der Mailbox lässt sich jederzeit abhören und ggf. verändern. Meine Seminarteilnehmer müssen als Hausaufgabe grundsätzlich ihre eigenen Sprachnachrichten abhören, und ich erhalte nach dieser Übung grundsätzlich ein äußerst positives Feedback. Diese Übung hilft allen Beteiligten weiter. Probieren Sie sie aus.

Der Mann mit der Kuppel

Achten Sie während einer Auseinandersetzung immer darauf, dass Sie einen ausreichenden Abstand zu Ihrem Gesprächspartner halten. In Amerika und Nordeuropa beträgt dieser „Sicherheitsabstand" im Durchschnitt ungefähr einen Meter. Wenn Sie Ihr Gegenüber während des Gesprächs mit ausgestreckter Hand berühren könnten, stimmt der Abstand.

Rücken Sie dem anderen zu nahe? In diesem Fall verursachen Sie Ihrem Gesprächspartner Unbehagen, schlimmstenfalls fühlt dieser sich von Ihnen bedrängt.

Den Mann mit der Kuppel habe ich einmal persönlich kennen gelernt. Er erklärte mir, dass er sich nur wohl fühlt, wenn seine Mitmenschen einen Abstand von ungefähr 1,5 Metern einhalten – was in unseren Breitengraden äußerst ungewöhnlich ist. Dieser Mann hatte seine Mitmenschen sogar schon verschiedentlich angeraunzt, dass sie ihm gefälligst nicht zu nahe treten sollten. Dieses Verhalten ist aggressiv und somit absolut inakzeptabel.

Die übrigen Seminarteilnehmer machten ihn freundlich, aber bestimmt darauf aufmerksam. Gemeinsam fanden wir eine Lösung für sein Problem. Wenn ihm künftig jemand, ohne es zu wollen, zu nahe treten würde, sollte er denjenigen freundlich, aber bestimmt darauf aufmerksam machen, dass er mehr Abstand wünsche. Er könnte z. B. sagen: „Ich trete lieber einen Schritt zurück, damit ich Sie in voller Größe sehen kann, während wir uns unterhalten."

Anschauen – nicht anfassen

Körperkontakt stellt gerade in unserem Kulturkreis ein heikles Thema dar. In der heutigen Zeit, in der hinter jeder vielleicht zufälligen Berührung eine sexuelle Belästigung vermutet wird, müssen wir mit dem Berühren unserer Gesprächspartner besonders vorsichtig sein. Einige Menschen fassen ihr Gegenüber während eines Gesprächs gerne an bzw. mögen es, berührt zu werden, andere wiederum haben dafür keinen Sinn. Eine Mitarbeiterin im Gesundheitswesen berichtete mir davon, wie sie einen Patienten am Arm fasste und dieser sofort lautstark zu zetern begann, weil er sich von ihr bedrängt fühlte.

Auch wenn die Beziehung zu dem Betreffenden noch so gut ist, möchte ich Ihnen dringend raten, Ihren Gesprächspartner nicht zu berühren, wenn Sie ihn auf ein Problem ansprechen.

Und was ist, wenn die Auseinandersetzung für beide Seiten eine Erleichterung darstellt? Häufig fühlen sich beide Parteien erleichtert, nachdem die Unstimmigkeiten durch ein klärendes Gespräch bereinigt wurden. Dürfen wir den anderen dann umarmen oder zumindest berühren? Viele Menschen berichteten mir davon, dass sie in einem solchen Fall gar nicht anders konnten, sie mussten ihre Erleichterung einfach mit einer Berührung zum Ausdruck bringen.

Im Berufsleben sollten Sie sich bei der Beantwortung dieser Frage voll und ganz auf Ihre Intuition verlassen. Hier ist eine solche Berührung oder auch Umarmung häufig nicht angebracht. Begnügen Sie sich im Zweifelsfall mit einem Händedruck. Männer neigen dazu, sich gegenseitig auf die Schulter zu klopfen. Mir persönlich erscheint diese Geste durchaus korrekt. In manchen Unternehmen ist das Schulterklopfen jedoch verpönt, und darüber hinaus gibt es Menschen, die es ganz einfach nicht mögen, wenn man ihnen auf die Schulter klopft.

Autorität will verdient sein

Während einer Auseinandersetzung können wir unsere Körpersprache sowohl zu positiven als auch zu negativen Zwecken einsetzen.

Einer meiner Klienten, der mit 1,98 Metern Körpergröße wirklich als groß zu bezeichnen ist, gestand mir, dass er sich bei Auseinandersetzungen immer dicht vor seinem Gegenüber aufbaute und den anderen so einschüchterte oder zumindest verwirrte. Das funktionierte zwar immer, doch schließlich musste er feststellen, dass er sich durch dieses Verhalten sowohl im Berufsalltag als auch im Privatleben viele Probleme einhandelte. Heute verhält er sich ausnahmslos freundlich, aber bestimmt und setzt sich in schwierigen Gesprächssituationen grundsätzlich hin.

Ich kann Sie nur auffordern, Ihre nonverbalen Signale nicht dazu einzusetzen, um andere einzuschüchtern bzw. sich auf diese Weise Autorität zu verschaffen. Sollten Sie kräftiger bzw. größer sein als Ihr Gesprächspartner, setzen Sie diesen Vorteil bitte nicht dazu ein, den anderen einzuschüchtern oder ihm Ihren Willen aufzuzwingen. Sie hätten in diesem Fall ohnehin keinen echten Erfolg zu verzeichnen. Achten Sie darauf, dass Sie Ihr freundliches, aber bestimmtes Verhalten durch Ihre nonverbalen Signale unterstreichen – beides zusammen verleiht Ihnen echte Autorität.

Kapitel 9

Das Gegenüber

Bis jetzt haben wir uns ausschließlich auf Sie konzentriert. Was stört *Sie*? Wie können *Sie* Ihre Worte gemäß des PAC-Modells formulieren? Inwieweit wirken sich *Ihre* verbalen und nonverbalen Fähigkeiten bei einer Konfrontation auf *Ihren* Erfolg aus?

Jetzt wollen wir uns einmal näher mit der anderen Person befassen – demjenigen, an den sich Ihre PAC-Aussagen richten. Willkommen auf der anderen Seite des PAC-Modells – in der mysteriösen, unbekannten und aufregenden Welt des Gegenübers!

Ganz egal, wie gut wir den anderen zu kennen glauben und wie sicher wir uns sind, dass er positiv auf unsere PAC-Aussagen reagieren wird – wir können uns in diesem Punkt nie ganz sicher sein. Selbst Ihr Lebensgefährte oder ein Freund, den Sie schon seit Ihrer Kindheit kennen, kann Ihnen im Verlauf einer Auseinandersetzung eine Ihnen bislang unbekannte Seite seiner Persönlichkeit zeigen. Schon im letzen Kapitel haben Sie gelernt, dass es wenig Sinn macht, einen anderen auf ein Problem anzusprechen und dann seiner Wege zu gehen. Das funktioniert einfach nicht. Wir müssen unserem Gegenüber die Möglichkeit zur Stellungnahme geben. Egal, ob uns dessen Antwort nun gefällt oder nicht.

Auch wenn ich nicht voraussagen kann, wie der andere nun im Einzelfall reagieren wird, so kann ich Ihnen immerhin zur Orientierung die häufigsten Reaktionen nennen:

1. Der andere geht auf Ihren Vorschlag bzw. Ihre Bitte ein

Das ist der Idealfall. Und glauben Sie mir; das geschieht tatsächlich! In einigen Fällen erhalten Sie genau das, worum Sie den anderen gebeten haben. Und das nur, weil Sie den Mut hatten, den Mund aufzumachen und den anderen darum zu bitten. Viele Menschen scheuen jedoch vor diesem Schritt zurück. Doch wenn Sie erst einmal eine positive Konfrontation erlebt haben, wird Sie das zu weiteren Auseinandersetzungen dieser Art anspornen.

Schnelle und einfache Konfliktlösungen lassen sich vor allem dann erreichen, wenn der andere sich nicht bewusst ist, dass er Sie mit seinem Verhalten belästigt bzw. verletzt. Wenn wir unser Gegenüber freundlich, aber bestimmt auf diese Tatsache hinweisen, erzielen wir in diesem Fall erstaunlich positive Ergebnisse.

Eine Seminarteilnehmerin berichtete mir davon, dass sie sich wochenlang den Kopf darüber zerbrochen hatte, wie sie dem Mann in der Wohnung über ihr klarmachen sollte, dass sie sich durch seine laute Musik gestört fühlte. Schließlich formulierte sie das Problem mit Hilfe des PAC-Modells, nahm all ihren Mut zusammen und sprach ihn darauf an. Seine Reaktion versetzte sie in Erstaunen. Der Mann entschuldigte sich bei ihr. Er war sich nicht darüber im Klaren, dass seine Musik sie störte. Er versicherte ihr, dass das nie wieder vorkommen würde – und das tat es auch nicht. Die Frau war freudig überrascht und ärgerte sich nur über sich selbst, weil sie ihn nicht schon früher darauf hingewiesen hatte.

Betrachtet der andere Ihre Bitte als gerechtfertigt, wird er in der Regel Ihrem Wunsch entsprechen. So war es auch im Fall der Sekretärin, die schließlich alle anderen Mitglieder der Abteilung freundlich, aber bestimmt darum gebeten hatte, nach den wöchentlichen Sitzungen im Konferenzraum aufzuräumen. Das hatte in der Vergangenheit immer sie erledigt, obwohl es nicht ihre Aufgabe war. Nachdem sie die anderen darauf aufmerksam gemacht hatte, räumten sie schließlich selbst auf.

Wenn der andere Ihrer Bitte entspricht, vergessen Sie nicht, ihm dafür zu danken. Und besonders wichtig: Verlieren Sie kein weiteres Wort darüber. Diesen Punkt kann ich gar nicht oft genug betonen. Betrachten Sie die Angelegenheit als erledigt.

2. Die Aussprache führt zu einer Diskussion

Ihr Gegenüber kann natürlich auch anderer Meinung sein. Vielleicht verfügt er auch über Informationen, die Ihnen nicht bekannt sind. Und vielleicht hat er andere Vorschläge – gute Vorschläge –, über die Sie noch gar nicht nachgedacht haben.

Wenn wir nicht das bekommen können, um das wir gebeten haben, empfiehlt es sich in vielen Fällen, gemeinsam nach einer für beide Seiten befriedigenden Lösung zu suchen.

Ein Freund von mir erklärte mir kürzlich, dass eine Ehe für beide Partner ein ständiges Geben und Nehmen bedeutet. Und ich persönlich führe permanente Verhandlungen mit meinem Sohn. Wir alle gehen in Konfliktsituationen mit unseren Partnern bzw. mit den Menschen, die uns viel bedeuten, Kompromisse ein. (Das ist jedoch etwas vollkommen anderes, als sich ausnutzen zu lassen.) Denn unsere Mitmenschen haben ebenfalls Bedürfnisse, die es zu respektieren gilt.

Ich kenne eine Gruppe von Männern, die regelmäßig einmal in der Woche gemeinsam essen geht. Einer von ihnen, Paul, mag kein asiatisches Essen. Immer, wenn sie darüber abstimmen, in welches Restaurant sie gehen wollen, wird Paul überstimmt, und schließlich landen sie erneut in einem thailändischen oder indischen Lokal. Paul ging diese Form der Abstimmung ziemlich auf die Nerven und schließlich bat er seine Freunde um eine Aussprache. Er erklärte ihnen, dass er die gemeinsamen Essen nicht aufgeben wolle, und bat sie, wenigstens *manchmal* auf seine Wünsche einzugehen. Sie diskutierten dieses Thema und beschlossen, bei jedem dritten Treffen auf asiatische Küche zu verzichten.

Achten Sie immer darauf, dass Sie den bzw. die anderen auch zu Wort kommen lassen. Dieser Punkt ist für eine offene Diskussion von größter Bedeutung. Schließlich müssen Sie den Standpunkt Ihres Gegenübers verstehen, wenn Sie eine für beide Seiten befriedigende Lösung finden wollen. Wäre Paul wutentbrannt aufgestanden und hätte das Lokal verlassen, hätte er ein aggressives Verhalten gezeigt. Hätte er einfach nicht mehr mit seinen Freunden gesprochen, hätte er sich passiv verhalten. Er tat jedoch nichts von alldem. Stattdessen klärte er die anderen freundlich, aber bestimmt über seine Wünsche auf und gab seinen Freunden so die Möglichkeit zur Diskussion. Paul erwartete von den anderen auch nicht, dass sie künftig bei ihren Treffen ganz auf asiatische Küche verzichteten. Das wäre den anderen gegenüber nicht fair gewesen. Was er wollte und auch bekam, war, dass die anderen wenigstens ab und zu auf seine Bedürfnisse Rücksicht nahmen. Paul war mit dem Ergebnis zufrieden.

Tipps für richtiges Verhalten bei einer Diskussion

- **Zeigen Sie Geduld.** Vielleicht haben Sie den anderen über-rumpelt, oder er hat Schwierigkeiten, seine Gedanken in Worte zu fassen.
- **Hören Sie zu** (siehe Kasten, S. 150f.).
- **Stellen Sie Fragen.** Sammeln Sie so viele Informationen wie möglich. Aber bombardieren Sie den anderen nicht mit Ihren Fragen. Hören Sie zu, was Ihr Gegenüber zu sagen hat, und geben Sie ggf. eine Antwort darauf. Wenn Sie sich nicht sicher sind, was der andere damit sagen wollte, fra-gen Sie nach: „Ich verstehe nicht ganz, was Sie damit mei-nen …"
- **Geben Sie mit eigenen Worten wieder, was Sie verstan-den haben.** Verwenden Sie dazu Formulierungen wie z. B.: „Wollen Sie damit sagen, dass …" oder „Sie schlagen also vor, dass …" Auf diese Weise vermeiden Sie Missver-ständnisse und zeigen dem anderen, dass Sie den Inhalt sei-ner Aussage verstanden haben.
- **Machen Sie deutlich, was Sie tun bzw. nicht tun können, und erklären Sie, warum.**
- **Machen Sie ggf. weitere Vorschläge.**
- **Konzentrieren Sie sich nicht auf Kleinigkeiten, um den anderen abzuurteilen oder sich gar über ihn lustig zu machen.**
- **Stimmen Sie einer angemessenen Lösung zu.** Aber ma-chen Sie keine Zusagen, die Sie später nicht einhalten kön-nen.

- **Stimmen Sie zu, wenn der andere die Angelegenheit noch einmal in Ruhe überdenken möchte und Sie um ein erneutes Treffen bittet.**
- **Stimmen Sie mit dem anderen darin überein, dass Sie keine gemeinsame Lösung finden können.** In einigen Fällen ist das die beste bzw. die einzige Lösung. Stellen Sie sich einmal vor, Ihre Schwester lädt Ihre betagte Mutter zu einem Eis ein, obwohl der Arzt Ihrer Mutter das Eisessen verboten hat. Sie weisen also Ihre Schwester darauf hin: „Eis ist nicht gut für Mamas Gesundheit." Ihre Schwester entgegnet darauf: „Wenn sie ab und zu mal ein Eis isst, wird sie das schon nicht umbringen." Sie beide sind der festen Überzeugung, im Recht zu sein. Also, was sollen Sie tun? Solange die Gesundheit Ihrer Mutter durch das Eis nicht direkt gefährdet wird, bleibt Ihnen nichts weiter übrig, als Ihrer Schwester klarzumachen, dass Sie anderer Auffassung sind als sie. Sie und Ihre Schwester haben einfach verschiedene Standpunkte.

Das Zuhören

„Edith, du verstehst mich nicht, weil ich ordentliches Englisch spreche und du nur Kauderwelsch verstehen willst."

Archie Bunker

Hören Sie aufmerksam zu! Wir alle ärgern uns fürchterlich, wenn wir glauben, dass der andere uns nicht richtig zuhört. Das Zuhören ist ganz besonders bei Diskussionen, jedoch auch für die Reaktion Ihres Gegenübers auf Ihre PAC-Aussagen von großer Bedeutung. Hier einige wichtige Tipps für richtiges Zuhören:

- Sie können nicht zuhören und gleichzeitig reden. Das haben schon viele Menschen probiert. Und einige schwören sogar, sie seien dazu in der Lage. Glauben Sie mir, das ist unmöglich! Also hören Sie auf zu sprechen, und lassen Sie Ihr Gegenüber ausreden.
- Sie können dem anderen auch nicht zuhören, wenn Sie ihm das Wort abschneiden.

- Schenken Sie Ihrem Gegenüber Ihre ungeteilte Aufmerksamkeit. Gehen Sie während des Gesprächs nicht ans Telefon, arbeiten Sie nicht an Ihrem Computer, und schauen Sie nicht in der Gegend herum.
- Achten Sie auf Ihre Körpersprache. Setzen Sie Ihre Körpersprache bewusst ein und zeigen Sie Ihrem Gesprächspartner, dass Sie ihm zuhören. Stellen Sie Blickkontakt her. Setzen Sie sich aufrecht hin. Und verschränken Sie keinesfalls die Arme vor der Brust.
- Konzentrieren Sie sich auf das, was der andere sagt. Lassen Sie Ihre Gedanken nicht abschweifen. Und legen Sie sich nicht Ihre Antwort zurecht, während Ihr Gegenüber spricht.
- Wechseln Sie nicht das Thema, sowie Ihr Gesprächspartner seine Ausführungen beendet hat.

Ich will aber, dass der andere sich nach mir richtet!

Ja, das wäre wirklich schön, wenn die ganze Welt sich um Sie drehen würde und Sie immer genau das bekämen, was Sie wollen. Das ist aber nun einmal nicht der Fall.

Selbstverständlich haben Sie in einigen Bereichen einen festen Standpunkt, der keinen Raum für irgendwelche Abweichungen bzw. Diskussionen lässt. Eine meiner Seminarteilnehmerinnen hatte z. B. einer ihrer Verwandten strikt verboten, ihre Tochter weiterhin wegen ihres Gewichts zu hänseln. Sie war nicht bereit, sich auf irgendeinen Kompromiss einzulassen, denn für sie stand das seelische Wohl ihrer Tochter auf dem Spiel.

Beschränken Sie Auseinandersetzungen, die keine weiteren Diskussionen zulassen, auf ein Minimum. Ansonsten kann ich Ihnen nur raten, sich möglichen Diskussionen nicht zu verschließen. Sie können dabei nämlich eine Menge lernen.

3. Ihr Gegenüber geht in die Defensive

In diesem Fall fühlt sich der andere in die Enge getrieben und ist damit natürlich nicht einverstanden. Er bzw. sie versucht vielleicht das Problem zu leugnen. Es ist auch durchaus nicht ungewöhnlich, wenn Ihr Gegenüber Ihnen ein schlechtes Gewissen einreden will, weil Sie diesen Punkt überhaupt angesprochen haben. In diesem Fall wird er Ihnen entgegnen:

„Sie sind aber überempfindlich."
„Die anderen stört das nicht."
„Ich hätte nicht erwartet, dass Sie aus einer Mücke einen Elefanten machen würden."

Machen Sie nicht den Fehler und gehen ebenfalls in die Defensive. Ich weiß, wie verlockend das ist. Widerstehen Sie der Versuchung. Machen Sie sich bewusst, dass Sie ein freundlicher, aber bestimmter Mensch sind. Ihr defensives Gegenüber verfügt vielleicht nicht über die Fähigkeiten und die Erfahrungen im respektvollen Umgang mit seinen Mitmenschen, über die Sie inzwischen verfügen. Sie müssen sich weder für Ihre Gefühle entschuldigen, noch müssen Sie diese rechtfertigen. Alles, was Sie wollen, ist, Ihren Gesprächspartner in eine Diskussion einzubeziehen.

Häufig reicht eine einfache Aussage, wie z. B.: „Ihre Antwort erstaunt mich. Ich hatte gehofft, diese Diskussion würde uns beiden weiterhelfen", um Ihr Gegenüber in eine offene Diskussion zu verwickeln.

Andere Menschen sind jedoch weniger kooperativ. Achten Sie darauf, dass der andere nicht das Thema der Auseinandersetzung bestimmt. Erkennen Sie den Standpunkt Ihres Gegenübers an und kehren Sie dann zum Kern der Diskussion zurück.

Eine meiner Klientinnen, Katrina, arbeitet als Büroleiterin. Eine der leitenden Angestellten des Unternehmens hatte es sich zur Angewohnheit gemacht, Katrina vor anderen – sogar vor den Kunden – mit Verballhornungen wie z. B. Kitkat anzusprechen. Katrina brachte das jedes Mal in große Verlegenheit. Schließlich nahm sie all ihren Mut zusammen, wappnete sich mit allem, was sie über positive Konfrontationen gelernt hatte, und sprach die betreffende Frau darauf an: „Ich weiß ja, dass keine böse Absicht dahinter steckt, wenn Sie mich mit Spitznamen ansprechen; ich möchte Sie jedoch bitten, mich in Zukunft einfach nur Katrina zu nennen, okay?"

Ihr Gegenüber war natürlich nicht besonders erbaut darüber. Sie entgegnete: „Ach, stellen Sie sich doch nicht so an. Spitznamen sind doch etwas Feines. Machen Sie doch keine so große Sache daraus. Davon geht schließlich die Welt nicht unter."

Katrina kannte diese Frau relativ gut und wusste um ihren schwierigen Charakter. Sie beharrte auf ihrem Standpunkt und wiederholte ihre A-Aussage: „Für mich ist das aber wichtig, und ich möchte Sie wirklich bitten, mich künftig mit Katrina anzusprechen."

Das Beharren auf ihrer Bitte fiel Katrina besonders schwer. Doch sie hatte im Vorfeld hart an sich gearbeitet und sich u. a. mental auf diese Auseinandersetzung vorbereitet. Katrina entschuldigte sich nicht und beharrte auf ihrem Recht. Sie wiederholte ruhig, was sie in Zukunft erwartete. Sie verhielt sich freundlich, aber bestimmt.

Die folgenden drei Punkte sollten Sie in einer ähnlich heiklen Situation unbedingt beachten:

1. **Haken Sie nach. Manchmal sagen wir Dinge, die von unserem Gesprächspartner falsch aufgefasst werden.** Wenn Sie in diesem Fall noch einmal nachhaken, ist der andere gezwungen, seine Aussage noch einmal klarer und oft auch freundlicher zu formulieren.

Mit folgenden Formulierungen können Sie den anderen um eine genauere Darlegung bitten:

> *„Was genau an meinem Vorschlag gefällt Ihnen nicht?"*
> *„Sie halten meinen Vorschlag also für unsinnig. Würden Sie mir bitte erklären, was genau Sie daran stört?"*
> *„Was genau veranlasst Sie zu dieser Antwort?"*
> *„Würden Sie mir bitte erklären, was Sie unter dem Begriff ,lächerlich' verstehen?"*

2. **Entschärfen Sie die Situation.** Wenn sich die Situation zuspitzt, sollten Sie Ihren Gesprächspartner wissen lassen,

dass Sie seinen Standpunkt anerkennen, auch wenn Sie persönlich anderer Meinung sind. Sie wollen schließlich nicht
darüber streiten, wer von Ihnen beiden jetzt „Recht" hat,
sondern eine für beide Seiten befriedigende Lösung finden.

Formulierungen, mit denen Sie eine verfahrene Situation entspannen können, sind u. a.:

> *„Das mag stimmen. Das ändert jedoch nichts daran, dass ich
> den Termin für Freitag nicht einhalten kann."*
> *„Vielleicht habe ich das wirklich getan. Es war jedoch ganz
> bestimmt nicht meine Absicht."*
> *„Da ist etwas Wahres dran. Wir müssen jedoch die Richtlinien
> unseres Unternehmens befolgen."*
> *„Da könnten Sie Recht haben. Lassen Sie uns das jetzt ge
> meinsam klären."*

Aber ...

Haben Sie bemerkt, dass keine der oben angeführten Formulierungen das Wörtchen „aber" enthält? Denn dieses kleine Wörtchen hat einen großen Haken – es kehrt in der Regel die vorhergehende positive Äußerung in ihr Gegenteil um. „Sie haben
hervorragende Arbeit geleistet, aber ..." Wenn wir diesen Satz
hören, warten wir auf den nächsten Schlag. Wir gehen in die
Defensive und rechnen mit dem Schlimmsten.

Aus diesem Grund sollten Sie, wann immer möglich, auf
das neutrale Wörtchen „und" zurückgreifen. „Sie haben gute Arbeit geleistet und wenn Sie beim nächsten Mal auch
noch ..." Andere wesentlich neutralere Formulierungen sind:
„dennoch", „jedoch" und „obwohl".

Wenn Sie der Situation durch eine entsprechende Formulierung die unnötige Spannung genommen haben, tragen Sie
Ihren Standpunkt erneut vor. Hier ein Beispiel:

Ein Freund von mir suchte kürzlich seinen Optiker auf, weil
er seine Brille verloren hatte. Der Ladeninhaber konnte die
Unterlagen für meinen Freund jedoch nicht finden und behauptete schließlich: „Sie haben Ihre Brille nicht bei uns gekauft." Beide beharrten eigensinnig auf ihrem Standpunkt, bis

mein Freund schließlich völlig außer sich das Geschäft verließ. Anstatt sich mit seinem Kunden zu streiten, hätte der Optiker besser eine andere Taktik verfolgen sollen. So hätte er sagen können: „Das ist merkwürdig, aber ich kann leider keine Aufzeichnungen von Ihnen finden. Lassen Sie uns einmal überlegen, wie Sie trotzdem möglichst schnell zu einer neuen Brille kommen."

Zwei Stunden später rief der Optiker schließlich bei meinem Freund an und berichtete ihm, dass er seine Unterlagen doch noch gefunden habe. Aber jetzt war es zu spät. Mein Freund hatte sich seine neue Brille bei einem anderen Optiker gekauft.

3. **Bestätigen Sie die Aussage Ihres Gegenübers.** Wenn Sie mit der Antwort Ihres Gesprächspartners übereinstimmen bzw. seine Meinung anerkennen, sollten Sie seine Aussage bestätigen. In der Regel übt der andere mit seinen Aussagen Kritik an Ihnen. Doch wenn Sie die Ausführungen Ihres Gegenübers bestätigen, ist diese Kritik für Sie weniger unangenehm. Das kann sogar dazu führen, dass sich das Gesprächsklima deutlich entspannt. Hierbei handelt es sich um eine äußerst bemerkenswerte Kommunikationstechnik.

Ein Klient berichtete mir, wie seine Frau ihn eines Tages anschrie: „Du bist in diesem Punkt viel zu empfindlich!" Er schaute sie ruhig an und entgegnete: „Ja, ich bin in diesem Punkt wirklich sehr empfindlich." Seine Frau antwortete: „Oh, okay."

Bei einem Fußballspiel beobachtete ich kürzlich, wie ein Mann von seinem Sitz hochfuhr und den Schiedsrichter beschimpfte, weil er seinen Sohn zu Unrecht verwarnt hatte. Der Schiedsrichter entgegnete: „Sie haben Recht, ich habe einen Fehler gemacht." Dem Vater verschlug es die Sprache und er zog sich kleinlaut wieder auf seinen Stuhl zurück.

Versuchen Sie gar nicht, sich für Ihre Gefühle zu entschuldigen, und verzichten Sie auf Rechtfertigungen wie: „Wenn Sie an meiner Stelle wären, würde es Ihnen auch nicht anders ergehen." Bestätigen Sie einfach nur die Aussage Ihres Gegenübers.

Übung

Nehmen Sie eine bestimmte Situation aus Ihrem Leben. Wir alle haben häufig mit Menschen zu tun, die wieder und wieder dieselben Kommentare über uns abgeben. Mit welcher dieser Aussagen haben Sie die größten Probleme? Wie könnten Sie dem Betreffenden freundlich, aber bestimmt zu verstehen geben, dass Sie sich durch seine Äußerungen verletzt fühlen?

4. Der andere reagiert aggressiv

Bei einem aggressiven Gesprächspartner handelt es sich in der Regel um einen Tyrannen bzw. den typischen Herumbrüller. Letztlich kann jedoch jeder Mensch aggressiv reagieren. Was können Sie in dieser Situation tun?

1. **Die Ruhe bewahren.** Atmen Sie tief durch und sagen Sie sich, dass Sie diese Situation meistern werden.

2. **Holen Sie nicht zum Gegenschlag aus.** Wenn sich ein anderer uns gegenüber unverschämt verhält, ist das noch lange kein Grund, ebenfalls aus der Rolle zu fallen – und wenn es Ihnen noch so schwer fällt, sich in einer solchen Situation zurückzuhalten. Wenn Sie also jemand anschreit, sollen Sie dann nicht zurückschreien? Nein, denn wie bereits in Kapitel 4 erwähnt, können Sie dadurch nur verlieren. Wenn Sie einem aggressiven Menschen mit Aggressionen begegnen, geben Sie diesem Menschen Macht über sich – die Macht, Sie aus der Fassung zu bringen. Auf dieser Basis lassen sich nun einmal keine gemeinsamen Lösungen finden.

3. **Bleiben Sie freundlich, aber bestimmt.** Doch wie können wir einem aggressiven Menschen den Wind aus den Segeln nehmen bzw. ihn wieder zur Vernunft bringen? Wenn Sie die Ruhe bewahren, besänftigen Sie damit Ihr Gegenüber.

Vielleicht hat der andere einfach nur einen schlechten Tag und das wird ihm bewusst, wenn Sie die Ruhe bewahren. Wenn Sie sich weiter freundlich, aber bestimmt verhalten, können Sie damit sogar die Aggressionen des anderen auflösen. Eine Frau berichtete mir von ihrem Standardsatz, mit dem sie sowohl ungeduldige Kunden als auch ihre Kinder zur Räson bringt. Der Satz lautet: „Wenn wir uns gegenseitig anschreien, ist keinem von uns geholfen." Sie schwört auf diesen Satz und beteuert, er würde immer helfen.

Eine Verkäuferin brachte mich einmal folgendermaßen zur Vernunft (auch ich verliere manchmal die Beherrschung): Als ich in einem Kaufhaus ein Kostüm abholen wollte, das ich dort zur Änderung abgegeben hatte, teilte man mir mit, dass das Kostüm noch nicht fertig sei. Ich war müde, hatte Hunger und brauchte das Kostüm am nächsten Morgen.

Ich fuhr die Verkäuferin (mit erhobener Stimme) an: „Sie haben mir aber versprochen …" Diese Frau hatte jedoch ganz offensichtlich eines meiner Seminare besucht! Sie blieb trotz allem freundlich, aber bestimmt. Sie erwiderte: „Ich verstehe Ihre Aufregung und es tut mir wirklich Leid, dass Ihr Kostüm noch nicht geändert wurde. Ich kann Ihnen folgenden Vorschlag machen …" Sie zerstreute meine Aggressionen. Darüber hinaus bot sie mir an, die Änderungen an meinem Kostüm noch vor Feierabend auszuführen. Da das Geschäft 15 Minuten später schloss, konnte sie mir jedoch keine einwandfreie Qualität garantieren.

4. **Falls erforderlich, nehmen Sie den „Notausgang".** Wenn die Diskussion trotz Ihrer Bemühungen weiterhin aggressiv verläuft, sollten Sie sich aus der Schusslinie zurückziehen – und das möglichst schnell. Manchmal bleibt uns nichts anderes übrig, als unseren Mitmenschen deutlich zu zeigen, welches Verhalten wir zu akzeptieren bereit sind und welches nicht. Sie selbst tragen die alleinige Verantwortung für Ihre persönlichen Grenzen. In manchen Fällen lässt sich diese Grenze nur ziehen, wenn wir den Schauplatz des Geschehens verlassen. (Sollte es sich um eine telefonische Auseinandersetzung handeln, legen Sie auf.) Wenn Sie den Raum verlassen, verzichten Sie bitte darauf, mit der Tür zu knallen. Bleiben Sie freundlich, aber bestimmt, wenn Sie

sich zurückziehen bzw. den Hörer auflegen. Ich bezeichne
diese Formen des Rückzugs als „Notausgang":

*„Bitte nicht in diesem Ton. Rufen Sie mich an, wenn Sie sich
wieder beruhigt haben." Mit diesen Worten wies die Ver-
triebsleiterin einen der Vertreter zurecht, nachdem dieser sie
am Telefon angeschrien hatte. Der Vertreter rief sie ungefähr
eine halbe Stunde darauf wieder an und entschuldigte sich bei
ihr.*
Oder:
*„Ich kann nicht mit Ihnen reden, wenn Sie mich anschreien.
Ich würde diese Diskussion gerne fortführen, wenn Sie sich
wieder beruhigt haben." Machen Sie dann eine Pause und
stellen Sie fest, ob der andere sich beruhigt. Ist das nicht der
Fall, erklären Sie ihm: „Ich gehe jetzt. Auf Wiedersehen."*

Bleiben Sie konsequent, und gehen Sie! Bleiben Sie weder an
der Tür noch im Flur stehen. Wenn Sie zögern, verlieren Sie an
Glaubwürdigkeit.

5. Fragen Sie sich, ob Sie die Beziehung fortsetzen wollen.
Stellt der Betreffende seine Aggressionen Ihnen gegenüber
nicht ein, sollten Sie sich fragen, ob Ihnen die Beziehung
wirklich so viel bedeutet, dass Sie dieses Verhalten weiterhin tolerieren wollen. Ich hatte einmal einen Vorgesetzten –
der Terror auf zwei Beinen –, der wegen jeder Kleinigkeit
Zeter und Mordio schrie. Sein Jähzorn war wirklich legen-
där. Ich setzte meine Tätigkeit in dem Unternehmen nur so
lange fort, wie ich dort etwas lernen konnte. Als ich mir alles Wissenswerte angeeignet hatte, griff ich bei dem
nächstbesten beruflichen Angebot ohne Zögern zu.
Sofern Sie sich in einer ähnlichen Situation befinden sollten, möchte ich Ihnen keineswegs raten, Ihren Arbeitsplatz
gleich morgen aufzugeben. Vielleicht wollen oder müssen
Sie noch eine Weile weiter dort arbeiten. Sofern Sie sich
dazu entscheiden sollten, diese Beziehung aufrechtzuerhalten, kann ich Ihnen jedoch nur raten, sich die negativen
Konsequenzen vor Augen zu führen.

Wenn Sie einen Fremden auf ein Problem ansprechen wollen

Die meisten von uns sprechen Fremde aus Angst vor möglichen Aggressionen nicht auf Probleme an. Und gerade in der heutigen Zeit, in der viele Menschen zur Aggressivität neigen und aus geringstem Anlass zur Waffe greifen, kann ich Sie unmöglich guten Gewissens dazu auffordern, einen Ihnen Unbekannten auf sein unangemessenes Verhalten hinzuweisen. Denn ich kann einfach nicht abschätzen, wie dieser Mensch darauf reagieren wird.

Ich kann nicht mehr tun, als Ihnen von den Erfahrungen meiner Seminarteilnehmer zu berichten, die mir immer wieder versichern, dass sie wesentlich weniger Probleme haben, einen Unbekannten auf ein Problem anzusprechen als jemanden, den sie kennen. Denn es macht ihnen weniger aus, wenn sie die Gefühle eines Fremden verletzen, als wenn sie jemandem zu nahe treten, der ihnen etwas bedeutet. Darüber hinaus sind die Konsequenzen einer solchen Auseinandersetzung nur vorübergehender Natur und wirken sich nicht auf eine bestehende Beziehung aus.

Sichere oder unsichere Umgebung?

Bevor Sie einen Fremden auf etwas Unangenehmes ansprechen, sollten Sie sich jedoch zunächst einmal ein genaueres Bild von Ihrer Umgebung machen. Verlassen Sie sich hierbei auf Ihr eigenes Urteil. Wenn Sie sich in einem Kaufhaus, einer Bank oder an einem belebten Platz befinden, brauchen Sie sich keine allzu großen Sorgen um Ihre Sicherheit zu machen.

Ed hatte sich in einer fürchterlich langen Schlange am Bankschalter eingereiht, als er bemerkte, dass einer der Angestellten einen anderen aus der Schlange zu sich heranwinkte. Ed dachte sich nichts weiter dabei, bis er entdeckte, dass der Angestellte das bei einem anderen Kunden wiederholte. Als er endlich an der Reihe war, erkundigte er sich, warum die anderen aus der Schlange bevorzugt behandelt worden waren. „Das waren Stammkunden", lautete die Antwort.

Das war Ed auch. Ed war sicher, dass er in diesem Moment die Fassung verloren hätte, wenn er nicht inzwischen die Vorteile des freundlichen, aber bestimmten Verhaltens gekannt hätte. Jetzt wusste er jedoch, was zu tun war, und handelte entsprechend. Er bat um einen Termin beim Filialleiter und fragte diesen, ob in den Richtlinien der Bank festgelegt sei, dass Stammkunden am Schalter bevorzugt zu behandeln seien. Der Verantwortliche wusste nichts von solch einer Regelung. Nachdem Ed ihm ruhig und objektiv von den Vorfällen in der Schalterhalle berichtet hatte, entschuldigte sich der Manager vielmals und versicherte ihm, dass so etwas nicht wieder vorkommen würde.

Ed fühlte sich nach diesem Gespräch wesentlich besser. Er hatte zwar keinerlei Garantien dafür, dass so etwas tatsächlich nicht noch einmal vorkommen würde, er fühlte sich jedoch nicht „übergangen". Schon allein die Tatsache, dass er seine Meinung offen geäußert hatte, gab ihm ein gutes Gefühl.

In dieser Situation konnte Ed davon ausgehen, dass der Filialleiter nicht aggressiv reagieren würde. Ed hatte sich freundlich, aber bestimmt verhalten, und der Manager reagierte darauf mit einem ähnlichen Verhalten.

Das folgende Erlebnis zeigt deutlich, dass wir in bestimmten Situationen keinesfalls vor einer Auseinandersetzung mit einem Fremden zurückschrecken sollten:

Ein Börsenmakler lud verschiedene Interessenten zu einem Vortrag eines bekannten Finanzexperten ein. Der Vortrag, der von einem angesehenen Finanzunternehmen organisiert worden war, sollte nach einem Abendessen im Ballsaal eines Hotels gehalten werden. Kurz nachdem alle Gäste sich gesetzt hatten und der Redner mit seinem Vortrag begonnen hatte, wurde es am Nebentisch des Maklers ziemlich laut, sodass sie dem Referat kaum folgen konnten. Als Gastgeber trug der Börsenmakler die Verantwortung für das Wohlbefinden seiner Gäste. Er hatte die Situation jedoch nicht unter Kontrolle und unternahm nichts gegen die Störenfriede, was bei seinen potenziellen Kunden einen äußerst negativen Eindruck hinterließ.

Er hätte die Störenfriede bitten müssen, sich ruhig zu verhalten. Hätten diese auf seine Bitte nicht reagiert, hätte er sich an einen der Verantwortlichen wenden können. Es ist jedoch sehr viel wahrscheinlicher, dass es gar nicht erst so weit gekommen wäre, wenn er die lautstarke Runde freundlich, aber bestimmt um Ruhe gebeten hätte.

Ist die Umgebung nicht sicher, halten Sie sich zurück

Wenn Sie auf einen Ihnen völlig fremden Menschen stoßen – z. B. nachts auf der Straße oder in einer einsamen Gegend – oder dieser Mensch Ihnen einfach nicht geheuer ist, sollten Sie ihn lieber nicht in eine Auseinandersetzung verwickeln. Alles, was ich Ihnen hier raten kann, ist, dass Sie sich auf Ihre Intuition verlassen sollten. Wenn Sie sich nicht sicher fühlen oder ein mulmiges Gefühl haben, halten Sie sich zurück und suchen Sie das Weite.

Rücksichtslosigkeit im Straßenverkehr

Wenn Sie jemand auf der Autobahn schneidet bzw. zu dicht auffährt, haben Sie noch lange nicht das Recht, wild zu gestikulieren oder den Verkehrsrowdy anzuschreien. Darüber hinaus sind beide Alternativen nicht gerade ungefährlich. Sie könnten dabei den Überblick über den fließenden Verkehr verlieren oder den anderen Fahrer zu weiteren Attacken provozieren. Ich weiß, wie verlockend das ist. Auch ich bin frustriert, wenn mich so ein „Idiot" schneidet. Aber auch in diesem Fall sollten Sie immer daran denken, dass hinter dem Verhalten des Betreffenden nicht unbedingt böse Absicht stecken muss. Vielleicht hat er einfach nur einen Fehler gemacht.

5. Der andere reagiert passiv

Sollte Ihr Gegenüber nicht auf Sie eingehen oder Ihnen sogar die kalte Schulter zeigen, können Sie ihn nicht zu einem Gespräch zwingen. Sie können dem anderen lediglich klar und deutlich sagen, was Sie von seiner Weigerung halten. Betonen Sie hierbei, wie viel Ihnen daran liegt, die Unstimmigkeiten durch ein Gespräch zu bereinigen.

- „Wenn wir hier weitermachen wollen, muss ich wirklich wissen, wie Sie dazu stehen."
- „Ihr Standpunkt ist mir wirklich wichtig. Was halten Sie von diesem Vorschlag?"
- „Deinem Schweigen entnehme ich, dass du mit meinem Vorschlag einverstanden bist. Und solange ich nichts anderes von dir höre, erwarte ich, dass du vor Einbruch der Dunkelheit wieder zu Hause bist …" (Genau das habe ich zu meiner 13-jährigen Stieftochter gesagt. Sie können sich gar nicht vorstellen, wie schnell sie sich gesprächsbereit zeigte!)

Doch was ist, wenn der andere sich ausschweigt oder gar in Tränen ausbricht? Niemand möchte einen anderen zum Weinen bringen. Was ist in dieser Situation zu tun?

Vielleicht hat Ihr Gegenüber tatsächlich die Fassung verloren. Vielleicht sind die Tränen auch nichts anderes als ein Verteidigungsmechanismus oder Manipulation, mit der der andere die Auseinandersetzung vermeiden möchte. Erkennen Sie die Gefühle Ihres Gegenübers an und kehren Sie dann zum eigentlichen Thema zurück:

- „Dieses Thema scheint Ihnen ja sehr nahe zu gehen. Ich wollte Sie wirklich nicht aufregen. Warum ziehen Sie sich nicht für eine Weile in den Aufenthaltsraum zurück? Und wenn Sie sich wieder beruhigt haben, sprechen wir über die Angelegenheit."
- „Ich gehe für einige Minuten hinaus, bis Sie sich wieder beruhigt haben. Wenn ich zurück bin, reden wir weiter. Hier haben Sie ein paar Taschentücher."

6. Der andere sagt Nein (und meint es auch so)

Was ist, wenn der andere sich weigert, auf Ihre Wünsche einzugehen? Was passiert, wenn Ihr Gegenüber Ihnen mit einem klaren „Nein" auf Ihre Bitte antwortet? Handelt es sich bei dieser Person um Ihren Vorgesetzten, können Sie ihn schlecht zu einer Diskussion zwingen. Manchmal bedeute „Nein" nichts anders als „Keine weiteren Diskussionen".

Zu Beginn dieses Buches haben wir uns schon einmal damit befasst, warum wir Auseinandersetzungen scheuen. Wir empfinden sie als zu riskant. So bitten manche nicht um eine Gehaltserhöhung, weil sie sich vor einem „Nein" fürchten. Was geschieht, wenn Sie doch darum bitten? Ihr Vorgesetzter weiß jetzt, dass Sie mit Ihrem Gehalt nicht zufrieden sind. Vielleicht macht Ihr Arbeitgeber Ihnen die Bitte um mehr Gehalt aber auch zum Vorwurf. Doch bevor Sie sich über sich selbst ärgern, weil Sie überhaupt um eine Gehaltserhöhung gebeten haben, betrachten Sie die Situation einmal von einem anderen Standpunkt aus.

Auch wenn es immer mit einem gewissen Risiko verbunden ist, einen Vorgesetzten um ein klärendes Gespräch zu bitten, handelt es sich bei einem „Nein" nicht zwangsläufig um etwas Negatives. Häufig tun sich nach so einer Auseinandersetzung völlig neue Alternativen bzw. Möglichkeiten auf, über die Sie andernfalls niemals nachgedacht hätten. Das war auch bei Jane der Fall.

Jane arbeitete als Büroleiterin in einem Bauunternehmen. Die Geschäftsleitung hatte sie darum gebeten, den neuen Leiter der Finanzabteilung für die Muttergesellschaft einzuarbeiten. Bis zu diesem Zeitpunkt fiel die Buchführung jedoch in Janes Aufgabenbereich.

Zuerst reagierte sie mit Verdrängungsmechanismen. Sie redete sich ein, dass ihr das überhaupt nichts ausmachen würde. Doch es machte ihr sogar sehr viel aus. Dann ging sie dazu über, sich bei Arbeitskollegen und Freunden über die ungerechte Behandlung zu beschweren: „Wie können die es wagen, mich auch nur zu fragen, ob ich diesen Kerl einarbeite? Schließlich ist das *mein* Job."

Also schlug ich ihr vor, dass sie sich um diese Stelle bewerben sollte. Über diese Möglichkeit hatte Jane noch gar nicht nachgedacht. Schließlich legte sie sich genau zurecht, was sie sagen wollte, und machte einen Termin mit dem Leiter der Personalabteilung aus. Sie erhielt jedoch eine klare Absage. Da Jane jedoch einen ausgezeichneten Eindruck bei dem Personalchef hinterlassen hatte, machte er ihr ein Angebot für einen

anderen verantwortungsvollen und besser bezahlten Posten.
Jane nahm das Angebot an.

Jerry hat jedoch eine ganz andere Erfahrung gemacht. Als
er seinen Vorgesetzten freundlich, aber bestimmt darauf hin-
wies, dass dieser ihn in Gegenwart Dritter regelmäßig zur
Schnecke machte, gab ihm sein Chef zu verstehen, dass er
Jerry damit zu einer Kündigung bewegen wollte.

„Zuerst war ich völlig durch den Wind", erklärte Jerry. „Ich
habe mich fürchterlich darüber geärgert, dass ich überhaupt
den Mund aufgemacht hatte. Schließlich hatten meine Frau und
ich uns gerade erst ein Haus gekauft. Ich konnte es mir einfach
nicht leisten, arbeitslos zu sein. Doch durch diese Auseinandersetzung hatte ich schließlich die Motivation, mich um eine
neue Stelle zu bemühen, und ich habe einen neuen Arbeitgeber
gefunden. Inzwischen arbeite ich für einen Vorgesetzten, der
mich mit Respekt behandelt, und ich bin mit meinem jetzigen
Leben sehr viel zufriedener, auch wenn die Zeit davor wirklich
hart war."

Jerry hatte mit der Reaktion seines Vorgesetzten zwar
überhaupt nicht gerechnet und war darüber alles andere als
erfreut, doch nun wusste er immerhin, was sein Arbeitgeber
von ihm erwartete. So beschloss er, den Job zu wechseln, was
sich nach einer gewissen Durststrecke schließlich positiv auf
sein Leben auswirkte.

Auch wenn Sie einem „Nein" nichts Positives abgewinnen
können, ist es immer noch besser, Sie wissen, woran Sie sind,
als wenn Sie so weitermachen würden wie bisher und sich
dabei missverstanden, schlecht behandelt und unglücklich
fühlen.

Sprechen Sie niemals hinter dem Rücken des Betreffenden über das Problem

Wenn Sie einen Dritten bitten, den Betreffenden für Sie auf das
Problem anzusprechen, können Sie zwar die direkte Auseinan-
dersetzung umgehen, müssen jedoch die in der Regel negativen
Konsequenzen tragen. Vor genau diesem Problem stand die
Hauptagentur einer Versicherungsgesellschaft:

Peter hatte Schwierigkeiten mit seiner Sekretärin. Betsy sprach seiner Meinung nach einfach zu laut. Sie schrie ihm ihre Fragen immer zu, anstatt die Gegensprechanlage zu benutzen. Peter ging ihr Verhalten so sehr auf die Nerven, dass er sich schließlich bei der Agenturleiterin über seine Sekretärin beschwerte. Er forderte die Geschäftsführerin auf, Betsy auf ihre Lautstärke anzusprechen.

Betsy war außer sich, weil Peter nicht persönlich mit ihr gesprochen hatte. Sie hatte einfach nicht bemerkt, dass er ihr Verhalten als störend empfand. Darüber hinaus war es ihr schrecklich peinlich, dass die Agenturleiterin in die Angelegenheit einbezogen wurde und andere Kollegen so vielleicht ebenfalls davon erfahren hatten. Vielleicht teilten sie sogar Peters Meinung – und keiner hatte darüber mit ihr gesprochen. Dieses Erlebnis veränderte ihre Einstellung zu Peter grundlegend. Schließlich reichte sie die Kündigung ein. Betsy war jedoch trotz ihrer Macke eine hervorragende Arbeitskraft, die sich nicht ohne weiteres ersetzen ließ.

Das war jedoch nicht das einzige Problem, mit dem die Angestellten ihre Vorgesetzte behelligten. Eine der Sekretärinnen beschwerte sich bei ihr über eine andere Mitarbeiterin: „Megan benutzt permanent meinen Drucker. Immer, wenn ich etwas ausdrucken will, belegt sie das Gerät." Die Vorgesetzte erwiderte: „Ich bin der Meinung, Sie sollten dieses Problem in aller Ruhe mit Megan persönlich besprechen. Weiß Megan, wie viel Sie zu tun haben und dass Sie uneingeschränkten Zugriff auf den Drucker benötigen?" „Ich weiß es nicht genau." „Dann finden Sie es heraus".

Die Agenturleiterin erkannte, dass es dem Arbeitsklima in der Agentur förderlich war, wenn sie ihre Mitarbeiter darin unterstützte, ihre Probleme untereinander zu regeln. Der Sekretärin mit dem Druckerproblem erteilte sie einen Crashkurs in positiver Konfrontation. Die beiden Frauen bereinigten das Problem innerhalb kürzester Zeit, ohne dass es dabei zu irgendwelchen Missstimmungen kam.

Konzentrieren Sie sich auf sich selbst

Auch wenn wir uns in diesem Kapitel mit der anderen Seite und deren Reaktion auf Ihre PAC-Aussagen beschäftigt haben, sollten Sie sich nach wie vor auf sich und hier vor allem auf Ihr freundliches, aber bestimmtes Verhalten konzentrieren. Nachdem Sie Ihr Gegenüber um eine Stellungnahme gebeten haben, also den so genannten Check durchgeführt haben, werden Sie feststellen, dass der Betreffende in den meisten Fällen Ihrer Bitte gern entsprechen wird.

Andererseits ist es durchaus möglich, dass sich der andere durch Ihre PAC-Aussagen gekränkt fühlt. Auch unverschämte Reaktionen des Betreffenden sind an der Tagesordnung. Vielleicht schreit der andere Sie sogar an. Sie haben jedoch keinerlei Kontrolle über diesen Menschen. Alles, was Sie kontrollieren können, sind Sie selbst und Ihr Verhalten. Durch freundliches, aber bestimmtes Verhalten – selbst dann, wenn Ihr Gegenüber nicht darauf eingehen sollte – erhöhen Sie die Chancen für eine positive Lösung des Konflikts.

Kapitel 10

Elf Schritte zur positiven Konfrontation

Bis jetzt haben wir uns vorwiegend darauf konzentriert, wie wir eine negative Konfrontation vermeiden können. Wenn die Auseinandersetzung positiv verläuft, ist das in der Regel auf bestimmte Ursachen zurückzuführen. Sie haben sich und Ihre PAC-Aussagen gründlich auf diese Auseinandersetzung vorbereitet. Sie setzen Ihre verbalen und nonverbalen Kommunikationstechniken geschickt ein. Sie können jedoch noch weitaus mehr tun, um die Diskussion möglichst positiv zu gestalten. Immer, wenn ich den Verlauf einer besonders geglückten Aussprache zurückverfolge, stelle ich fest, dass derjenige, der das Gespräch gesucht hat, sich die Zeit genommen hat, um die folgenden elf Schritte zu befolgen. Hierbei handelt es sich zwar lediglich um Kleinigkeiten, doch diese Kleinigkeiten haben eine durchschlagende Wirkung.

1. Üben, üben, üben

Ich weiß, dass ich mich jetzt anhöre wie Ihr ehemaliger Klavierlehrer, aber ich kann nur immer wieder sagen: „Üben, üben, üben!" Inzwischen wissen Sie, wie wichtig es ist, sich die PAC-Aussagen aufzuschreiben. Sie sollten jedoch keinesfalls versäumen, das Vortragen Ihrer Aussagen ebenfalls zu üben. Lesen Sie sich Ihre Notizen laut vor, und stellen Sie sich dabei folgende Fragen:

Wie hört sich das an? Sind die Formulierungen zu schroff? Oder zu verschwommen?

Wie würden Sie sich fühlen, wenn das jemand zu Ihnen sagen würde? Die Beantwortung dieser Frage ist besonders wichtig. Achten Sie darauf, wie Ihre Worte auf Sie wirken.

Wiederholen Sie Ihre Aussagen mehrmals. Sie sollen Ihre Worte später zwar nicht auswendig herunterleiern, doch wenn Sie den Inhalt Ihrer Aussage gut kennen, können Sie sie später auch mit einem gewissen Selbstvertrauen vortragen. Und die Wahrscheinlichkeit, dass Sie zu barsch vorgehen bzw. im Verlauf der Auseinandersetzung selbstabwertende Formulierungen verwenden, lässt sich auf diese Weise auf ein Minimum reduzieren.

2. Das große Zittern

Nervosität gehört einfach dazu. Haben auch Sie die Befürchtung, dass all die Übung später umsonst ist, weil Sie vor lauter Aufregung den Faden verlieren könnten? Keine Sorge, mit dieser Angst sind Sie nicht alleine. Viele von uns befürchten, im entscheidenden Moment zu versagen.

Diese Nervosität ist vollkommen normal. Genau genommen handelt es sich dabei um nichts anderes als reine Energie. Energie ist weder positiv noch negativ. Entscheidend ist, wie Sie diese Energie umsetzen. Glauben Sie etwa, Schauspieler, Sportler oder auch Generaldirektoren wären nicht nervös? Natürlich sind sie das. Doch diese Menschen lassen sich von der Angst, Fehler zu machen oder vor den anderen zu versagen, nicht länger einschüchtern. Sie haben gelernt, ihre Nervosität positiv umzusetzen. Viele Menschen sind sogar der Auffassung, dass diese Energie sie zu immer besseren Leistungen anspornt.

Einer meiner Freunde, ein erfolgreicher Schriftsteller, hat jedes Mal, wenn er vor einem größeren Publikum sprechen soll, das Gefühl zu ersticken. Er hat immer wieder Angst, dass er in Ohnmacht fällt oder hyperventiliert. Doch das tritt nicht ein. „Bevor ich mit dem Vortrag beginne, atme ich ein paar Mal tief durch. Und spätestens beim zweiten Abschnitt bin ich vollkommen ruhig und genieße es, vor all diesen Menschen zu sprechen. Ich muss diese Angst zu Beginn ganz einfach ausschwitzen."

3. Tun Sie so als ob

Hier ein Trick, der Ihnen gerade in der ersten Zeit helfen wird: Denken Sie immer daran, dass die Menschen grundsätzlich Ihr „äußeres" Verhalten wahrnehmen. Sie reagieren lediglich auf die Botschaften, die Sie ihnen durch Ihre Worte und Ihre Körpersprache vermitteln. Und wenn Sie sich nach außen freundlich, aber bestimmt geben, werden Sie dieses Verhalten tatsächlich irgendwann verinnerlichen. Ihr Selbstvertrauen nimmt schließlich zu. Besiegen Sie Ihre Nervosität, indem Sie sich selbst sagen, dass Sie vollkommen ruhig sind. Und wenn Sie nicht nervös wirken, wie soll der andere dann Ihre Aufregung bemerken?

Die meisten Menschen greifen gerne auf diesen kleinen Trick zurück, weil er so wunderbar funktioniert. Es ist vollkommen in Ordnung, wenn Sie zunächst nur so tun als ob.

Wie Sie Ihre Nervosität in den Griff bekommen

Wenn Sie Ihre Nervosität in den Griff bekommen wollen, müssen Sie zunächst einmal richtig atmen. Die meisten Menschen vergessen vor lauter Aufregung häufig das Atmen bzw. atmen einfach nicht tief genug durch. Bevor Sie nun jemanden um ein klärendes Gespräch bitten, atmen Sie mehrmals tief durch. Atmen Sie durch die Nase ein, und ziehen Sie die Luft bis tief in die Bauchhöhle. Achten Sie darauf, dass sich Ihre Bauchhöhle dabei vollständig ausdehnt. Halten Sie die Luft an, und zählen Sie dabei bis sieben. Atmen Sie dann langsam durch den Mund aus, und zählen Sie dabei bis acht. Nach zwei bis drei Atemzügen werden Sie sich besser fühlen. Glauben Sie mir, es funktioniert.

4. Visualisieren Sie sich selbst als freundliche, aber bestimmte Persönlichkeit

Ein Teil Ihrer Vorbereitungen auf die bevorstehende Auseinandersetzung sollte sich auf die mentale Ebene erstrecken. Bei
der Visualisierung handelt es sich um eine äußerst hilfreiche
Methode zur mentalen Vorbereitung. Einige Menschen schwören sogar, dass sie besser Tennis spielen, einfach nur, weil sie
sich im Vorfeld vorgestellt haben, wie sie ein fehlerfreies
Match absolvieren. Eine meiner Klientinnen berichtete mir,
dass die Vorstellung von sich selbst in einer Jeans Größe 36 ihr
dabei half, ihre Diät durchzuhalten.

Tom, der als Sicherheitsingenieur für eine Luftfahrtgesell-
schaft arbeitet, visualisierte mit Hingabe, wie er seinen Mitarbeitern, die ihm die gewünschten Informationen grundsätzlich
zu spät aushändigten, gehörig die Meinung sagte.

„In meiner Fantasie konnte ich die Betreffenden wunderbar
zur Rede stellen. Ich war hierbei immer ziemlich selbstgerecht,
schrie herum und erhielt selbstverständlich die gewünschte
Reaktion", berichtete Tom. „Ich spürte, wie mein Herzschlag
sich beschleunigte und mein Blutdruck anstieg."

Doch solche Fantasievorstellungen sind nicht besonders
hilfreich. Damit erreichen Sie gar nichts. Denn Tom hat natürlich niemanden zur Rechenschaft gezogen und sich nur noch
weiter unnötig aufgeregt.

Nachdem Tom gelernt hatte, welch große Vorteile die positive Konfrontation mit sich bringt, beschloss er, seine Fantasie
zu einer positiven Programmierung zu nutzen: „Ich stellte mir
vor, wie ich aufrecht und mit entspannten Gesichtszügen
vor meinen Mitarbeitern stand. Ich war die Ruhe in Person
und brachte meine sorgfältig formulierten PAC-Aussagen
freundlich, aber bestimmt an: ‚Wenn ich die Unterlagen nicht
rechtzeitig erhalte, verzögert sich das Projekt nur unnötig. Ich
brauche die Informationen unbedingt rechtzeitig. Gibt es irgendeinen Grund, weshalb das nicht möglich sein sollte?'

Als ich diese Vorstellung schließlich in die Tat umsetzte,
war ich schrecklich nervös. Doch ich schaffte es tatsächlich,
alle Punkte freundlich, aber bestimmt vorzubringen. Die Betreffenden entschuldigten sich bei mir. Und inzwischen liegen

mir die Unterlagen immer rechtzeitig vor. Das Ganze war wirklich nur halb so schlimm."

Wenn Sie sich über das Verhalten eines anderen aufregen, versuchen Sie zunächst einmal, sich zu beruhigen. Visualisieren Sie sich selbst als die freundliche, aber bestimmte Persönlichkeit, die Sie sein wollen. Machen Sie es wie Tom: Stellen Sie sich vor, wie Sie den anderen ruhig und voller Selbstvertrauen mit Ihren PAC-Aussagen konfrontieren.

5. Überzeugen Sie sich selbst davon, dass Sie eine freundliche, aber bestimmte Persönlichkeit sind

Vor jedem meiner Seminare sage ich zu mir selbst: „Du schaffst es." Bei dieser Aussage handelt es sich um eine Affirmation. Ich weiß, dass es sich blöd anhört. Aber probieren Sie es aus, es funktioniert!

Ihr Unterbewusstsein glaubt alles, was Sie ihm eingeben. Wenn Sie Ihr Unterbewusstsein darauf programmieren, dass Sie ein Duckmäuser sind, dann sind Sie auch einer. Also geben Sie Ihrem Unterbewusstsein ein, dass Sie in der Lage sind, einen Konflikt in positiver Form zu bewältigen. Sie wollen schließlich, dass diese Affirmationen in Ihrem Unterbewusstsein gespeichert werden. Flüstern Sie sich diese positiven Aussagen immer wieder selbst zu. Sie würden sich wundern, wenn Sie wüssten, was Ihnen alles durch den Kopf geht, wenn Sie glauben, Ihr Kopf wäre gedankenleer!

Die meisten Menschen glauben nicht an Affirmationen, weil ihnen dieses Prinzip zu simpel erscheint. Und was so einfach ist, kann schließlich nicht funktionieren. Ich kann nur immer wieder sagen: Probieren Sie es für einige Wochen aus und sagen Sie mir dann noch einmal, dass es nicht hilft.

Ein äußerst erfolgreicher Software-Experte berichtete mir davon, wie er jeden Morgen an derselben Bushaltestelle stand und zu seiner verhassten Arbeitsstelle fahren musste. Er sagte sich immer wieder: „Ich finde keinen neuen Job. Ich stecke in einer Sackgasse. Was ich brauche, ist eine zusätzliche Ausbildung, aber das würde zu lange dauern. Kein Mensch wird mich einstellen."

All diese negativen Aussagen brannten sich in seinem Unterbewusstsein ein. Als er sich schließlich bewusst machte, was er sich da die ganze Zeit selbst einredete, beschloss er, es einmal mit positiven Gedanken zu versuchen. Seit diesem Zeitpunkt sagte er zu sich selbst: „Ich finde eine neue Stelle, die mir besser gefällt. Ich schaffe es. Und ich werde mir das erforderliche Wissen aneignen."

Und er hat es geschafft. Auch Sie können es schaffen. Achten Sie einmal auf Ihre Gedanken über sich selbst. Falls nötig, ersetzen Sie negative Gedanken durch positive Formulierungen. Verwenden Sie einfache Sätze – eine einfache „Ich"-Aussage reicht vollkommen aus. Formulieren Sie Ihre Affirmationen so, als hätten Sie schon das erreicht, was Sie wollen: „Ich kann, ich will, ich weiß ..." Benutzen Sie positive Affirmationen. „Ich werde bei der Prüfung nicht durchfallen" ist keine positive Formulierung. Die richtige Affirmation lautet: „Ich bestehe die Prüfung." Lernen müssen Sie natürlich trotzdem!

Kreieren Sie Ihre persönlichen Affirmationen:

Meine Affirmationen

_____

_____

_____

_____

_____

_____

6. Finden Sie ein freundliches, aber bestimmtes Vorbild

Wie ich schon zu Beginn dieses Buches erwähnte, war Ann Davis mein persönliches Vorbild für die Konfliktbewältigung. Ich habe ihr Verhalten in schwierigen Situationen beobachtet und nachgeahmt. Falls möglich, sollte es sich bei Ihrem persönlichen Mentor um jemanden handeln, den Sie regelmäßig sehen. Achten Sie auf seine Formulierungen und die Körpersprache. Beobachten Sie, wie dieser Mensch sich in schwierigen Situationen verhält. Natürlich sollen Sie nicht jedes Wort und jede Geste kopieren. Lassen Sie sich einfach von diesem Menschen inspirieren.

7. Stärken Sie Ihr Selbstvertrauen

Ich möchte Sie noch einmal davor warnen, sich nach dem Lesen dieses Buches direkt den „größten Brocken" vorzunehmen. Sprechen Sie nicht sofort Ihren jähzornigen Chef, Ihre Schwiegermutter oder einen anderen Menschen, bei dem die Auseinandersetzung eine Gefahr für die bestehende Beziehung darstellt, auf ein Problem an. Damit möchte ich nicht sagen, dass Sie auf die Auseinandersetzung mit diesen Menschen verzichten sollen. Ich bin jedoch der Überzeugung, dass Sie zunächst Erfahrungen sammeln müssen, bevor Sie sich einer so wichtigen Konfrontation stellen, die tief greifende Auswirkungen auf Ihr Leben und Ihr persönliches Wohlbefinden haben kann.

Man sollte es sich zwar nicht zu einfach machen, doch viele die positive Konfrontation betreffenden Techniken lassen sich mit Gewohnheiten vergleichen. Man wird schließlich auch erst mit der notwendigen Praxis zu einem wirklich sicheren Autofahrer. Wir alle wissen, wie schwierig und teilweise beängstigend das Autofahren am Anfang war. Doch mit der notwendigen Übung und Erfahrung funktioniert es irgendwann wie von selbst. Das mühsam erlernte und antrainierte Verhalten ist zur Gewohnheit geworden. Bei der positiven Konfrontation geschieht genau dasselbe: Es wird Ihnen zur Gewohnheit.

Bevor Sie zum ersten Mal einen anderen um ein klärendes Gespräch bitten, sollten Sie, falls möglich, die Auseinandersetzung in einem Rollenspiel mit einem Freund bzw. einer Freundin durchspielen. Schlüpfen Sie dabei einmal in die Rolle beider Parteien. Bringen Sie sowohl Ihre P-Aussage – Was stört mich? – als auch Ihre A-Aussage – Welches Anliegen habe ich? – zumindest einmal „am lebenden Objekt" vor. Versuchen Sie dabei, alle möglichen Schwierigkeiten einmal durchzuspielen. Je mehr Übung Sie gewinnen – selbst, wenn Sie es alleine vor dem Spiegel üben –, desto zuversichtlicher werden Sie schließlich bei der realen Auseinandersetzung sein.

8. Wählen Sie den richtigen Ansatz und den richtigen Zeitpunkt

Sie haben sich vorbereitet. Sie haben geübt. Sie haben visualisiert und affirmiert – Sie sind für den Ernstfall gewappnet. Jetzt müssen Sie den Betreffenden nur noch zu fassen kriegen und die ganze Sache schnell hinter sich bringen. Alles beiseite – jetzt komme ich!

Tun Sie das bitte nicht – überstürzen Sie nichts. Sie sollten die Konfrontation keinesfalls übers Knie brechen – sei es, weil Sie so aufgeregt sind oder weil Sie die „Sache" endlich hinter sich bringen wollen. Vertrauen Sie auf Ihre Intuition und bringen Sie die Angelegenheit zum richtigen Zeitpunkt zur Sprache. Denken Sie daran, dass Sie an den anderen herantreten müssen. Sie sind derjenige, der etwas auf dem Herzen hat. Erwarten Sie also nicht, dass der andere auf sie zukommt. Wahrscheinlich weiß der Betreffende nicht einmal, dass Sie ein Problem mit ihm haben.

Nach einer Konferenz, wenn alle anderen Teilnehmer sich noch im selben Raum befinden, handelt es sich definitiv nicht um den richtigen Zeitpunkt für eine Auseinandersetzung. Es ist jedoch die richtige Gelegenheit, um den Betreffenden zu fragen, ob Sie ihn später einmal unter vier Augen sprechen können. Warten Sie, bis Sie mit dem anderen alleine sind, bevor Sie Ihr Anliegen vortragen. Sollte sich diese Möglichkeit nicht ergeben, müssen Sie eben etwas nachhelfen. Arrangieren Sie ein „zufälliges" Treffen mit dem Betreffenden. Wenn Sie gar keine andere Möglichkeit haben, fragen Sie ihn einfach: „Können wir beide uns einmal unterhalten?" oder „Haben Sie ein paar Minuten Zeit? Da gibt es etwas, das ich gerne mit Ihnen besprechen möchte."

Befolgen Sie in jedem Fall folgende Faustregel: Wenn Sie aufgeregt sind, besteht die Gefahr, dass Sie die Fassung verlieren. Wenn Sie zu nervös sind, vertagen Sie die Auseinandersetzung.

Das Gespräch unter vier Augen – Ausnahmen

Wenn Sie aus irgendeinem Grund mit dem Betreffenden nicht allein sein wollen, z. B. weil der Betreffende für seinen Jähzorn berüchtigt ist, verlegen Sie das Treffen an einen der Öffentlichkeit zugänglichen Platz. Gehen Sie in die Kantine oder in ein nahe gelegenes Cafe. Treffen Sie sich mit dem anderen während der Bürozeiten, so dass Sie sicher sein können, dass andere Menschen in der Nähe sind.

Keine Konfrontation zur Happy Hour

Vermeiden Sie Konfrontationen in Lokalen oder Biergärten. Auch wenn Sie bei einem Glas Bier oder Wein entspannter reden können, führt der Alkoholkonsum schnell dazu, dass Sie die Kontrolle über die Auseinandersetzung verlieren bzw. beide Seiten vom Thema abweichen.

Alkoholgenuss lockert die Zunge und häufig sagen wir dann Dinge, die wir später bereuen. Vielleicht liegen Sie und Ihr Gegenüber sich nach der Auseinandersetzung sogar in den Armen. Doch in der Regel ist das beiden Seiten am nächsten Tag peinlich. Häufig sind wir uns später gar nicht mehr so sicher, was jetzt eigentlich genau gesagt bzw. welche Vereinbarung getroffen wurde. Und schließlich ist es gut möglich, dass Sie auf diese Weise nicht das Geringste erreichen.

9. Fassen Sie sich kurz

Bei Ihren PAC-Aussagen sollte es sich um kurze und verständliche Formulierungen handeln. Viele Menschen – insbesondere Frauen – neigen zu allzu ausführlichen Erklärungen. Auch unsere Nervosität führt häufig dazu, dass wir bei unseren Ausführungen zu sehr ausschweifen.

Beschränken Sie sich jeweils auf ein Thema. Auf diese Weise stellen Sie sicher, dass Sie sich kurz und verständlich ausdrücken und nicht vom Kern der Aussage ablenken.

Machen Sie keinesfalls das zunichte, was Sie mit Ihren positiven PAC-Aussagen erreicht haben. Sobald Sie Ihre C-Aussage vorgebracht haben, also den Check bei der anderen Person ausgeführt haben – und darauf sollten Sie keinesfalls verzichten –, und ein für Sie befriedigendes Ergebnis erzielt haben, gratulieren Sie sich in aller Stille und gehen Sie nicht weiter auf dieses Thema ein.

„Danke, dass Sie sich die Zeit für dieses Gespräch genommen haben. Ich muss jetzt leider zu einer wichtigen Besprechung."

„Vielen Dank, dass Sie mir zugehört haben. Wir sehen uns später."

„Ich muss jetzt dringend telefonieren. Lassen wir es dabei bewenden."

10. Bleiben Sie am Ball – erinnern Sie Ihr Gegenüber

Wahrscheinlich hat derjenige, mit dem Sie die Auseinandersetzung geführt haben, tatsächlich die besten Absichten. Auf Ihre Frage „Ist das okay für Sie?", hat der Betreffende vielleicht mit „Natürlich, kein Problem" geantwortet. Aber die Menschen ändern sich nun einmal nicht von einem Tag auf den anderen. In den meisten Fällen sind es einfach die schlechten Angewohnheiten des anderen, die Sie immer wieder auf die Palme bringen. Aus diesem Grund müssen Sie den Betreffenden womöglich erneut auf die Problematik hinweisen. Lassen Sie ihm etwas Zeit, damit er Ihrer Bitte entsprechen kann. Aber bleiben

Sie am Ball. Weisen Sie ihn ggf. durch eine entsprechende Bemerkung erneut auf Ihre Bitte hin: „Erinnern Sie sich daran, dass ich Sie gestern gebeten habe, die Musik leiser zu drehen?" – „Genau das habe ich gestern gemeint …" – „Sie haben mich gebeten, Sie darauf hinzuweisen, wenn Sie es wieder tun. Nun, Sie haben es gerade wieder getan."

Selbst wenn Sie im Recht waren und der andere den Fehler zugegeben hat – denken Sie immer daran, dass eine freundliche, aber bestimmte Persönlichkeit sich niemals in ihrem Erfolg sonnt. Freundliche, aber bestimmte Menschen haben es nicht nötig, dem anderen zu beweisen, dass sie Recht haben. Erfolgreiche Menschen sind nicht erfolgreich, weil sie ihre Ziele durchboxen. Sie sind erfolgreich, weil sie über so viel Selbstbewusstsein verfügen, dass sie ihre Mitmenschen zuvorkommend behandeln – egal, ob diese im Unrecht sind oder nicht. Wenn derjenige, mit dem Sie eine Auseinandersetzung hatten, sein Verhalten Ihnen gegenüber in positiver Form ändert, danken Sie ihm: „Vielen Dank, dass Sie mich für den Fortbildungskurs angemeldet haben. Ich habe dort sehr viel gelernt." – „Danke, dass Sie die Unterlagen rechtzeitig eingereicht haben. Das hat mir wirklich sehr geholfen."

11. Bleiben Sie am Ball – auch was Sie selbst betrifft

Klopfen Sie sich ruhig nach jeder erfolgreichen Konfrontation auf die Schulter. Ganz egal, welches Ergebnis Sie dabei erzielt haben, Sie haben eine positive Auseinandersetzung geführt – nur das zählt. Im zweiten Schritt sollten Sie diese Erfahrung für sich persönlich bewerten. Stellen Sie sich folgende Fragen:

- Was habe ich aus dieser Erfahrung gelernt?
- Was kann ich beim nächsten Mal besser machen?

Wenn Sie beim ersten Mal wenig erfolgreich waren, geht davon die Welt nicht unter. Verzichten Sie auf Selbstvorwürfe. Schließlich haben Sie erstmals Ihre neu erlernten Fähigkeiten angewendet. Und es braucht einige Zeit, bis Sie diese beherrschen. Auch wenn Sie sich nicht korrekt verhalten haben, sind Sie deswegen noch lange kein schlechter Mensch. Wenn Sie sich immer wieder selbst sagen, wie unfähig Sie doch sind, hilft Ihnen das auch nicht weiter. Und solange Sie sich von dieser Vorstellung nicht lösen, können Sie Ihr negatives bzw. destruktives Verhalten nicht ablegen.

> Denken Sie an einen bestimmten Menschen, mit dem Sie vor nicht allzu langer Zeit eine Auseinandersetzung hatten. Wo lag das Problem, und wie haben Sie es gelöst? Würden Sie heute anders vorgehen? Wenn ja, was würden Sie anders machen?

Führen Sie Buch

Die meisten Menschen betrachten ein PAC-Tagebuch als sehr hilfreich. So ein Tagebuch kann Ihnen gerade bei Ihren ersten Versuchen helfen. Zeichnen Sie in diesem Tagebuch die folgenden Punkte auf:

- Beschreiben Sie den Grund für die Auseinandersetzung.
- Wie lauteten Ihre PAC-Aussagen?
- Wo fand die Auseinandersetzung statt?
- Mit wem hatten Sie die Auseinandersetzung?
- Wie war Ihre Körpersprache?
- Wie lauteten die Aussagen der anderen Person?
- Haben Sie dem anderen die Möglichkeit gegeben, seinen Standpunkt darzulegen?
- Welche Lösung haben Sie für das Problem gefunden?
- Wenn Sie den anderen noch einmal zur Rede stellen wollten, was würden Sie dann zu ihm sagen?

Sehen Sie Ihre Aufzeichnungen nach den ersten vier bis fünf Konfrontationen noch einmal durch. Auf diese Weise können Sie einfach und schnell feststellen, ob Sie an bestimmten Punkten ähnlich vorgehen, welche Schwierigkeiten während der Auseinandersetzungen aufgetreten sind oder welche Fähigkeiten Sie noch weiter ausbauen müssen.

Kapitel 11

Schriftlicher Einsatz der PAC-Methode

Bislang haben wir uns ausschließlich mit der persönlichen Konfrontation beschäftigt. Ich habe Ihnen geraten, sowohl Ihre P-Aussage als auch Ihre A-Aussage zu notieren, doch ausschließlich zu dem Zweck, Ihre Gedanken zu ordnen und eine möglichst positive Formulierung festzulegen. Doch wie sollen Sie vorgehen, wenn Sie den anderen in einem Brief oder auch einer E-Mail mit Ihren PAC-Aussagen konfrontieren möchten? Lassen sich Konflikte auf diese Weise lösen, insbesondere dann, wenn Sie für eine persönliche Auseinandersetzung zu aufgeregt bzw. zu ängstlich sind?

Die Antwort lautet: Manchmal ist es möglich und manchmal auch wieder nicht. Zunächst einmal möchte ich Ihnen die Situationen nennen, in denen die schriftliche PAC-Methode *nicht* angebracht ist.

Lieber John/Liebe Judy

Bitte entschuldige. Ich möchte deine Gefühle wirklich nicht verletzen, aber ich kann nicht länger so tun, als wäre alles in bester Ordnung. Unsere Beziehung ist für mich nicht länger tragbar. Ich kann und will dich nie wieder sehen ...

Versetzen Sie sich einmal in Johns bzw. Judys Lage. Sie müssen auf diese Weise erfahren, dass Ihre Liebe zerbrochen ist. Wenn Sie nun John ins Gesicht sagen müssten, dass Sie ihn nicht mehr sehen möchten, wie würden Sie sich fühlen? Was ist, wenn Judy weint? Sie hätten ein schlechtes Gewissen. Sie würden sich einfach mies fühlen.

Fazit: Wenn Sie einen Brief schreiben, müssen Sie nicht sehen, wie John bleich vor Schreck wird. Sie müssen nicht miterleben, wie Judy in Tränen ausbricht.

Ja, das ist sicherlich sehr verlockend. Aber denken Sie einmal genau darüber nach. Woher wollen Sie so genau wissen, dass John Ihren Brief tatsächlich erhält? Vielleicht vergisst Judy, den Brief zu lesen, oder verliert ihn. Was ist, wenn sie immer noch fest davon überzeugt ist, Sie würden sich mit ihr am Wochenende *Cats* anschauen? Und was ist, wenn John Ihnen am Telefon sagt: „Du hast Recht, wir müssen an unserer Beziehung arbeiten?" Sie werden natürlich denken: „Hat er denn meinen Brief nicht bekommen?"

Vielleicht hat er ihn erhalten. Vielleicht aber auch nicht. Genau dieses *Vielleicht* ist der Grund, warum ich Ihnen davon abraten möchte, in einer Konfliktsituation auf einen Brief zurückzugreifen. Durch einen Brief geben Sie die Kontrolle auf – Kontrolle im Sinne von Wissen. Hat der andere den Brief erhalten? Hat er verstanden, was Sie bedrückt? Weiß er wirklich, was Sie von ihm erwarten? Sie wissen es einfach nicht genau.

Hier fünf weitere Gründe, die ebenfalls gegen die PAC-Methode in schriftlicher Form sprechen:

- **Eine direkte Diskussion ist unmöglich.** Sofern Sie nicht anwesend sind, während der andere Ihren Brief liest, können Sie nicht gemeinsam über das Problem sprechen. Sie nehmen sich selbst den Vorteil des direkten Checks. Sie wissen nicht, wie der andere über die Sache denkt. In einigen Fällen kann es sich hierbei durchaus um einen Vorteil handeln – der andere hat so ausreichend Zeit, sich gründlich mit dem Thema auseinander zu setzen. Andererseits hat das auch Nachteile. Sie wissen nicht, ob der Empfänger wirklich verstanden hat, worum es Ihnen geht. Fasst Judy Ihren Brief falsch auf, müssen Sie sich ohnehin noch einmal mit ihr persönlich auseinander setzen.
- **Der andere könnte Sie für einen Feigling halten, der zu einer direkten Konfrontation nicht in der Lage ist.** Der Empfänger des Briefes mag durchaus denken: „Das ist ja lächerlich. Warum sagt er mir das nicht ins Gesicht? Warum muss ich das durch einen Brief erfahren?" (Wenn Sie sich am Anfang Ihres Briefes auch noch entschuldigen,

könnte das Ihrem Image weiteren Abbruch tun: „Es tut mir
Leid, dass ich dir das nicht persönlich sagen kann, aber
in solchen Situationen verliere ich einfach immer die Fassung …")
Dieser Aspekt ist vor allem für Konfrontationen am Arbeitsplatz von großer Bedeutung. Denn Menschen mit Füh-
rungsqualitäten bzw. solche, deren berufliche Karriere als
förderungswürdig betrachtet wird, sollten in der Lage sein,
sich einer schwierigen Situation zu stellen. Und dazu gehört
es auch, andere Menschen freundlich, aber bestimmt auf ein
bestimmtes Problem aufmerksam zu machen.

- **Der andere ist gekränkt bzw. verwirrt.** Der andere fragt
  sich vielleicht, warum Sie ihm das nicht persönlich gesagt
  haben. „Hat er Angst vor mir? Kann man mit mir etwa
  nicht vernünftig reden?" Oder: „Ich hätte gedacht, dass
  Tom mich immerhin so weit respektiert, dass er mir das
  persönlich sagen würde."
- **Sie könnten zu viel schreiben.** Bei einer persönlichen
  Auseinandersetzung sollten wir unsere Aussagen kurz und
  präzise halten. In einem Brief ist die Versuchung zu aus-
  schweifenden Erklärungen und unnötigen Zusätzen (PS:
  „Da ist noch eine Kleinigkeit, die ich dir schon immer einmal sagen wollte") besonders groß. Zu ausführliche Formulierungen und Erklärungen lenken jedoch vom eigentlichen Thema ab.
- **Sie bringen sich selbst um die Vorteile der nonverbalen
  Kommunikation.** Wenn Sie befürchten, der andere könnte
  Ihre Worte negativ auffassen, haben Sie bei der persönlichen Konfrontation immer noch die Möglichkeit, Ihre Aussagen mit Hilfe nonverbaler Kommunikationstechniken zu
  entschärfen. Sie können dem anderen ins Gesicht schauen
  und Ihre Anteilnahme durch eine offene Körpersprache und
  eine entsprechende Stimmlage deutlich machen. Wenn Sie
  einen Brief schreiben, können Sie das nicht.

Ich bin der Meinung, dass Sie die direkte Konfrontation suchen
sollten, wann immer Sie direkt betroffen sind. Natürlich gibt es
auch in diesem Punkt Ausnahmen. Lassen Sie mich Ihnen
erklären, was diese Ausnahmen sind und warum wir manchmal
lieber auf einen Brief zurückgreifen sollten.

Ausnahmen – Situationen, in denen die schriftliche PAC-Methode angebracht ist

Die PAC-Konfrontation in schriftlicher Form hat durchaus ihre Vorteile, Sie können z. B. Ihre Worte und Formulierungen sorgfältig auswählen. Wenn Sie fürchten, bei einer direkten Auseinandersetzung die Beherrschung zu verlieren, können Sie diese Gefahr durch einen Brief umgehen. Und sofern Sie begründete Angst vor der Reaktion des Betreffenden haben, lassen sich diese Reaktionen mit einem Brief umgehen.

PAC per E-Mail?

In diesem Zusammenhang möchte ich Ihnen ausdrücklich von E-Mails abraten. Schreiben Sie lieber einen Brief. E-Mails sind zwar inzwischen eine recht verbreitete Möglichkeit zur Kommunikation, doch beim Schreiben von E-Mails gehen wir grundsätzlich weniger sorgfältig vor als bei der Formulierung eines Briefes. E-Mails werden häufig regelrecht hingeworfen – und wenn wir jemanden auf ein Problem ansprechen wollen, sollten wir mit einer gewissen Sorgfalt vorgehen. Schließlich sollten Sie gründlich über Ihre P-Aussage und Ihre A-Aussage nachdenken.

Horrorgeschichten über E-Mails

Einer meiner Klienten hat einen Arbeitskollegen per E-Mail auf ein bestehendes Problem hingewiesen. Der Empfänger war jedoch so empört darüber, dass er die Nachricht an alle anderen Mitarbeiter weiterleitete!

Hinzu kommt, dass Sie die E-Mail versehentlich an den Falschen senden könnten und es erst bemerken, wenn es zu spät ist. Ein Journalist hatte sich fürchterlich über seine Arbeitgeberin geärgert und schrieb eine E-Mail an einen seiner Kollegen, in der er seine Vorgesetzte aufs Übelste beschimpfte. Als er die E-Mail verschickte, sah er zu seinem Entsetzen die E-Mail-Adresse seiner Chefin auf dem Bildschirm. Das Schlimmste an der ganzen Sache war jedoch, dass er seine Vorgesetzte in ihrem Büro beobachten konnte. Er hörte das akustische Signal, das den Eingang einer Nachricht anzeigt. Er sah, wie sie das Signal bemerkte und sich ihrem Bildschirm zuwandte. Noch am selben Tag war das Arbeitsverhältnis beendet.

Als Faustregel gilt: Verzichten Sie bei schwierigen Gesprächssituationen und Konflikten auf E-Mails. In Teil III dieses Buches werde ich Ihnen weitere Richtlinien der Techno-Etikette erläutern.

Sofern es wirklich angebracht ist, schreiben Sie einen Brief. In schriftlicher Form ist die PAC-Konfrontation in folgenden Situationen angebracht:

1. **Sie befürchten, dass der andere defensiv bzw. aggressiv reagiert und Ihnen so die Möglichkeit für eine klare Darlegung Ihres Standpunktes nimmt.** Ein Brief bietet zwar keinerlei Gewähr dafür, dass der andere nicht negativ reagiert. Sie haben so jedoch die Möglichkeit, Ihren Standpunkt deutlich darzulegen.

2. **Handelt es sich um eine komplexe bzw. besonders schwierige Problematik, bietet ein Brief die Möglichkeit zu näheren Erklärungen.** Wenn Sie Ihren Standpunkt schriftlich darlegen, können Sie auf angemessene Formulierungen achten. Solange Sie Ihre Aussage vor dem Absenden noch einmal überprüfen können, besteht keine Gefahr, dass Ihnen etwas Unpassendes herausrutscht, das Sie später bereuen müssten. Wenn Sie dem Betreffenden einen Brief schreiben, hat er Ihre Worte immer zur Hand und kann sich Ihre Aussagen ggf. mehrmals durchlesen. Das ist gerade bei der Klärung komplexer Sachverhalte von Vorteil. Der andere kann sich die Zeit nehmen, die er braucht, um Ihren Standpunkt nachzuvollziehen. Andererseits lassen sich Ihre Aussagen im Falle eines Briefes nicht ohne weiteres revidieren. Sie können nicht behaupten, dass Sie dieses oder jenes nicht gesagt hätten. Sobald Sie etwas niedergeschrieben und den Brief abgeschickt haben, können Sie das Gesagte nicht mehr zurücknehmen.

3. **Wenn der Betreffende Sie mit seiner Ironie vom eigentlichen Thema abbringt bzw. Sie nicht wirklich ernst**

nimmt. Sofern Sie einen Brief schreiben, kann der Empfänger Sie nicht mit seinen „humorvollen" Zwischenbemerkungen ablenken. Eine meiner Freundinnen war nicht in der Lage, sich mit ihrem Vater auseinander zu setzen, weil dieser immer über alles und jeden seine Witze machte. Und zu allem Überfluss war er dabei auch noch wirklich komisch. Bei jedem Versuch, ihn in ein ernsthaftes Gespräch zu verwickeln, brachte er sie zwar zum Lachen – letztendlich war sie jedoch frustriert. Auch wenn sie versuchte, wieder auf das eigentliche Thema zurückzukommen: „Papa, wenn du mich zum Lachen bringst und alle ernsten Themen, über die ich mit dir sprechen möchte, ins Lächerliche ziehst, fühle ich mich nicht wohl in meiner Haut", reagierte ihr Vater nicht darauf. Also schrieb sie ihm einen Brief.

4. **Wenn eine Aussprache unter vier Augen wegen der räumlichen Entfernung nicht möglich ist.** Eine Klientin besuchte mit ihren Kindern ihren Schwiegervater zu dessen Geburtstag. Eines der Kinder machte etwas im Haus kaputt, und ihr Schwiegervater stauchte sie deswegen fürchterlich zusammen. Sie stürmte (samt Mann und Kindern) aus dem Haus und mietete sich in einem Hotel ein. Selbst bei ihrer Rückkehr nach Hause war sie noch vollkommen außer sich. Nachdem die Frau mein Seminar besucht hatte, entschloss sie sich dazu, ihren Schwiegervater mit Hilfe eines Briefes auf die Angelegenheit anzusprechen, da dieser weit entfernt lebte und ein Brief ihr die Möglichkeit bot, genau das zu sagen, was sie sich vorgenommen hatte. Sie erklärte ihm, dass sie ihn keinesfalls verlieren wollte, sie ihn jedoch bitten müsste, sich ihr gegenüber künftig nicht noch einmal so gehen zu lassen. Sie wolle seine Beschwerden durchaus ernst nehmen, solange er sie nicht wieder anschreien würde.

Was ist mit dem Telefon?

Wäre es in den oben angeführten Situationen nicht auch möglich gewesen, den Betreffenden anzurufen? Wäre das nicht sogar die bessere Alternative gewesen?

Die Frau, die die Probleme mit ihrem Schwiegervater hatte, erklärte mir, dass sie die Möglichkeit anzurufen durchaus ins Auge gefasst hatte. Sie fürchtete jedoch seinen Jähzorn. Positive Konfrontation war Neuland für sie und sie war für eine telefonische Aussprache mit ihrem Schwiegervater einfach zu nervös. Sie hatte Angst, dass sie nicht die richtigen Worte finden würde. In diesem Fall war der Brief eine ideale Zwischenlösung. Auf diese Weise hat sie vielleicht sogar den Grundstein für künftige positive Auseinandersetzungen am Telefon oder auch unter vier Augen gelegt.

In manchen Fällen ergibt es sich einfach. Sie telefonieren mit dem Betreffenden und plötzlich kommt das fragliche Thema zur Sprache. Sie haben gründlich über die Angelegenheit nachgedacht. Sie haben Ihre PAC-Aussagen sorgfältig vorbereitet. Warum warten? Das ist schließlich die beste Gelegenheit. Dem stimme ich zu. Zögern Sie nicht.

Vielleicht möchten Sie die Angelegenheit auch gerne am Telefon besprechen, weil Sie genau wissen, dass Sie den Betreffenden für längere Zeit nicht mehr sehen werden.

Für das klärende Gespräch am Telefon gilt in vielen Bereichen dasselbe wie für die PAC-Konfrontation in schriftlicher Form. Zudem ist ein Telefonat persönlicher als ein Brief und es besteht die Möglichkeit zur Diskussion. Andererseits:

- Sie haben keine Möglichkeit, Ihre nonverbalen Kommunikationstechniken für die positive Gestaltung des Gesprächs bzw. zur Abschwächung Ihrer Aussage einzusetzen.
- Sie wissen nicht, ob der andere wirklich gesprächsbereit ist. Darüber hinaus kann der Betreffende unter irgendwelchen Vorwänden oder auch wegen einer begründeten Entschuldigung („Ich habe gerade Besuch") das Gespräch beenden.
- Der andere kann einfach auflegen.

Wenn Sie besonders nervös sind oder sich vor der Reaktion bzw. dem Jähzorn des anderen fürchten, erscheint Ihnen ein Telefonat vielleicht als die beste Alternative. Für einige Menschen, insbesondere wenn diese noch nicht genügend Selbstvertrauen haben, trifft das tatsächlich zu. Hier einige Tipps für eine erfolgreiche Aussprache am Telefon:

- Fragen Sie den anderen, wann er Zeit für ein Telefonat hat, bzw. kündigen Sie an, zu welchem Zeitpunkt Sie anrufen werden. Auf diese Weise stellen Sie sicher, dass Sie den Betreffenden zu einem günstigen Zeitpunkt erwischen.

- Achten Sie auf Tonfall und Lautstärke Ihrer Stimme. Denn das sind die einzigen nonverbalen Signale, die Sie bei einem Telefonat zur freundlichen bzw. positiven Gestaltung des Gesprächs einsetzen können. Also müssen Sie Ihre Stimme gezielt einsetzen.

- Hinterlassen Sie keine Nachrichten mit PAC-Aussagen auf dem Anrufbeantworter oder der Mailbox. Das wäre unhöflich. Denn schließlich wissen Sie nicht, wer die Nachrichten später abhören kann. Sollte Ihnen sogar etwas herausrutschen, das Ihnen später Leid tut, hat der andere immer noch eine Aufzeichnung zur Hand. Verzichten Sie auch auf Nachrichten wie: „Kate, dieses Mal sitzt du aber wirklich in der Tinte. Ich muss dich so schnell wie möglich sprechen." Kate wird dem Rückruf bei Ihnen mit ebenso gemischten Gefühlen entgegensehen wie ihrer letzten Wurzelbehandlung beim Zahnarzt.

Wie schreibt man einen guten PAC-Brief?

Wenn Sie jemandem einen Brief zu einem heiklen Thema bzw. einem bestimmten Problem schreiben, spielen Ihre Formulierungen eine besonders große Rolle. Da ich u. a. auch als Trainerin für Business-Kommunikation arbeite, habe ich die Möglichkeit, meine Schüler vor jedem Kurs um eine Schriftprobe zu bitten. Dabei fällt mir immer wieder auf, wie viele Konflikte nur deswegen auftreten, weil nur die wenigsten Menschen sich Gedanken darüber machen, wie der Empfänger das Geschriebene auffassen könnte.

Bei einem dieser Seminare in einer Bank legten mir die Angestellten ein Memo vor, das sie kurz zuvor erhalten hatten. In dieser Mitteilung sicherte der Vizepräsident eines Transitunternehmens den Bankangestellten seine Unterstützung während eines bevorstehenden Transitstreiks zu. Die Vorschläge waren wirklich gut. Das Memo war jedoch sehr negativ formuliert. So stand dort u. a.: „Im Zuge unserer bevorstehenden Zusammenarbeit möchten wir Sie darauf hinweisen, dass ein Missbrauch des Systems durch Mitglieder Ihres Unternehmens von unserer Seite nicht geduldet werden kann."

Die Folge war, dass die Angestellten nicht nur diesem Mann, sondern auch seinem Unternehmen misstrauten.

Hier einige Richtlinien für einen freundlichen, aber bestimmten Brief:

1. **Bitte um Stellungnahme.** Für die P-Aussage gilt bei einem Brief dasselbe wie bei der persönlichen Auseinandersetzung. Sie erklären dem anderen, was Sie an seinem Verhalten stört. Auch bei der A-Aussage sollten Sie ebenso vorgehen wie bei einer direkten Konfrontation. Erklären Sie dem Betreffenden, was Sie in Zukunft von ihm erwarten. Die C-Aussage stellt in diesem Fall jedoch eine Besonderheit dar. Sie müssen den anderen darum bitten, noch einmal auf Sie zuzukommen. Im Berufsleben können Sie klar Stellung beziehen: „Ich erwarte Ihre Antwort bis zum Ende der Woche" oder je nach Situation: „Bitte denken Sie in Ruhe darüber nach. Ich bin in der nächsten Woche wieder in der Stadt. Dann können wir die Angelegenheit noch einmal in aller Ruhe besprechen." Oder Sie können den Betreffenden auch darauf hinweisen, dass Sie ihn wegen dieses Themas noch einmal anrufen werden. Vergessen Sie aber nicht zu erwähnen, wann das sein wird.

2. **Vorsicht bei der Wortwahl.** Lesen Sie Kapitel 7 noch einmal aufmerksam durch und achten Sie dabei auf die grammatikalischen Feinheiten. Stellen Sie sicher, dass Ihnen weder einer der genannten Fehler noch ein ähnlicher Schnitzer unterläuft. Die richtige Wortwahl ist für eine positive Auseinandersetzung entscheidend, selbst wenn der Betreffende sich auf dem Mond befinden sollte.
Schreiben Sie auf keinen Fall: „Das müsste jedem vernünftigen Menschen klar sein", denn damit unterstellen Sie dem Empfänger des Briefes, dass er kein vernünftiger Mensch ist. Formulierungen wie „Sie haben diesen oder jenen Fehler gemacht" klingen zu vorwurfsvoll. In einer persönlichen Auseinandersetzung sind solche Vorwürfe bestenfalls zu schroff, in einem PAC-Brief sind sie jedoch

fatal. Denn in diesem Fall stehen Ihnen keine nonverbalen Signale zur Verfügung, die Ihre Aussagen ggf. entschärfen könnten.

3. **Verzichten Sie auf Fremdwörter.** Versuchen Sie nicht, den anderen durch Fremdwörter einzuschüchtern bzw. sich hervorzutun. Warum sollten Sie „konvenabel" schreiben, wenn Sie auch „angemessen" sagen können?

4. **Keine unnötigen Wiederholungen.** Einer der häufigsten Fehler in Briefen sind unnötige Wiederholungen bzw. zu umständliche Formulierungen. Ihr Brief soll so klar und präzise wie möglich formuliert sein, also verzichten Sie darauf. Überflüssige Wörter vermindern die Wirkung Ihrer PAC-Aussagen.

5. **Schreiben Sie so, wie Sie auch sprechen.** Die meisten Menschen formulieren ihre Briefe zu umständlich bzw. zu formell. Wollen Sie in Ihrem Brief nicht ein möglichst normales Gesprächsklima schaffen? Sie wollen doch eine Verbindung zu der Person herstellen, und zwar ganz besonders dann, wenn Sie ihr nicht persönlich gegenüberstehen. Wenn Sie reden, sagen Sie auch nicht „hiermit" oder „weiterhin". Warum sollten Sie es dann schreiben?
Wie oft haben Sie schon folgende oder ähnliche Sätze ausgesprochen: „gemäß unserer Unterhaltung" oder „Ich muss Sie leider darauf hinweisen, dass Sie sich wiederholter Verspätungen befleißigt haben?" So etwas würden Sie nie sagen. Warum sollten Sie es dann schreiben?

6. **Korrekte Grammatik.** Selbst wenn Ihr PAC-Brief für einen guten Freund bestimmt ist, sollten Sie großen Wert auf korrekte Grammatik legen. Sofern es um Ihre grammatikalischen Fähigkeiten nicht zum Besten bestellt sein sollte, greifen Sie auf entsprechende Fachliteratur zurück und benutzen Sie die Rechtschreib- und Grammatikprüfung Ihres Computers. Lassen Sie den Brief von jemandem mit guten Grammatikkenntnissen (der den Empfänger nicht kennt) gegenlesen. Bei diesem Menschen sollte es sich jedoch um die einzige Person handeln, die den Brief

außer Ihnen und dem Empfänger zu Gesicht bekommt. Alles andere wäre dem Empfänger gegenüber nicht fair.

7. **Achten Sie auf die Formalitäten.** Denn Sie wollen den Empfänger durch das Erscheinungsbild des Briefes nicht abschrecken. Im schlimmsten Fall kann eine fehlerhafte Form des Briefes den Konflikt sogar noch verschärfen.

8. **Machen Sie zunächst einen Entwurf.** Wenn Sie das Verhalten des Betreffenden ganz besonders frustriert bzw. ärgert, nehmen Sie Stift und Papier zur Hand und lassen Sie zunächst einmal Ihrem Ärger freien Lauf. Danach werfen Sie den Brief in den Papierkorb. Nachdem Sie Dampf abgelassen haben, atmen Sie tief durch und formulieren Sie das Ganze noch einmal neu. Auch wenn Sie kein besonders emotionaler Mensch sind, möchte ich Ihnen davon abraten, den Brief sofort „ins Reine" zu schreiben. Ich kenne niemanden, der wirklich zu schreiben versteht und nicht zunächst mehrere Entwürfe machen würde, um sich darüber klar zu werden, was er wirklich sagen will.

9. **Bleiben Sie höflich.** Schreiben Sie „Bitte" und „Danke". Verzichten Sie auf Beschimpfungen o. Ä.

10. **Verwenden Sie die richtige Anrede.** Insbesondere im geschäftlichen Bereich sollten Sie im Zweifelsfall lieber eine etwas zu formelle Anrede verwenden, also durchaus den Doktortitel voranstellen, selbst wenn Sie normalerweise den Betreffenden ohne Titel anreden. Achten Sie unbedingt auf die korrekte Schreibweise des Namens.

11. **Nennen Sie alle notwendigen Informationen.** Gerade beim Schreiben lassen wir gerne einmal etwas aus. Setzen Sie nicht voraus, dass der Betreffende über irgendwelche Hintergrundinformationen zum Thema verfügt. Vermeiden Sie jedoch allzu ausführliche Erklärungen.

12. **Gegenlesen.** Nehmen Sie sich die Zeit und lesen Sie den Brief noch einmal durch. Denn Tippfehler oder fehlende Wörter sind eine häufige Quelle unnötiger Missverständ-

nisse. So wurde von einem Finanzunternehmen ein Schreiben an alle Kunden aufgesetzt, in dem es hieß, dieses Unternehmen habe das Jahr-2000-Problem in den Griff bekommen. Der Brief enthielt jedoch mehrere Tippfehler. Wenn in dieser Firma nicht einmal ein Brief korrekt aufgesetzt werden konnte, wie sollte dort dann ein so komplexes Computerproblem gelöst werden? Die Kunden waren nach Erhalt dieser Mitteilung zutiefst beunruhigt.

13. **Unterschreiben Sie den Brief.** Der Empfänger muss schließlich wissen, dass tatsächlich Sie diesen Brief geschrieben haben. In geschäftlichen und beruflichen Angelegenheiten empfiehlt sich die Verwendung der Floskel „Mit freundlichen Grüßen". Wenn Sie engeren Kontakt zu dem Betreffenden haben, können Sie die Floskel auch auslassen und den Brief mit Ihrer C-Aussage abschließen: „Über ein Gespräch unter vier Augen würde ich mich sehr freuen" oder „Ich würde mich freuen, wenn wir uns noch einmal über diese Angelegenheit unterhalten könnten" oder „Lassen Sie mich wissen, wann Sie Zeit für ein persönliches Gespräch haben". Unterschreiben Sie den Brief eigenhändig.

14. **Legen Sie den Brief für mindestens einen Tag zur Seite.** Schlafen Sie zumindest eine Nacht darüber, und lesen Sie ihn dann noch einmal durch. Wenn Sie den Brief dann immer noch für gelungen halten, schicken Sie ihn ab. Schon allein wegen dieser „Abkühlungsphase" möchte ich Ihnen an dieser Stelle nochmals von E-Mails abraten. Sollte Ihr Brief nicht freundlich, aber bestimmt formuliert sein, werden Sie das hoffentlich spätestens auf dem Weg zum Briefkasten bemerken.

PAC-Briefe aus dem wahren Leben

Situation: Bei einem Seminar für kreatives Schreiben regte eine der Teilnehmerinnen, Cynthia, sich sehr über die Kritik der Lehrerin an ihrer Schreibweise auf, weil sie ihre Kommentare als zu hart empfand. Da sie mit dieser Frau ohnehin vorwiegend auf schriftlicher Ebene kommunizierte, war Cynthia der Meinung, dass sie ihre Lehrerin mit einem Brief auf das Problem hinweisen konnte. Sie schrieb Folgendes:

Liebe Mrs. Miller,
der Workshop für kreatives Schreiben war für mich eine wunderbare Erfahrung. Ich bin davon überzeugt, dass ich meinen Stil mit Ihrer Hilfe sehr verbessern kann. Bitte nehmen Sie es mir nicht übel, doch wenn Sie für die Kritik an meinen Texten Ausdrücke wie dumm, lächerlich, zu abgehoben und langweilig verwenden, fällt es mir schwer, mich auf die ansonsten äußerst konstruktive Kritik zu konzentrieren. Ich würde mich freuen, wenn Sie diesen Punkt bei unserer weiteren Zusammenarbeit berücksichtigen würden. Bitte lassen Sie mich wissen, was Sie von diesem Vorschlag halten.

Ergebnis: Cynthias Lehrerin antwortete ihr in einem Brief: „Ich bin wirklich froh, dass Sie mich darauf aufmerksam gemacht haben. Mir war gar nicht bewusst, dass ich mich bei meiner Kritik so negativ ausdrücke …"

Situation: Hier der Brief der bereits erwähnten Frau an ihren Schwiegervater:

Lieber Wallace,
Ich schreibe Dir diesen Brief, weil ich den Vorfall während unseres letzten Besuchs nicht einfach auf sich beruhen lassen möchte. Als Trevor die Vase zerbrochen hat und Du mich deswegen angeschrien hast, fühlte ich mich angegriffen und gedemütigt. Da ich die Beziehung zu Dir aufrechterhalten möchte, möchte ich Dich bitten, künftig in Ruhe mit mir darüber zu sprechen, wenn Du etwas auf dem Herzen hast. Ich werde dann mein Bestes tun, um das Problem beizulegen. Solltest Du mit diesem Vorschlag nicht einverstanden sein, werde ich Dich in Zukunft leider nicht mehr in Deinem Haus besuchen können. Lass mich bitte wissen, wie Du über diese Sache denkst.

Ergebnis: Der Schwiegervater antwortete darauf ebenfalls in einem Brief, dass er seine Schwiegertochter nicht hatte kränken wollen. „Das ist aber nun einmal mein Haus und in meinem Haus tue ich, was ich will." Nachdem die beiden diesen Punkt miteinander geklärt hatten, kühlte ihre Beziehung zueinander zwar etwas ab, sie pflegten jedoch nach wie vor einen herzlichen Umgang miteinander.

Beschwerdebriefe

Nun wollen wir uns den Beschwerdebriefen zuwenden, der häufigsten Form der PAC-Briefe.

Stellen Sie den Absender eines Beschwerdebriefes bitte niemals mit dem notorischen Nörgler auf eine Stufe. Derjenige, der seine Beschwerde schriftlich vorbringt, richtet sich damit zumindest an den Betreffenden und beklagt sich nicht bei Dritten. Eine schriftliche Beschwerde kann immerhin zur Lösung eines Problems bzw. eines Konflikts beitragen.

Sie haben eine Ware gekauft und dieses Produkt hält nicht das, was Ihnen beim Kauf zugesagt wurde. Dann haben Sie selbstverständlich das Recht, sich darüber zu beschweren. Wenn Sie sich über eine mangel- bzw. fehlerhafte Ware oder Dienstleistung beschweren wollen, werden Sie einen etwas anderen Brief verfassen, als wenn Sie sich bei jemandem über dessen Verhalten beklagen. Sie können sich persönlich, telefonisch oder auch schriftlich beschweren. Mit einem Beschwerdebrief haben Sie im Zweifelsfall einen schriftlichen Beleg zur Hand.

Hier einige Punkte, die Sie beachten sollten:

- **Befolgen Sie die Richtlinien für den Schriftverkehr.** Für eine Beschwerde über ein Produkt bzw. eine Dienstleistung gelten dieselben Regeln wie für einen persönlichen Beschwerdebrief. Achten Sie auf die richtige Wortwahl. Streichen Sie negative Formulierungen. Verzichten Sie auf unnötige Wörter und Wiederholungen. Schreiben Sie so, wie Sie auch sprechen würden. Lesen Sie den Brief gegen. Lassen Sie den Brief vor dem Absenden noch einen Tag liegen.
- **Bleiben Sie höflich.** Die Höflichkeit ist gerade bei einer schriftlichen Beschwerde besonders wichtig. Schließlich wollen Sie mit dem Brief erreichen, dass der Empfänger Ihnen bei der Lösung des Problems behilflich ist.
- **Richten Sie Ihren Brief an den Menschen, der die größte Verantwortung trägt.** Beschwerdebriefe werden in der

Hierarchie grundsätzlich von oben nach unten weitergeleitet. In den seltensten Fällen umgekehrt. Richten Sie den Brief an den Verantwortlichen persönlich. Ich habe mir einmal die Mühe gemacht und die Anschrift des Präsidenten einer Fluggesellschaft ausfindig gemacht und meine Beschwerde an ihn persönlich geschickt. Ich erhielt innerhalb weniger Tage eine Antwort. Bei einer Beschwerde an ein großes Kaufhaus hingegen beschränkte ich mich darauf, den Brief an die Kundendienstabteilung zu senden. Auf die Antwort warte ich noch heute.

- **Verwenden Sie die korrekte Anrede.** Finden Sie heraus, wer für Ihre Beschwerde zuständig ist, und richten Sie den Brief an den Betreffenden. Dieser Punkt ist gerade bei schriftlichen Beschwerden besonders wichtig, schließlich wollen Sie, dass der Verantwortliche Ihren Brief öffnet. Wenn Sie den Empfänger schon in der ersten Zeile kränken, legt dieser den Brief womöglich ungelesen zur Seite. Befolgen Sie folgende Richtlinien:

1. **Verwenden Sie den vollständigen Namen und Titel.** Verwenden Sie im Zweifelsfall lieber die formelle Anrede. Achten Sie darauf, dass Sie eine Frau niemals mit „Fräulein" betiteln. Achten Sie auf die korrekte Schreibweise.

2. **Die Frage des Geschlechts.** Wenn Sie das Geschlecht des Betreffenden auf Grund des Namens nicht eindeutig bestimmen können, fragen Sie in der Telefonzentrale nach.

3. **Verzichten Sie auf geschlechtsspezifische Formulierungen.** Sollten Sie den Namen des Betreffenden nicht ausfindig machen können, richten Sie Ihre Beschwerde an die zuständige Stelle (Abteilung für …) und schreiben Sie: „Sehr geehrte Damen und Herren". Vermeiden Sie Formulierungen wie „an die zuständige Stelle" bzw. „an den Verantwortlichen". Briefe „an die zuständige Stelle" landen häufig im Papierkorb oder brauchen Wochen, bis sie schließlich bei der verantwortlichen Person eintrudeln.

- **Schildern Sie das Problem – fassen Sie sich kurz.** Bei diesem Punkt handelt es sich um Ihre P-Aussage. Da der Empfänger des Briefes in der Regel nichts über den entsprechenden Vorfall weiß, müssen Sie diesen kurz und verständlich darlegen. Ihr Brief sollte alle erforderlichen Informationen enthalten. Vermeiden Sie eine allzu ausführliche Erklärung sowie die Schilderung kleinster Details. Fügen Sie ggf. Kopien über Garantien, Quittungen o.Ä. bei.
- **Die A-Aussage – der Erklärung sollte Ihr persönliches Anliegen folgen.** Erklären Sie, was Sie von dem Betreffenden erwarten. Formulieren Sie eine direkte Bitte. Das Schlimmste, was Ihnen passieren kann, ist ein „Nein". Wollen Sie Ihr Geld zurück, oder wollen Sie das Produkt umtauschen? Sagen Sie genau, was Sie erwarten. Überlassen Sie es nicht dem Empfänger herauszufinden, was Sie eigentlich wollen.

  Ihre Bitte sollte sich jedoch im Rahmen des Möglichen bewegen. Hier können Sie auf die PAC-Aussagen zurückgreifen, die bereits an anderer Stelle angeführt wurden, z. B.: „Ich würde mich freuen, wenn ..." oder „Ich möchte ..." oder „Ich benötige ..."

  Drücken Sie sich bei Ihrer A-Aussage klar aus. Auch hier sollten Sie nicht zu sehr ausschweifen:

  „Ich mache zwar nicht gern viel Aufhebens um so eine Angelegenheit, aber die Erfahrungen der letzten Wochen lassen mir keine andere Wahl. Trotz meiner Kündigung und meiner wiederholten Anrufe ging erneut eine Rechnung bei mir ein. Ich kann mir wirklich nicht erklären, was daran so schwierig sein soll, die Kündigung zu bestätigen und mir den noch ausstehenden Betrag von 15 US-Dollar zu erstatten."

  Kurz und knapp formuliert:

  „Ich möchte Sie bitten, mir den zu viel berechneten Betrag von 15 US-Dollar zu erstatten."

- **Abschließende Worte.** Teilen Sie dem Empfänger des Briefes mit, wenn Sie eine Antwort von ihm erwarten. Und danken Sie ihm dafür, dass er sich Zeit für Sie genommen hat.

- **Unterschrift.** Bei einer schriftlichen Beschwerde empfiehlt sich die Verwendung einer formellen Floskel, wie z. B. „Hochachtungsvoll" oder „Mit freundlichen Grüßen". Unterschreiben Sie den Brief mit Ihrem vollen Namen.
- **Machen Sie eine Kopie von dem Brief und ggf. von den enthaltenen Anlagen.** Schicken Sie niemals das Original des Garantiescheins mit. Denn auch schriftliche Beschwerden gehen mitunter verloren oder werden verlegt.

Beschwerden – schriftlich oder persönlich?

Entscheiden Sie unter Berücksichtigung aller in diesem Kapitel aufgeführten Punkte von Fall zu Fall selbst, ob eine schriftliche Beschwerde angebracht ist. Grundsätzlich möchte ich Ihnen jedoch dazu raten, sich bei persönlichen Problemen mit dem Betreffenden, wann immer möglich, persönlich auszusprechen. Die Vorteile einer direkten Konfrontation wiegen die Nachteile in jedem Fall auf. Denn nur in einer persönlichen Auseinandersetzung behalten Sie alle Fäden in der Hand.

Wenn Sie sich für einen Brief entscheiden sollten, müssen Sie auf jeden Fall – auch wenn es sich um eine schriftliche Beschwerde an eine Ihnen unbekannte Person handelt – die Regeln für guten Schriftverkehr beachten.

Kapitel 12

Über den Umgang mit anderen schwierigen Gesprächssituationen

Unter dem Begriff „schwierige Gesprächssituationen" lassen sich noch weitere Formen der Kommunikation aufführen. Unser Leben ist voll von Auseinandersetzungen und Gesprächen dieser Art. Situationen, die uns nervös machen. Situationen, denen wir nur zu gerne aus dem Weg gehen würden. Wie sollen wir z. B. einem anderen erklären, dass:

- er seinen Arbeitsplatz verlieren wird?
- sein Flug abgesagt wurde?
- seine Beförderung abgelehnt wurde?
- sein Lieblingsonkel ins Krankenhaus eingeliefert wurde?

Für uns ist es nie besonders angenehm, wenn wir einem anderen solche Botschaften überbringen müssen. Es gibt jedoch immer wieder Situationen, in denen es einfach nicht fair wäre, dem Betreffenden diese Informationen zu verschweigen. Sie sollten Ihren Arbeitskollegen auch nicht den ganzen Tag mit einem Stück Brokkoli vom Mittagessen in den Zahnzwischenräumen herumlaufen lassen.

Auch wenn die Situationen, die ich Ihnen in diesem Kapitel schildern werde, sich grundlegend von einer normalen Konfrontation unterscheiden, trägt auch hier Ihr Verhalten einen Großteil zum Ergebnis bei.

Alles, was Sie bislang über das Verhalten bei einer positiven Auseinandersetzung gelernt haben, u. a. die PAC-Methode und der gezielte Einsatz Ihrer verbalen und nonverbalen Kommunikationstechniken, lässt sich auch ohne weiteres auf alle anderen schwierigen Kommunikationssituationen übertragen. Und solange Sie keine Angst haben, dem anderen eine unangenehme Nachricht zu überbringen, haben Sie auch die Möglich-keit, Einfluss zu nehmen. In diesem Fall ist die Gefahr, dass wir uns zu schroff bzw. zu verschwommen ausdrücken, relativ gering. Wenn ich den Menschen das angemessene Verhalten in schwierigen Gesprächssituationen erkläre, folgen in der Regel dieselben Reaktionen, als wenn ich ihnen die Vorteile freundli-chen, aber bestimmten Verhaltens in Auseinandersetzungen erläutere. Sobald Sie die Verhaltensweisen erlernen, gelangen Sie an einen Wendepunkt in Ihrem Leben. Es gibt kein Zurück, denn Sie werden gar nicht mehr umkehren wollen.

Während wir durch das Erlernen freundlichen, aber be-stimmten Verhaltens in Konfliktsituationen automatisch gelas-sener reagieren und uns häufig dazu entscheiden, die Angele-genheit einfach auf sich beruhen zu lassen, ist bei anderen schwierigen Gesprächssituationen genau das Gegenteil der Fall. Sie lernen, diesen Situationen nicht länger aus dem Weg zu gehen. In schwierigen Kommunikationssituationen zeigen Sie Souveränität und Selbstsicherheit. Sie müssen sich auch keine Gedanken über diese Form der Gesprächssituationen machen, denn Sie wissen, wie Sie vorzugehen haben. Das heißt jedoch nicht, dass es Ihnen Freude bereiten wird. Aber wenn es nun einmal zu so einem unerfreulichen Gespräch kommt, kön-nen Sie tun, was zu tun ist. Danach werden Sie zufriedener mit sich selbst sein, weil Sie sich während des Gesprächs korrekt, d. h. *freundlich, aber bestimmt,* verhalten haben. Wenn Sie erst einmal so weit sind, können Sie diese schwierigen Situationen endlich als das betrachten, was Sie nun einmal sind – ein na-türlicher Bestandteil Ihres Lebens.

Wann Sie die Wahl haben und wann nicht

In bestimmten Situationen bleibt Ihnen keine andere Wahl, Sie müssen etwas unternehmen. „Ich muss Mark sagen, dass sein Vater ins Krankenhaus eingeliefert wurde." Und genau das müssen Sie dann auch tun. Schließlich muss Mark wissen, was mit seinem Vater los ist. In anderen Fällen haben Sie die freie Wahl, ob Sie sich zu der Angelegenheit äußern wollen oder nicht. Sie sind z. B. der Meinung, dass Ihre Freundin Caroline sich unangemessen kleidet. Sie glauben, ihre Kleidung könnte der Grund dafür sein, dass sie nicht befördert wird. Sollen Sie Caroline von Ihrem Verdacht erzählen? In diesem Fall haben Sie die freie Wahl.

Sie haben immer die freie Wahl in der Art und Weise, wie Sie Caroline oder auch Mark die Situation erklären. Dieser Punkt ist ebenso hilfreich wie all die übrigen Informationen und Strategien, die Sie sich inzwischen durch dieses Buch angeeignet haben. Sie haben einen Leitfaden und viele hilfreiche Techniken zur Hand, mit deren Hilfe Sie die verschiedensten schwierigen Gesprächssituationen Ihres alltäglichen Lebens mit Taktgefühl und Offenheit meistern können.

Ich habe die Situationen, die wir alle als besonders unangenehm empfinden, in die folgenden vier Kategorien unterteilt:

1. Feedback geben
2. Schlechte Nachrichten bzw. unangenehme Informationen überbringen
3. Persönliche Beschwerden vorbringen
4. Beileid aussprechen

1. Feedback geben

Nehmen wir einmal als Beispiel die folgende Aussage: „Tut mir Leid, Sam, aber du wirst den Anforderungen der Vertriebsabteilung nicht gerecht."

Wenn wir einen anderen über seine Leistungen aufklären, spricht man auch von einem Feedback. An diesem Punkt werde ich nicht näher auf die Situationen eingehen, in denen wir den anderen loben können, denn das ist ja eine angenehme Erfahrung. Hier möchte ich mich auf das Feedback beschränken, das der andere möglicherweise als unangenehm empfindet.

Wenn Sie Manager oder auch Vater bzw. Mutter sind, bleibt Ihnen gar nichts anderes übrig, als Ihren Angestellten bzw. Ihren Kindern Feedback zu geben. Das gehört zu Ihrem Job. In anderen Fällen sind Sie vielleicht der Überzeugung, dass Ihr Feedback einem anderen helfen könnte. In diesem Zusammenhang sind folgende vier Punkte zu nennen:

a) Feedback, wenn die Leistungen des Betreffenden den Anforderungen nicht gerecht werden. Diese Situation tritt vor allem im Berufsleben, aber auch im Umgang mit Kindern auf.

b) Wenn wir einem anderen unaufgefordert unsere Meinung sagen.

c) Wenn wir einen anderen vor unnötigen Peinlichkeiten bewahren wollen.

d) Wenn wir uns gegen „unfaires" bzw. „ungerechtes" Verhalten wehren.

Die Art und Weise, wie Sie Ihr Feedback an die betreffende Person weitergeben, ist von der jeweiligen Situation abhängig. Lassen Sie uns die einzelnen Situationen durchspielen.

a) Die Leistungen des Betreffenden werden den Anforderungen nicht gerecht

Sofern die Leistungen des Betreffenden bestimmten Anforderungen nicht gerecht werden und Sie ihn darauf hinweisen wollen, müssen Sie sich zunächst über die beiden folgenden Punkte klar werden.

1. **Steht es Ihnen zu, dieses Feedback zu geben?** Sofern Sie der Vorgesetzte des Betreffenden bzw. Vorsitzender einer entsprechenden Vereinigung sind, ist es Ihre Aufgabe, den Betreffenden über seine nicht angemessenen Leistungen aufzuklären. Das ist auch der Fall, wenn es sich um eines Ihrer Kinder handelt: „Ben, benutz beim Essen bitte die Gabel."

Wenn Sie sich in keiner der angeführten Positionen befinden, ist ein Feedback imme r mit einem gewissen Risiko verbunden. Und wir alle wissen, was mit den Draufgängern geschieht: Sie werden entweder befördert, rausgeworfen oder machen sich ganz einfach unbeliebt.

Kürzlich bat mich ein Mann um Hilfe, weil die erhoffte Beförderung abgelehnt worden war und er sich den Grund dafür nicht erklären konnte. Während unseres Gesprächs erkannte ich sehr bald, dass er seinen Kollegen immer wieder unaufgefordert Feedback zu ihren beruflichen Leistungen gab. Seine Kollegen hatten ihn jedoch nicht darum gebeten und nahmen ihm dieses Vorgehen übel. Das Feedback fiel ganz einfach nicht in seinen Verantwortungsbereich und keiner der Mitarbeiter wollte es von diesem Mann hören! Wegen dieser Angewohnheit hielten ihn seine Vorgesetzten nicht für teamfähig und lehnten sein Gesuch um Beförderung ab.

Zwischen Eltern, deren Kinder dieselbe Schule besuchen bzw. häufiger miteinander spielen, kommt es immer wieder zu schwierigen Situationen. Ich habe z. B. einmal erlebt, wie zwei Klassenkameraden meines Sohnes sich stritten und schließlich sogar handgreiflich wurden. Die Mutter eines der Jungen war ebenfalls in der Nähe. Sie griff in das Geschehen ein, indem sie sowohl ihren Sohn als auch dessen Kontrahenten anschrie. Dieser war so empört darüber, dass die Mutter eines anderen Jungen mit ihm schimpfte, insbesondere darüber, dass diese ihm damit gedroht hatte, den Vorfall dem Rektor zu melden, dass er sich wiederum bei seiner Mutter ausweinte. Diese erklärte daraufhin der anderen Mutter, dass sie sich in Zukunft bitte an sie persönlich wenden solle, wenn sie Probleme mit ihrem Sohn habe, damit sie die Angelegenheit mit ihrem Sohn klären könne.

2. **Im Berufsleben sollten Sie sich zunächst mit den Richtlinien Ihres Unternehmens auseinander setzen. In den meisten Fällen ist dort eindeutig festgelegt, wer den Angestellten bzw. Mitarbeitern Feedback geben soll.** Welche Grundlage hat die Diskussion – die Unternehmensrichtlinien oder individuelle Ziele, die sich im Laufe der Zeit etabliert haben? Entsprechen die Leistungen eines Mitarbeiters nicht den Anforderungen, ist es in einigen Fällen sogar erforderlich, dass Sie jedes einzelne Gespräch mit dem Betreffenden dokumentieren bzw. ihm eine Abmahnung schicken.

Wenn Sie berechtigt sind, wie sollen Sie vorgehen?

Es ist wirklich nicht immer einfach, einem anderen etwas zu sagen, was dieser vielleicht gar nicht hören möchte. Doch wenn Sie hierbei einige Regeln beachten, machen Sie die Angelegenheit sowohl für sich persönlich als auch für den Betreffenden erheblich leichter. Zu Beginn dieses Buches haben wir uns mit einem der größten Probleme für positive Konfrontationen beschäftigt: die richtige Formulierung. Was genau wollen Sie dem anderen mitteilen? Dasselbe gilt auch für Gespräche, in denen Sie einem anderen Feedback geben.

Passen Sie das PAC-Modell der neuen Situation an

Das PAC-Modell lässt sich ohne weiteres auch auf solche Gespräche anwenden, in denen Sie einem anderen Feedback geben müssen. Sie können das Modell übernehmen oder auch der neuen Situation anpassen und so festlegen, was Sie dem anderen mitteilen möchten.

Definieren Sie die Problematik mit Hilfe der P-Aussage

Was ist an den Leistungen des Betreffenden auszusetzen? Definieren Sie das Problem so genau wie möglich. Setzen Sie nicht voraus, dass der andere weiß, was Sie mit „schlampig" oder „unter Niveau" verstehen. Sie müssen genau darlegen, inwieweit die Leistung bzw. das Verhalten des Betreffenden den Anforderungen nicht entspricht. Ihre P-Aussage könnte wie folgt lauten:

> *„Mr. Smith, Sie haben an den letzten drei Besprechungen nicht teilgenommen."*
> *„Ihr letzter Bericht enthielt ein halbes Dutzend Rechtschreibfehler."*
> *„Jedes Komiteemitglied muss mindestens bei einer Veranstaltung pro Jahr mithelfen. Sie haben sich in diesem Jahr noch für keine Veranstaltung gemeldet."*

Ihre A-Aussage: „Ich möchte Sie bitten, …"

Sie bitten einen anderen darum, seine Leistung bzw. sein Verhalten insoweit zu verändern, dass es den Anforderungen entspricht. Ihre A-Aussagen für die oben angeführten P-Aussagen wären also folgende:

> *„Die Teilnahme an den Besprechungen ist für alle Mitarbeiter Pflicht."*
> *„Ich möchte Sie bitten, künftig das Rechtschreibprogramm für Ihre Berichte zu verwenden und sie noch einmal gegenlesen zu lassen."*

„Wir möchten Sie bitten, Ihren Beitrag als Komiteemitglied zu leisten. Könnten Sie vielleicht den Kuchenverkauf organisieren?"

Setzen Sie dem Betreffenden eine bestimmte Frist und erklären Sie ihm, dass Sie innerhalb dieses Zeitraums eine Verbesserung seiner Leistungen oder eine Änderung seines Verhaltens erwarten. Im Berufsleben wird diese Frist in den meisten Fällen ebenfalls durch die Unternehmensrichtlinien bestimmt, wobei dem Betreffenden in der Regel ein Zeitraum von 30 Tagen eingeräumt wird. Im Familienleben können Sie diese Fristen selbst bestimmen. Kommt Ihre Tochter z. B. zum wiederholten Mal später als vereinbart nach Hause, können Sie von ihr durchaus verlangen, dass sie sich ab sofort an die getroffenen Vereinbarungen hält.

Ihre C-Aussage: „Sind Sie damit einverstanden?"

Auch wenn Sie weisungsbefugt sind, dürfen Sie den Check keinesfalls außer Acht lassen. Räumen Sie dem Betreffenden die Möglichkeit ein, die Angelegenheit aus seiner Sicht zu schildern bzw. eigene Vorschläge einzubringen. Auch wenn Sie dem anderen keine andere Wahl lassen, als seine Leistungen bzw. sein Verhalten dem gültigen Niveau anzupassen, so besteht immer noch die Möglichkeit, dass z. B. private Schwierigkeiten, von denen Sie bislang nichts wussten, die Situation erklären könnten. Vielleicht muss derjenige sich um seine schwerkranken Eltern kümmern oder macht gerade eine persönliche Krise durch. Wenn Sie auch nicht von Ihrer eigentlichen Forderung abweichen können, so können Sie dem Betreffendem in diesem Fall immerhin Ihre Unterstützung (u. a. durch eine Beratungsstelle innerhalb des Unternehmens) anbieten.

„Sollten Sie dazu nicht in der Lage sein ..."

Manchmal bleibt Ihnen gar nichts anderes übrig, als dem Betreffenden klarzumachen, was passiert, sofern er seine Leistungen bzw. sein Verhalten nicht dem geltenden Niveau anpassen sollte. Führen Sie ihm die Konsequenzen deutlich vor Augen:

*„Sonst kann ich Ihrem Wunsch auf eine Beförderung leider
nicht entsprechen."*
*„Sonst sehe ich mich leider gezwungen, die Verantwortung für
den Monatsbericht an einen anderen Mitarbeiter zu übertragen."*
*„In diesem Fall müssen wir Sie leider bitten, Ihr Amt als Mit-
glied des Komitees niederzulegen."*

Sprechen Sie mit dem Betreffenden unter vier Augen. Achten
Sie darauf, dass Sie den Betreffenden nicht vor anderen mit
dem Feedback konfrontieren. Machen Sie es also nicht wie der
Professor, der bei einem Treffen mit sechs Jungakademikern,
die erstmals eigene Vorlesungen hielten, zu der Gruppe sagte:
„Sie alle gehen inzwischen mit mehr Selbstvertrauen in Ihre
Vorlesungen. Das ist äußerst erfreulich." Dann wandte er sich
jedoch mit folgenden Worten an Jack: „Nur Sie scheinen immer noch einige Probleme zu haben." Dieses Verhalten ist
keinesfalls angemessen! Auch wenn es in seinen Zuständig-
keitsbereich fiel, den jungen Leuten ein kritisches Feedback zu
geben, hätte er Jack nicht vor den anderen kritisieren dürfen.

Erwähnen Sie, wenn möglich, auch Positives. Ergänzen Sie
jeden Kritikpunkt ggf. durch eine positive Bemerkung. „Die
Rechtschreibfehler in Ihrem Bericht lenken zu sehr von Ihren
sprachlichen Fähigkeiten ab."

b) Wenn Sie einem anderen unaufgefordert
Ihre Meinung sagen

Hierbei handelt es sich um eine spezielle Form der eigentlichen
„Feedback-Situation". Sofern Sie sich zu diesem Schritt entschließen, seien Sie vorsichtig!

Lassen Sie uns nun zu dem Beispiel mit der Freundin zu-
rückkehren, die sich Ihrer Meinung nach unangemessen kleidet. Sie wollen Ihre Freundin mit Ihrer persönlichen Meinung
konfrontieren. Ihre Freundin hat Sie weder darum gebeten,
noch sind Sie dazu gezwungen. Sie sind jedoch davon überzeugt, dass Sie ihr so helfen könnten, endlich befördert zu
werden. Ich kann Ihnen nur zur Vorsicht raten, denn Sie bewegen sich auf dünnem Eis!

Vielleicht will die Betreffende dieses Feedback gar nicht
hören, denn schließlich hat sie Sie nicht darum gebeten. Bevor

Sie auch nur ein einziges Wort sagen, sollten Sie sich die folgende Frage stellen: „Warum tue ich das wirklich? Geht es mir tatsächlich um diesen Menschen? Trete ich ihm damit vielleicht zu nahe?" Sind Sie sicher, dass der andere für Ihre Meinung wirklich aufgeschlossen ist? Vielleicht fügen Sie der Beziehung dadurch auch nur unnötigen Schaden zu.

Eine meiner Freundinnen hatte früher ein unattraktives und vielleicht sogar gefährliches Muttermal im Gesicht. Ich riskierte es und erzählte ihr, dass ich mir vor gar nicht allzu langer Zeit aus gesundheitlichen Gründen einen Leberfleck hatte entfernen lassen. Auf dieser Grundlage konnte ich ihr dann zu einer Untersuchung ihres Muttermals raten. Sie suchte tatsächlich einen Arzt auf und ließ es schließlich entfernen.

Eine Seminarteilnehmerin berichtete mir von dem ihrer Meinung nach äußerst unattraktiven Haarschnitt ihrer Freundin. Sie war der Auffassung, dass wegen dieser Frisur ihr ansonsten sehr ansprechendes Äußeres überhaupt nicht zur Geltung kam. Sollte sie ihre Freundin darauf ansprechen?

Sofern sie sich dazu entschließen sollte, ihre Freundin auf die Frisur anzusprechen, stehen ihr folgende Möglichkeiten offen:

- Sie kann unverblümt vorgehen: „Mary, deine andere Frisur hat mir viel besser gefallen." In diesem Fall sollte sie sich jedoch sicher sein, dass ihre Freundin für diese Form von Kritik empfänglich ist.
- Sie kann indirekt vorgehen und ihre Freundin zunächst einmal fragen, warum sie sich eine neue Frisur zugelegt hat. Dann kann sie immer noch anbringen, dass ihr der neue Haarschnitt nicht besonders gut gefällt.
- Sie kann warten, bis die Freundin sie um ihre Meinung zu der neuen Frisur bittet, und ihr dann eine ehrliche Antwort geben: *freundlich, aber bestimmt.*

Gerade im Familienkreis, wo wir in der Regel freizügiger mit Kritik umgehen als anderswo, kommt es häufig zu Streit, wenn eines der Familienmitglieder einem anderen seine offene Meinung „zuteil" werden lässt.

Meine Schwestern und ich gehen sehr direkt miteinander um. Als ich einmal etwas zu viel Parfum erwischt hatte und zu meinen Schwestern ins Auto stieg, drehte sich eine von ihnen zu mir um und sagte: „Du stinkst ja wie ein siebenstöckiges Freudenhaus." Ich brach daraufhin in schallendes Gelächter aus. So sind wir eben und wir haben keinerlei Probleme mit unserer Offenheit.

Entscheiden Sie von Fall zu Fall selbst, ob Sie das Thema wirklich anschneiden wollen. Beachten Sie dabei in jedem Fall die folgenden Tipps:

Zeigen Sie dem anderen, dass Sie ihm wirklich nicht zu nahe treten wollen. „Ich will dir ja nicht zu nahe treten, aber bist du sicher, dass es nicht vielleicht an dir liegt?" oder „Ich glaube, es könnte dir weiterhelfen, wenn ich dir sage, dass …"

Lassen Sie das Thema fallen, wenn der andere nicht auf Ihre Bemerkung eingeht. Reagieren Sie keinesfalls so, dass der andere es als Beleidigung auffassen könnte. Vermeiden Sie Aussagen wie „Ich hatte gehofft, du könntest die Wahrheit vertragen" oder „Ich wusste ja nicht, dass Sie dermaßen empfindlich sind".

Und wie sollen Sie sich verhalten, wenn der andere Sie nach Ihrer Meinung fragt? Sagen Sie ihm offen Ihre Meinung. Aber bleiben Sie höflich. Bitte keine Kommentare wie z. B.: „Was bin ich froh, dass du mich gefragt hast. Ich wollte dir nämlich schon immer einmal sagen, dass du dich einfach zu provozierend kleidest." Aussagen wie diese sind dem Selbstbewusstsein des Betreffenden nicht besonders zuträglich.

Kleiden Sie Ihre Meinung in andere Worte: „Ich glaube, dass in deiner Firma großer Wert auf konservative Garderobe gelegt wird. Probier es doch mal mit etwas längeren Röcken und etwas weniger Dekolletee."

c) Peinliche Situationen

„Pst … Ihr Kuhstall ist offen!" Wieso Kuhstall? Wir sind doch hier mitten in der Stadt. So erging es dem Arzt, der vor einer Gruppe von Assistenzärzten verschwörerisch auf seinen offenen Kuhstall hingewiesen wurde. Er konnte mit dieser Aussage überhaupt nichts anfangen. Er fragte: „Was soll das bedeuten, mein Kuhstall ist offen?" Erst später bemerkte er den offenen Reißverschluss an seiner Hose.

Hier eine Faustregel für den Umgang mit peinlichen Situationen: Seien Sie direkt. Versuchen Sie nicht, den anderen durch versteckte Anspielungen bzw. Handzeichen auf seinen Fauxpas aufmerksam zu machen. Ist der Reißverschluss des Betreffenden offen, sagen Sie, wie es ist: „Tom, dein Reißverschluss ist offen." Häufig ist das alles, was Sie tun müssen. Beachten Sie jedoch auch die folgenden Punkte:

Sprechen Sie es an. Grundsätzlich sollten wir einen anderen wissen lassen, dass er noch Spinat zwischen den Zähnen hat oder Toilettenpapier am Schuhabsatz hinter sich herzieht. Das ist vor allem dann der Fall, wenn der Betreffende die Situation sofort bereinigen kann. In diesem Fall bewahren Sie ihn vor weiteren Peinlichkeiten.

Seien Sie diskret. Schreien Sie Ihren Kommentar nicht laut heraus und bringen Sie ihn möglichst so an, dass kein anderer mithören kann. Natürlich ist das komisch, wenn alle den Betreffenden anstarren, aber es ist einfach nicht fair. Eine freundliche, aber bestimmte Persönlichkeit würde so etwas niemals tun. Ähnlich erging es auch dem Motivationstrainer, der während eines mitreißenden Vortrags zwischen seinem Publikum umherging und sich persönlich an die einzelnen Zuschauer wandte. Der Vortrag war großartig, nur leider war der Reißverschluss des Redners offen. Zehn Minuten lang sagte niemand ein Wort. Als der Mann sich an eine Frau wandte, überreichte diese ihm einen Zettel, auf dem stand, dass er seinen Reißverschluss schließen solle. Er zog seinen Reißverschluss zu und setzte den Vortrag fort, ohne auch nur mit der Wimper zu zucken. Die Frau erhielt von ihrem Vorgesetzten später ein großes Lob, weil sie die Situation so bravourös gemeistert hatte.

Bleiben Sie freundlich, aber bestimmt, auch wenn der Betreffende negativ auf Ihren Hinweis reagieren sollte. Wenn Sie jemanden darauf aufmerksam machen, dass sein Reißverschluss offen steht, und er Sie anfährt: „Was geht Sie mein Reißverschluss an?" – bleiben Sie ruhig!

Gehen Sie nicht darauf ein! Bleiben Sie freundlich, aber bestimmt: „Ihre Antwort überrascht mich. Ich dachte, dass Sie das interessieren würde."

Sagen Sie einfach, wie es ist. „Mary, man kann deinen Unterrock sehen." Das ist Ihre P-Aussage. Mehr ist gar nicht nötig. Sie sollten den anderen auch niemals ohne dessen Einverständnis berühren. Wenn eine Frau z. B. den Reißverschluss ihres Kleides nicht richtig geschlossen hat, ziehen Sie ihn niemals für sie zu, ohne sie vorher um Erlaubnis zu bitten. Sonst könnte es Ihnen so ergehen, wie der Frau, die einer anderen ein Haar vom Kinn abwischen wollte und bemerken musste, dass das Haar angewachsen war. Peinlich, peinlich …

Schicken Sie einen „Boten". Sofern Sie den anderen wegen seines Geschlechts nicht direkt ansprechen wollen, schicken Sie einen Dritten vor. Meine bessere Hälfte und ich besuchten kürzlich eine Party und trafen dort eine Frau, deren BH-Träger (unfreiwillig) zu sehen war. Marty, mein Mann, fragte mich, ob ich diese Frau nicht auf ihr Missgeschick ansprechen könnte. Er befürchtete, der Frau könnte es peinlich sein, von einem Mann darauf angesprochen zu werden. So wies ich die Frau auf ihren hervorblitzenden BH-Träger hin, wofür sie mir sehr dankbar war.

Wechseln Sie danach das Thema sofort, egal, um welches Missgeschick es sich gehandelt hat.

d) Eingreifen bei „unfairem" bzw. „ungerechtem" Verhalten

Schon in Kapitel 6 habe ich Ihnen geraten, sich aus solchen Situationen herauszuhalten, sofern Sie „die Sache nichts angeht". Wenn dieses Verhalten Sie nicht direkt betrifft, geht Sie das Ganze auch nichts an. Es gibt für Sie keinen zwingenden Grund, den Betreffenden auf das Thema anzusprechen.

Doch wie sollen Sie sich verhalten, wenn Sie beobachten, dass Ihr Arbeitskollege grundsätzlich zu spät zur Arbeit erscheint und das Büro vor Feierabend verlässt, wenn der Chef nicht da ist? Sofern er Sie darum bittet, ihn zu „decken", und Sie sich dazu nicht bereit erklären wollen, liegt die P-Aussage auf der Hand: „Jason, ich habe kein gutes Gefühl dabei, wenn ich dich decken muss, damit du das Büro früher verlassen kannst" (P-Aussage). „Verlang das bitte nicht noch einmal von mir" (A-Aussage).

Gehen wir jetzt einmal davon aus, dass Ihr Kollege Sie nicht darum bittet, sein vorzeitiges Gehen zu decken. Und setzen wir weiter voraus, dass sein Verhalten keine Auswirkungen auf Ihr persönliches Arbeitspensum hat. Aber Sie ärgern sich im Stillen darüber, dass er mit seinem Verhalten einfach so durchkommt. Also, was können Sie unternehmen? Sollen Sie den Betreffenden darauf ansprechen?

Bevor Sie den anderen darauf hinweisen, sollten Sie zunächst folgende Punkte überdenken:

Kennen Sie die *genaue* Sachlage? Unterstellen Sie Ihrem Arbeitskollegen nicht vorschnell böse Absichten. Es ist immerhin möglich, dass er die Erlaubnis Ihres Vorgesetzten hat. Vielleicht erledigt er einen Teil seiner Arbeit zu Hause oder muss sich um seine kranke Frau kümmern. Solange Sie nicht genau wissen, dass der andere keine berechtigten Gründe für sein Verhalten hat, halten Sie sich lieber zurück.

Ist die Sache das wirklich wert? Es ist nur zu verständlich, wenn Sie sich über das vermeintlich unfaire Verhalten eines anderen aufregen. Ich kann Ihnen jedoch nur raten, Ihre Zeit nicht mit Gedanken über das Verhalten anderer Menschen zu vertun. Das kostet Sie nur unnötige Energie. Darüber hinaus sollten Sie sicherstellen, dass Sie auf diese Weise nicht einfach den Ärger über Ihre eigenen Fehler und Frustrationen auf das ungerechte Verhalten eines anderen Menschen projizieren. Denn das zehrt ebenfalls an unseren Kraftreserven und an unseren Nerven.

Behandeln Sie den anderen mit Respekt. Alles, was Sie tun können, ist, den anderen zu bitten, Ihnen sein Verhalten zu erklären. Machen Sie die Sache nicht unnötig kompliziert. Stellen Sie eine einfache Frage oder schildern Sie das Verhalten des anderen aus Ihrer Sicht: „Ich habe bemerkt, dass Sie später kommen und früher gehen, wenn der Chef nicht im Haus ist." Auf diese Weise geben Sie dem anderen die Möglichkeit, sein Verhalten zu erklären – und vielleicht reicht das sogar aus, damit er es künftig unterlässt.

Achten Sie auf Ihre nonverbalen Signale, insbesondere auf Ihren Tonfall. Sprechen Sie in einem neutralen Ton. Schließlich wollen Sie keinen Streit vom Zaun brechen.

Benutzen Sie Ihren gesunden Menschenverstand. Wenn Sie begründete Angst vor der Reaktion des anderen haben, sollten Sie auf eine direkte Konfrontation verzichten.

Überlegen Sie sich genau, ob Sie auf die Auseinandersetzung mit dem Betreffenden verzichten und sich direkt an

eine höhere Stelle wenden wollen. Sie können auch Ihren Vorgesetzten ansprechen und ihm mitteilen, dass Ihr Kollege während seiner Abwesenheit grundsätzlich später kommt und das Büro vor Feierabend verlässt.

Ich kann nicht beurteilen, ob es sich hierbei um die richtige Vorgehensweise handelt. Das muss jeder selbst entscheiden. Ich kann Ihnen nur raten, sich vor diesem Schritt klarzumachen, wie sich dieses Verhalten auf Ihr berufliches Image und die Beziehung zu Ihren Arbeitskollegen auswirken könnte. Besteht die Gefahr, dass Sie als Petze in Verruf geraten? Oder gar als Wichtigtuer? Wären Sie vielleicht sogar der Held? Könnte der betreffende Kollege Ihr Verhalten später einmal gegen Sie einsetzen?

2. Das Überbringen schlechter Nachrichten bzw. unangenehmer Neuigkeiten

„Ich hasse das, aber ich muss Ihnen/dir leider mitteilen ...“

Im folgenden Abschnitt wollen wir uns mit einem anderen Aspekt der schwierigen Gesprächssituationen befassen: Sie müssen einem anderen etwas mitteilen, von dem Sie genau wissen, dass der Betreffende es gar nicht gerne hören möchte.

Diese Situation fürchten wir alle und wären froh, wenn wir niemals in diese Lage geraten würden. „Wir haben uns für einen anderen Bewerber entschieden“, „Sie wissen ja, dass wir Ihnen die Lieferung pünktlich zugesagt haben, aber ...“, oder „Ich weiß, dass du dich schon seit Wochen auf diese Reise freust, aber ...“ Wie sollen wir es dem anderen nur beibringen?

Der amerikanische Talkshow-Moderator David Letterman hatte in seiner Show immer einige Minuten für das Überbringen schlechter Nachrichten reserviert. Letterman agierte hierbei im Auftrag eines Menschen aus dem Publikum, der zu diesem Schritt einfach nicht in der Lage war.

Die Situation war eigentlich immer sehr komisch. Ich habe mich jedoch gefragt, welche Konsequenzen sich dadurch für die Beteiligten ergeben haben. Diejenigen, denen die Nachricht auf diese Weise überbracht wurde, wurden schließlich regelrecht überfallen – und das auch noch vor laufender Kamera.

Ich bin zwar der Meinung, dass es sich um eine äußerst unsensible Form der Kommunikation handelt, doch andererseits zeigt dieses Beispiel deutlich, wozu die Menschen bereit sind, um nicht selbst als Überbringer unangenehmer Nachrichten in Erscheinung treten zu müssen. Wir gehen dieser Situation aus dem Weg oder schieben das Gespräch immer wieder vor uns her, weil wir einfach nicht wissen, was oder wie wir es sagen sollen. Doch auf diese Weise machen wir alles nur noch schlimmer. Wenn Sie es dem Betreffenden nicht sagen, tut es vielleicht ein anderer für Sie. Oder der Betreffende findet es selbst heraus. Und dann wird er Sie fragen: „Warum hast du mir das nicht gesagt?"

Karen und Don haben fünf Jahre hintereinander ihren Sommerurlaub gemeinsam mit ihren Freunden Vicky und Jim an der Küste verbracht. Karen und Don wollten jedoch im folgenden Jahr einmal nur zu zweit verreisen. Es war nicht so, dass sie ihre Freunde nicht mehr leiden konnten. Sie wollten einfach einmal allein verreisen.

Karen wusste einfach nicht, wie sie Vicky das beibringen sollte. „Ich wollte ihre Gefühle nicht verletzen", erklärte sie. Karen zögerte so lange, bis Don es schließlich nicht länger aushielt. Bei ihrem nächsten Treffen mit Vicky und Jim sprach er es einfach aus: „Ihr beiden wisst ja, wie gerne wir mit euch zusammen sind. Unseren nächsten Urlaub möchten wir trotzdem lieber nur zu zweit verbringen."

Als das endlich ausgesprochen war, stellte sich heraus, dass auch Vicky und Jim schon an einen Urlaub zu zweit gedacht hatten. Karen hätte sich selbst eine Menge Stress erspart, wenn sie ihre Freundin früher informiert hätte.

Mit den in diesem Buch vorgestellten Kommunikationstechniken sind Sie in der Lage, Gespräche dieser Art sowohl für sich selbst als auch für Ihr Gegenüber leichter zu machen. Wenn Sie einem anderen eine unangenehme Mitteilung machen müssen, sollten Sie dabei folgende Punkte beachten:

1. Sprechen Sie mit dem Betreffenden unter vier Augen.
Wenn der beste Mitarbeiter des vergangenen Jahres in diesem Jahr nicht für den Titel „Mitarbeiter des Jahres" nominiert wurde, sollten Sie ihm das nicht während der offiziellen Konferenz mitteilen. Sprechen Sie zunächst mit dem

Betreffenden unter vier Augen, bevor Sie diesen Entschluss öffentlich bekannt geben.

2. **Beginnen Sie das Gespräch nicht mit Unheil verkündenden Formulierungen, wie z. B.:** „Ich weiß nicht, wie ich Ihnen das sagen soll …" Sie wissen, wie Sie es dem anderen beibringen können, und Sie tun es auch. Gehen Sie lieber direkt vor: „Ich habe schlechte Neuigkeiten für Sie/dich …" oder „Wir haben unsere Pläne geändert …" Und sagen Sie dann, was zu sagen ist.

3. **Erklären Sie die Situation.** Das bedeutet jedoch nicht, dass Sie sich entschuldigen oder zu langatmigen Erklärungen ausholen müssen. „Wir wollen dieses Jahr nur zu zweit verreisen, na ja, in unserer Ehe kriselt es ein wenig …" Zu viele Informationen! Halten Sie Ihre Erklärungen möglichst einfach. „Wir möchten dieses Jahr einmal nur zu zweit verreisen." Wenn Sie einem anderen z. B. mitteilen müssen, dass er die gewünschte Beförderung nicht erhält, müssen Sie ihm jedoch auch sagen, warum das so ist. Auch dann, wenn es sich hierbei um harte Kritik handeln sollte. Die Frau, die auf Grund ihrer leisen Stimme nicht wie gewünscht in den Vertrieb versetzt wurde, war froh, dass man ihr den Grund genannt hatte.

4. **Bieten Sie Ihre Hilfe oder ggf. verschiedene Alternativen an.** Eine Bekannte von mir träumte schon seit langem davon, einmal die italienische Heimatstadt ihrer Mutter zu besuchen. Ihr Mann hatte ihr diese Reise zu ihrem zehnten Hochzeitstag versprochen. Als es dann schließlich so weit war, hatte er jedoch geschäftliche Schwierigkeiten und konnte sich die Reise nicht leisten. Er wusste nicht, wie er seiner Frau das beibringen sollte. Um ihre Enttäuschung ein wenig zu lindern, legte er ein Reisekonto an und erklärte ihr: „Auf dieses Konto zahle ich jetzt wöchentlich mindestens 25 Dollar ein. Spätestens in zwei Jahren haben wir das Geld zusammen."

„Dein Onkel ist ins Krankenhaus eingeliefert worden"

Ich bin der Meinung, dass Sie in diesem Fall durchaus Ihr Mitgefühl zum Ausdruck bringen können. Sagen Sie ruhig: „Es tut
mir wirklich Leid, aber dein Onkel ist heute ins Krankenhaus
eingeliefert worden." Bauschen Sie das Ganze nicht unnötig
auf. Das macht es nur noch schlimmer. Dramatisieren Sie nicht
und vermeiden Sie Formulierungen wie z. B.: „Setz dich bitte.
Ich muss dir etwas sagen" oder „Reg dich jetzt bitte nicht
auf ..." Spannen Sie den anderen nicht unnötig auf die Folter.
Ihre Tonlage und Ihre Körpersprache zeigen dem Betreffenden
ohnehin, dass etwas nicht in Ordnung ist. Erklären Sie einfach,
was passiert ist.

Dämpfen Sie die schlechten Neuigkeiten, falls möglich, mit etwas Positivem

Als der Mann meiner Freundin in einen schweren Autounfall
verwickelt wurde, half ihre Schwester ihr sehr, indem sie ihr
die schlechte Nachricht äußerst schonend beibrachte: „Beth, es
ist alles in Ordnung. Dein Mann wird wieder gesund. Er hatte
gerade einen Verkehrsunfall."

Beth erklärte mir, dass sie auf der Stelle in Ohnmacht gefallen wäre, wenn ihre Schwester ihr gleich zu Beginn gesagt
hätte, dass ihr Mann einen Unfall gehabt hatte. Mir wäre es
wahrscheinlich auch nicht anders ergangen.

„Ich kündige!"

Sie wollen eine andere Stelle annehmen oder Sie wollen Ihr
Leben verändern und können nicht mehr ganztags arbeiten.
Das sind zwar keine schlechten Nachrichten im eigentlichen
Sinne, aber die meisten Menschen haben Schwierigkeiten,
ihren Arbeitgeber über ihre Pläne zu informieren.

Laurie hat z. B. drei Jahre lang als Marketing-Managerin
für einen Verlag gearbeitet. Da sie einen so langen Anfahrts-
weg hatte – zwei Stunden für eine Fahrt – wollte sie lieber eine
Teilzeitstelle in der Nähe ihrer Wohnung annehmen. Laurie ist
eigentlich eine äußerst selbstbewusste Frau, doch die Tatsache,
dass sie ihrem Vorgesetzten kündigen musste, machte sie zu
einem Nervenbündel.

Ich fragte sie: „Können Sie ihm nicht einfach erklären, dass
Sie den Verlag verlassen wollen?" – „Ja", antwortete sie. „Das

könnte ich. Aber ich fühle mich dabei hundeelend." – „Warum", fragte ich Laurie. „Haben Sie unterschrieben oder versprochen, dass Sie niemals kündigen werden?" – „Nein." – „Haben Sie in den vergangenen drei Jahren hart gearbeitet?" – „Selbstverständlich." – „Sie sind weder an diese Stelle gebunden, noch haben Sie sich Ihrem Vorgesetzten bis an Ihr Lebensende verpflichtet." – „Aus diesem Blickwinkel habe ich das noch nie betrachtet", erwiderte Laurie.

Dieses Problem ist relativ weit verbreitet. Wir fühlen uns dem anderen gegenüber verpflichtet oder haben ganz einfach Angst vor seiner Reaktion.

Solange Sie nicht vertraglich länger gebunden sind und angemessen und fristgerecht kündigen, reicht es vollkommen aus, wenn Sie Ihrem Arbeitgeber freundlich, aber bestimmt erklären, dass Sie das Arbeitsverhältnis auflösen möchten. Ich nannte Laurie die folgenden Tipps:

1. Legen Sie vor dem Gespräch fest, was Sie sagen wollen. Schreiben Sie es auf.
2. Üben, üben, üben. Wenn Sie befürchten, nervös zu werden, spielen Sie das Gespräch vorher mit einem Freund bzw. einer Freundin durch.
3. Entschuldigen Sie sich nicht, wenn Sie sich nichts vorzuwerfen haben. Sie können sagen: „Es fällt mir nicht leicht zu gehen, weil ich Sie alle sehr ins Herz geschlossen habe. Ich werde Sie alle vermissen. Aber für mich ist es an der Zeit zu gehen." Aber nicht: „Es tut mir wirklich Leid, und ich möchte Ihnen eigentlich gar keine Umstände machen. Ich weiß ja, wie viel Sie um die Ohren haben, und das ist jetzt bestimmt das Letzte, was Sie brauchen …" Entschuldigen Sie sich auch nicht über Ihre Körpersprache. Wenn Sie auf Ihrem Stuhl in sich zusammensinken oder mit Ihrem Haar spielen, wirken Sie ganz sicher nicht wie ein Mensch, der eine wichtige Entscheidung mitzuteilen hat. Ganz im Gegenteil, Sie wirken nervös und unsicher.
4. Fassen Sie sich kurz. „Ich habe ein interessantes berufliches Angebot erhalten und möchte es annehmen", reicht als Erklärung vollkommen aus. Erzählen Sie nicht Ihre ganze Lebensgeschichte und vermeiden Sie Entschuldigungen. Sie sind nicht dazu verpflichtet, Ihrem Vorgesetzten alle Ein-

zelheiten zu nennen. Was Sie ihm erklären wollen und was nicht, hängt von Ihrem Verhältnis zu Ihrem Arbeitgeber ab. Wenn Sie das Thema zum ersten Mal ansprechen, sollten Sie sich jedoch möglichst kurz fassen.

5. Sofern Sie das Gefühl haben, der andere möchte mit Ihnen darüber diskutieren oder Sie sogar von Ihrem Plan abbringen, sollten Sie auf Ihrem Standpunkt beharren. Das können Sie mit einer einfachen Bemerkung machen: „Ich weiß Ihr Interesse zu schätzen, aber mein Entschluss steht fest." Bleiben Sie auf jeden Fall freundlich, aber bestimmt. Ganz egal, welche Argumente Ihr Gegenüber anbringt, beharren Sie auf Ihrem Standpunkt. Sagen Sie z. B.: „Ich kann gut verstehen, dass Sie meine Kündigung nicht begrüßen. Ich weiß Ihr großzügiges Angebot auch wirklich sehr zu schätzen. Meine Entscheidung steht jedoch fest." Halten Sie die von Ihnen eingeschlagene Richtung ein. Es sei denn, der andere macht Ihnen ein Angebot, das Sie unmöglich ablehnen können.

6. Brechen Sie keine Brücken hinter sich ab. Auch wenn Sie schon lange davon geträumt haben, Ihrem Chef einmal richtig die Meinung zu sagen oder ihn endlich einmal darüber aufzuklären, wie faul die anderen Mitarbeiter sind, vergessen Sie es! Ich kenne unzählige Menschen, die dieser Versuchung nicht widerstehen konnten und das heute zutiefst bereuen. Wenn Sie jemandem gehörig die Meinung sagen, hält Ihr Hochgefühl nur so lange an wie der Adrenalinstoß. Danach fühlen wir uns in der Regel mies. Auf diese Weise erreichen Sie gar nichts, Sie verlieren nur eine gute Referenz.

3. Persönliche Beschwerden

„Ich möchte den Geschäftsführer sprechen. Sofort!"

Auch persönliche Beschwerden fallen unter den Oberbegriff „schwierige Kommunikationssituationen". Inzwischen wissen Sie, wie Sie sich in schriftlicher Form über ein fehlerhaftes Produkt bzw. eine mangelhafte Dienstleistung beschweren sollten. In diesem Abschnitt werde ich Ihnen erläutern, wie Sie sich bei dem Betreffenden persönlich beschweren können.

Wenn Sie Ihren defekten Toaster wieder in das Geschäft zu-
rückbringen oder sich im Restaurant über den unzureichenden
Service bzw. das schlechte Essen beschweren, handelt es sich
um eine persönliche Beschwerde.

Wahrscheinlich sehen Sie den Menschen niemals wieder.
Das heißt jedoch noch lange nicht, dass Sie sich deshalb weniger höflich verhalten sollten.

Denken Sie immer daran, dass Ihr Verhalten in einer
schwierigen Gesprächssituation großen Einfluss auf das Ergebnis haben kann. Schließlich haben Sie es mit der Person zu tun,
die Ihnen helfen soll, einen funktionierenden Toaster bzw. ein
besseres Essen zu bekommen.

Passen Sie das PAC-Modell der Situation an

Definieren Sie zunächst Ihre P-Aussage. Wenn Sie mit dem
betreffenden Mitarbeiter der Kundendienstabteilung persönlich
sprechen, müssen Sie ihm erklären, was an Ihrem Toaster nicht
funktioniert – gehen wir einmal davon aus, das Kabel hat einen
Wackelkontakt. Viele Kundendienstmitarbeiter beklagen sich
bei mir darüber, dass die Kunden ihnen ihre ganze Lebensgeschichte erzählen. Sie reden und reden und reden: „Ich bin
eigentlich kein Mensch, der die Sachen einfach so wieder zurückbringt ..." Tun Sie sich und demjenigen, der Ihre Beschwerde entgegennimmt, einen Gefallen, und sagen Sie direkt,
worüber Sie sich beschweren möchten: „Das Kabel hat einen
Wackelkontakt."

Sagen Sie, was genau Sie von dem anderen erwarten

Und jetzt kommt die A-Aussage. Was soll passieren? Wollen
Sie einen neuen Toaster oder soll das Kabel ausgewechselt
werden? Ebenso wie bei der schriftlichen Beschwerde müssen
Sie sagen, was Sie erwarten – und das möglichst präzise. Wenn
Sie darauf verzichten, müssen Sie sich möglicherweise mit
dem zufrieden geben, was die andere Seite Ihnen anbietet.
Sofern Sie einen neuen Toaster wollen, sagen Sie das auch.
Tun Sie das nicht, wird man Ihnen wahrscheinlich nur das
Kabel auswechseln!

Seien Sie direkt. „Ich möchte ..." oder „Ich würde mich
freuen, wenn ..." Bleiben Sie realistisch. Stellen Sie keine
unangemessenen Forderungen. Eine Serviererin erklärte mir,

dass bei ihr grundsätzlich die Alarmglocken läuten, wenn die Gäste statt der angebotenen Runde aufs Haus oder eines Desserts nach Wahl (als Entschädigung für ein blutiges Steak) auf einer neuen Mahlzeit beharren. „In so einem Fall ist die komplette Belegschaft besonders wachsam, schließlich kennen wir unsere Pappenheimer. Diese Typen legen es meistens nur darauf an, alles und jeden im Laden madig zu machen."

In Situationen wie dieser ist die C-Aussage häufig gar nicht mehr erforderlich. Der Betreffende wird Ihnen die entsprechende Antwort geben, z. B.: „Ich kümmere mich darum" oder „In unserem Haus wird das folgendermaßen geregelt …" Vielleicht sind Sie mit den Richtlinien den Umtausch betreffend nicht einverstanden, aber immerhin wissen Sie jetzt, woran Sie sind. In einem solchen Fall bitten Sie freundlich, aber bestimmt um ein Gespräch mit dem Geschäftsführer.

Bei Serviceproblemen am Arbeitsplatz können Sie nach demselben Muster vorgehen. Gehen wir einmal davon aus, dass der zuständige Computerfachmann Ihre Firma besucht, um sich nach eventuellen Problemen mit den Computern zu erkundigen. Auch in diesem Fall erläutern Sie mit Ihrer P-Aussage das bestehende Problem und erklären dann, was Sie von dem Techniker erwarten (A-Aussage).

In diesem Fall könnten Sie auch noch eine C-Aussage anbringen: „Können Sie mir sagen, ob Sie dieses Problem bis Freitag beheben können?" Bei dem Kundendienstmitarbeiter, der Sie in Ihrem Büro besucht, ist es Ihr gutes Recht, danach zu fragen, ob und bis wann das bestehende Problem behoben werden kann. Schließlich arbeitet dieser Mann für Sie.

> *„Wer Feuer mit Feuer bekämpft, brennt das ganze Haus nieder."*
>
> ABIGAIL VAN BURKEN

Bei der Behauptung, dass Sie nur etwas erreichen, wenn Sie den Betreffenden anschreien, aggressiv vorgehen oder möglichst ungemütlich werden, handelt es sich um ein Gerücht. Sie können auch überzeugend wirken, wenn Sie keine Szene machen. In diesem Fall fühlen Sie sich sogar besser, und die Betreffenden haben eine weitaus größere Motivation, Ihnen zu helfen.

In der Kundendienstabteilung eines Computerfachgeschäftes wurde ich kürzlich Zeuge, wie eine Kundin eine fürchterliche Szene machte. Die beiden Angestellten, die ihr offensichtlich helfen wollten, wurden von der Frau aufs Übelste beschimpft. Immer wieder fuchtelte sie wild mit den Armen, schüttelte den Kopf und verlangte nach dem Geschäftsführer, der aber nicht anwesend war.

Die Frau machte eine riesige Szene. Die PAC-Methode war für sie offensichtlich ein Fremdwort. Ihre Wortwahl sowie ihre nonverbalen Botschaften signalisierten Aggression. Die Anwesenheit dieser Frau schlug sogar den übrigen Kunden auf die Stimmung. Immer, wenn ich Szenen wie diese beobachte, bekomme ich Mitleid – nicht nur mit den geplagten Angestellten, die sich mit den wild gewordenen Kunden herumplagen müssen, sondern auch mit demjenigen, der sich so unmöglich aufführt.

Ich frage mich immer wieder: „Gehen diese Menschen wirklich so durchs Leben?" Sollte das der Fall sein, leiden sie unter enormem Stress und haben mit unendlich vielen Enttäuschungen zu kämpfen. (Nur gut, dass Sie anders sind!)

Denken Sie immer daran, dass Sie ein Problem lösen wollen! Bei persönlichen Beschwerden sollten Sie die folgenden zwölf Grundregeln befolgen:

1. Bleiben Sie höflich. Sagen Sie „Guten Tag" oder „Guten Morgen". Und fügen Sie ggf. hinzu: „Ich brauche Ihre Hilfe." Sie wollen schließlich erreichen, dass der andere Ihnen bei der Lösung Ihres Problems behilflich ist. Vergessen Sie das nicht.

2. Gehen Sie mit der richtigen Einstellung an das Gespräch heran. Natürlich ist es ärgerlich, wenn Ihr neuer Toaster nicht funktioniert, aber Sie wollen schließlich, dass man Ihnen den Toaster repariert bzw. ersetzt. Derjenige, bei dem Sie sich beschweren, kann in der Regel nichts dafür.

3. Vorsicht mit der Stimme. Schreien Sie nicht. Sprechen Sie in normaler Lautstärke – und zwar so laut, dass der andere Sie verstehen kann.

4. Die richtige Wortwahl. Kein Fluchen und keine wüsten Beschimpfungen.

5. Achten Sie auf Ihre Körpersprache. Stellen Sie Blickkontakt her. Zeigen Sie nicht mit dem Finger auf den anderen. Kein Wutgeschnaube und fuchteln Sie nicht mit den Armen herum. Achten Sie auf einen freundlichen Gesichtsausdruck. Kleiden Sie sich dem Anlass entsprechend. Wenn Sie ein dreckiges T-Shirt und zerfetzte Jeans tragen, wird man Sie sicherlich weniger ernst nehmen.

6. Achten Sie darauf, dass Ihre P-Aussage alle erforderlichen Informationen enthält. Erzählen Sie nicht Ihre ganze Lebensgeschichte, sondern erklären Sie, was passiert ist.

7. Bleiben Sie realistisch. Wenn Sie ein billiges Gerät gekauft haben, können Sie nicht erwarten, dass Sie ein teureres Modell als Ersatz erhalten.

8. Legen Sie alle erforderlichen Unterlagen vor: Quittungen, Garantiescheine, Wartungsbescheinigungen usw.

9. Beziehen Sie keine anderen Kunden in das Gespräch mit ein. Also kein „Können Sie sich das vorstellen?" zu dem Mann neben Ihnen.

10. Sollten Sie mit dem Angebot des Betreffenden nicht zufrieden sein, bitten Sie um eine Erklärung. Fragen Sie nach dem Geschäftsführer. Ist der nicht im Hause, bitten Sie um seinen Namen und seine Durchwahlnummer.

11. Sie können Ihren Ärger ruhig in Worte fassen, z. B.: „Damit bin ich nicht zufrieden. Ich habe jetzt schon mit mehreren Verantwortlichen gesprochen, und keiner hat mit weiterhelfen können." Das ist etwas ganz anderes, als wenn Sie den Betreffenden angreifen.

12. Zeigen Sie sich aufgeschlossen für die Vorschläge des anderen. Wenn Sie nicht bekommen können, was Sie eigentlich wollten, bitten Sie die andere Seite um einen Gegenvorschlag. Vielleicht werden Sie ja sogar positiv überrascht.

4. Beileid aussprechen

„Das ist bestimmt nicht leicht für dich. Aber glaub mir, es ist bestimmt besser so."

Die letzte und eine der unangenehmsten Kommunikationssituationen tritt dann auf, wenn wir einem anderen unser Beileid aussprechen wollen. Das ist wirklich nicht einfach! In dieser Situation fühlen wir uns schrecklich und uns fehlen in der Regel die Worte. Wenn wir es versäumen, einem Menschen, der einen Verlust erlitten hat, unser Mitgefühl auszudrücken, begehen wir jedoch einen großen Fehler. Natürlich kann ich verstehen, dass Sie sich in dieser Situation nicht wohl fühlen und den Betreffenden durch Ihren Kommentar nicht noch in seinem Schmerz bestärken wollen. In meinem Beruf höre ich immer wieder: „Ich habe Angst, dass ich es nur noch schlimmer für den anderen mache."

Das ist wirklich äußerst unwahrscheinlich. *Es ist von größter Bedeutung, dass Sie Ihr Mitgefühl ausdrücken.* Wir helfen dem anderen wirklich, wenn wir ihm unser Beileid aussprechen. Das merken wir spätestens dann, wenn wir uns in derselben Situation befinden. Dann erkennen wir, wie tröstlich es ist, dass andere Leute den geliebten Menschen ebenfalls vermissen werden oder uns zumindest zu verstehen geben, dass sie wissen, wie schwer das alles für uns ist.

Was sollen wir in einem solchen Fall sagen? Häufig reicht eine einzige aufrichtige Bemerkung vollkommen aus: „Mein aufrichtiges Beileid." – „Das ist bestimmt nicht leicht für Sie und Ihre Familie." – „Sie haben mein aufrichtiges Mitgefühl."

Vermeiden Sie in jedem Fall Formulierungen wie „Es ist bestimmt besser so." Wie sollten Sie das beurteilen können? Behalten Sie Ihre persönliche Meinung für sich. Andernfalls könnten Sie die Gefühle des Betreffenden verletzen.

Viele Menschen sagen in einer solchen Situation: „Ich weiß, was Sie jetzt durchmachen." Und die meisten von uns wissen wirklich, was es heißt, einen geliebten Menschen zu verlieren. Berichten Sie dem Betreffenden ggf. von Ihren eigenen Erfahrungen. „Ich habe im letzten Jahr meinen Vater verloren. Die Zeit danach war schrecklich. Aber ich habe nach und nach gelernt, mit dem Verlust zu leben."

Ich möchte Ihnen dazu raten, einen kurzen Brief oder eine Beileidskarte zu schicken und den Hinterbliebenen so mitzuteilen, wie sehr Sie den Verstorbenen geschätzt haben. Diese haben so die Möglichkeit, Ihre Worte ggf. mehrmals zu lesen.

„Sie war ein wunderbarer Mensch und ich bin sicher, dass viele Menschen sie sehr vermissen werden."

„Ich kann mich noch gut an ein Gespräch mit Ihrem Vater erinnern, in dem er mir erklärte, dass Sie für ihn etwas ganz Besonderes waren. Er war sehr stolz auf Sie."

Wenn Sie eine Beileidskarte benutzen, sollten Sie auf jeden Fall eine persönliche Bemerkung hinzufügen.

Kapitel 13

Wenn Sie mit Hilfe der PAC-Methode auf ein Problem angesprochen werden

Inzwischen sind Sie in der Lage, sich in schwierigen Gesprächssituationen freundlich, aber bestimmt zu verhalten bzw. durch dieses Verhalten einer Auseinandersetzung einen positiven Verlauf zu geben. Sie wissen jetzt auch, wie Sie dem Betreffenden begegnen sollten – unabhängig von dessen Reaktion. Doch bislang haben wir einen wichtigen Punkt völlig außer Acht gelassen. Was passiert, wenn man Sie mit Hilfe der PAC-Methode auf ein Problem anspricht?

Glauben Sie mir, diese Situation wird früher oder später ganz bestimmt eintreten. Auch freundliche, aber bestimmte Menschen machen Fehler und stören bzw. kränken andere Menschen, ohne sich dessen bewusst zu sein. Auch Sie tun manchmal Dinge, die ein anderer als ärgerlich, störend oder sogar beleidigend empfindet. Und vielleicht ist Ihnen das nicht einmal bewusst. Das können Sie sich nicht vorstellen? „Was? Ich?"

Auch Sie sind vor beruflichem Feedback nicht gefeit. Auch Sie können von einem anderen wegen Ihres Verhaltens zur Rede gestellt werden. Irgendwann sind Sie vielleicht der- bzw. diejenige mit dem fehlenden Knopf an der Bluse oder dem offenen Reißverschluss.

Keine Panik. Wir alle können Feedback gebrauchen. Nur so können wir uns weiterentwickeln. Feedback ist nichts Negatives. Kennen Sie nicht auch jemanden, der keine Kritik vertragen kann? Bei diesen Menschen handelt es sich in der Regel um relativ anstrengende Zeitgenossen, weil man sie wie „rohe Eier" behandeln muss.

Ich persönlich ziehe es vor, darüber informiert zu werden, wenn ich Fehler mache bzw. mich nicht korrekt verhalte. Wenn mich einer meiner Klienten plötzlich fallen lässt, möchte ich den Grund dafür erfahren. Vielleicht hat er auf einem anderen Gebiet die größeren Schwierigkeiten oder einfach nicht mehr genug Geld für den Unterricht. Wenn es jedoch an mir persönlich liegt, muss ich das wissen. Und ich will auch wissen, wenn ich einen Knopf an meiner Bluse verloren habe!

Was Sie bedenken sollten, wenn Sie mit der PAC-Methode auf ein Problem angesprochen werden

Kein Mensch ist unfehlbar. Auch Sie sind nicht perfekt. Wenn diese Tatsache für Sie ein Problem darstellt, sollten Sie sich das Folgende besonders zu Herzen nehmen.

Wenn Ihr Reißverschluss offen ist, schließen Sie ihn mit einem Lächeln auf dem Gesicht

Früher oder später machen wir uns alle einmal zum Narren. Selbst freundliche, aber bestimmte Persönlichkeiten, ziehen irgendwann einmal Toilettenpapier am Schuhabsatz hinter sich her, haben Spinat zwischen den Zähnen, stolpern über ihre eigenen Füße oder geraten in andere peinliche Situationen.

Es geht nicht darum, *was Ihnen passiert*. Wichtig ist, *wie Sie mit der Situation umgehen*. Dieser Punkt lässt sich am besten durch ein persönliches Erlebnis illustrieren, das mir während eines meiner Seminare passierte. Während des Vortrags trug ich ein schnurloses Mikrofon. In der ersten Pause vergaß ich, das Mikrofon auszuschalten, und ging auf die Toilette. Stellen Sie sich das einmal vor, ich bin auf die Toilette gegangen, ohne das Mikrofon abzustellen! Irgendwann rannte eine andere Frau auf die Toilette und klärte mich auf. Aber da war es schon zu spät.

Wie geht man in einen Saal zurück, in dem sich 60 Menschen befinden, die einen auf seinem Gang zur Toilette per Lautsprecher begleitet haben? Ich hatte keine andere Wahl. Ich

musste zurück. Mir blieb nur eins – ich musste über mich selbst
herzhaft lachen. Also ging ich zum Rednerpult und erklärte den
Anwesenden mit ernster Miene: „Es gibt eine Theorie, die
besagt, dass man sein Verhalten erst nach einem bedeutenden
emotionalen Erlebnis ändert." Ich machte eine kurze Pause und
fuhr dann fort: „Nun, meine Damen und Herren, ich hatte so-
eben ein solches Erlebnis. Und glauben Sie mir, solange ich
lebe, werde ich nie wieder vergessen, mein Mikrofon auszuschalten!" Darauf brachen alle Anwesenden in schallendes
Gelächter aus.

Als mir klar wurde, in welch missliche Lage ich mich gebracht hatte, wäre ich natürlich am liebsten auf der Stelle im
Erdboden versunken. Ich hatte mich fürchterlich blamiert. Aber
ich meisterte die Situation mit Humor. Auf diese Weise konnte
ich sogar das Verhältnis zu meinem Publikum vertiefen. Glauben Sie mir, wenn der Betreffende in einer solchen Situation
versucht, so zu tun, als sei nichts geschehen, wird es für alle
Beteiligten nur noch peinlicher.

Feedback fördert unsere Entwicklung

Am Arbeitsplatz werden wir in der Regel während regelmäßig
stattfindender Besprechungen über unsere berufliche Leistung
aufgeklärt. Auch wenn wir nicht gerne hören, dass wir Fehler
gemacht haben, können wir uns nur weiterentwickeln, wenn
wir über unsere Fehler aufgeklärt werden.

Es folgt eine Liste der allgemeinen Verhaltensrichtlinien,
die Sie befolgen sollten, wenn Sie mit der PAC-Methode auf
ein Problem angesprochen werden oder Feedback erhalten:

1. **Gehen Sie nicht in die Defensive.** Ich weiß, dass es nicht
   immer leicht ist, aber verschließen Sie sich nicht für die
   Argumente Ihres Gegenübers. Nehmen Sie stattdessen die
   Kritik an. Hören Sie den Ausführungen des anderen ruhig
   zu. Akzeptieren Sie die Tatsache, dass auch Sie manchmal
   anderen Menschen zu nahe treten. Wenn Sie Ihrem Gegenüber nicht zuhören und sich weigern, das Gesagte zu akzeptieren, geben Sie diesem Menschen Macht über sich. Sie
   liefern sich Ihren verletzten Gefühlen, Ihrer Unsicherheit

und Ihrem Wunsch, sich dem anderen zu widersetzen, vollkommen aus.

Bleiben Sie empfänglich für konstruktive Kritik. Nach jedem meiner Seminare verteile ich Karten an die Teilnehmer und bitte sie, darauf ihre persönliche Meinung zu notieren. Es kommt durchaus vor, dass einer der Teilnehmer Kritik übt. In diesem Fall ist mein erster Gedanke immer: „Oh nein, bestimmt war das ganze Seminar ein einziger Reinfall" usw. Natürlich ist das nie der Fall. Im Laufe der Zeit habe ich schließlich gelernt, diesen Panikknopf abzuschalten. Das war aber nur möglich, weil ich mir immer wieder vor Augen geführt habe, dass Kritik auch ihre guten Seiten hat. Ich nehme Feedback immer sehr ernst. Und wenn es mir hilft, meine Seminare noch weiter zu verbessern, bin ich sogar sehr dankbar dafür.

2. **Prüfen Sie, von wem die Kritik kommt.** Wenn ich z.B. 49 Karten mit der Aussage „Sie sind toll" erhalte und auf einer einzigen Karte steht: „Sie sind unter aller Kanone", wie gehe ich dann wohl mit diesem Kommentar um? Gibt derjenige mir keine weiteren Erklärungen, bleibt mir nichts anderes übrig, als die Karte in den Papierkorb zu werfen. Vielleicht erinnere ich den Betreffenden ja an seine Ex-Frau. Enthält die Karte jedoch Kritik zum Inhalt des Seminars oder zu meinem Vortrag, nehme ich den Hinweis ernst. Bevor ich jedoch etwas ändere, stelle ich mir grundsätzlich folgende Fragen: „Wer hat diese Kritik geäußert? Hat die Kritik Hand und Fuß?" Vielleicht ist der Betreffende ganz einfach ein „Idiot"? Ist die Kritik ernst gemeint und stammt von jemandem, der weiß, wovon er spricht, ist das ein Geschenk und ich denke mir: „Du kannst froh sein, dass dieser Mensch dich auf deine Fehler aufmerksam macht."

Als ich einen Rhetorikkurs besuchte, erhielt ich von meiner Trainerin – Sie wissen schon, die Frau, die sofort erkannte, dass ich von der Ostküste stamme – ein Feedback, das für meine weitere Laufbahn von großer Bedeutung war. Hätte sie mich nicht auf meine fehlerhafte Aussprache aufmerksam gemacht, würde ich heute noch so sprechen. Es waren zwar nur Kleinigkeiten, aber häufig sind es gerade diese Feinheiten, die unserem Image und unserem Ruf schaden.

Und wie sollen Sie sich verhalten, wenn es sich bei dem Kritiker um einen typischen „Idioten" handelt? Sofern die Äußerungen dieses Menschen wirklich nicht ernst zu nehmen sind, bleiben Sie höflich, bedanken Sie sich für die Anregung und vergessen Sie das Ganze.

3. **Handelt es sich um einen Einzelfall?** Häufig gibt ein kritischer Kommentar mehr Aufschluss über den anderen, als dass Sie mit dem Inhalt etwas anfangen könnten. So stand z. B. einmal auf einer meiner Karten: „Barbara, Sie sollten künftig auf weiße Strumpfhosen verzichten, sie betonen Ihre kräftigen Fesseln." In allen meinen 1.300 Seminaren hat sich nur ein einziger Teilnehmer kritisch über meine Beine geäußert! In diesem Fall ist es sehr viel wahrscheinlicher, dass diese Kritik auf die Wahrnehmung dieser Person als auf die tatsächlichen Ausmaße meiner Fesselgelenke zurückzuführen ist.

Wenn Sie jedoch häufiger von verschiedenen Menschen kritische Anmerkungen zu einem bestimmten Punkt erhalten, sollten Sie diese Kritik ernst nehmen. Wenn Ihnen drei Menschen aus Ihrem Bekanntenkreis sagen, dass Sie zu schnell sprechen, denken Sie einmal ernsthaft darüber nach, ob die anderen damit vielleicht Recht haben könnten.

4. **Achten Sie darauf, wie der andere sich während des Gesprächs bzw. der Auseinandersetzung verhält.** Denken Sie daran, dass derjenige, der Sie mit der PAC-Methode auf ein Problem anspricht, auf diesem Gebiet vielleicht weniger bewandert ist als Sie. Das bedeutet nichts anderes, als dass Sie die Kommunikationstechniken des anderen bzw. seine Fähigkeiten zur Konfrontation hinnehmen müssen. Keine Angst, Sie sind dem anderen nicht hilflos ausgeliefert. Wenn Sie die Techniken, die Sie sich mit Hilfe dieses Buches angeeignet haben, anwenden, können Sie die Situation retten und sich dabei auch noch freundlich, aber bestimmt verhalten.

- **Der andere reagiert aggressiv:** Würden Sie von einem anderen erwarten, mit Ihnen über ein bestimmtes Thema zu diskutieren, wenn Sie ihn anschreien oder mit den Fäusten drohen? Dasselbe gilt auch im umgekehrten Fall. Natürlich haben andere Menschen das Recht, Sie zur Rede zu stellen; das berechtigt sie jedoch nicht dazu, aggressiv bzw. unverschämt gegen Sie vorzugehen. Ist dies der Fall, sagen Sie einfach: „Ich würde mir Ihren Standpunkt gerne anhören, aber ich bin nicht bereit, Ihnen weiter zuzuhören, wenn Sie mich anschreien."

- **Der andere verhält sich passiv:** Sofern Ihr Gegenüber sich z. B. „tausendmal" bei Ihnen entschuldigt, machen Sie ihm klar, dass er von Ihnen nichts zu befürchten hat. Nehmen Sie ihm die Befangenheit: „Sagen Sie mir doch einfach, was Sie auf dem Herzen haben."

- **Drückt der Betreffende sich deutlich genug aus?** Sollten Sie das Gefühl haben, Ihr Gegenüber drückt nicht klar aus, was ihn an Ihrem Verhalten stört, bitten Sie ihn einfach, das Gesagte neu zu formulieren. Denn schließlich müssen Sie sowohl die P-Aussage als auch die A-Aussage des anderen nachvollziehen können. Bevor ich Sie mit dem PAC-Modell bekannt gemacht habe, hatten Sie wahrscheinlich auch Probleme, Ihre Gedanken zu ordnen und anderen Menschen klar und deutlich zu erklären, was Ihnen an ihrem Verhalten missfällt. Denken Sie daran, dass Ihr Gegenüber wahrscheinlich mit denselben Problemen zu kämpfen hat. Geben Sie das Gesagte noch einmal mit eigenen Worten wieder. Fragen Sie nach: „Lass mich das bitte klarstellen. Du glaubst also, ich wollte damit sagen, dass dein Freund ein unsympathischer Kerl ist?" oder „Ich soll also künftig mein dreckiges Geschirr sofort abwaschen?"

Ihre Antwort

Sie kommen nicht darum herum, Sie müssen dem anderen antworten – egal, ob Sie mit dem, was er gesagt hat, einverstanden sind oder nicht. Hier einige Tipps, die Ihnen dabei behilflich sein könnten:

1. **Entschuldigen Sie sich, wenn Sie einen Fehler gemacht haben.** Ihnen ist es ja auch am liebsten, wenn derjenige, den Sie auf ein Problem ansprechen, einsieht, dass Sie im Recht sind und sich bei Ihnen für sein Verhalten entschuldigt. Im umgekehrten Fall gilt dasselbe. Ist der andere im Recht, geben Sie den Fehler zu und entschuldigen Sie sich. Ein einfaches „Du hast ja Recht" hat schon so manchen Konflikt gelöst und viele zerbrochene Beziehungen gekittet. Eine einfache Entschuldigung reicht aus. Machen Sie keine Ausflüchte. Wenn Sie einen Fehler gemacht haben, ist ein aufrichtiges „Das tut mir Leid" vollkommen ausreichend. „Ja, also Chef, wissen Sie, ich habe kaum geschlafen und mein Bruder ist doch im Krankenhaus und dann noch die Urlaubsplanung …" Wenn Sie bei der Entschuldigung übertreiben, machen Sie sich lächerlich.

2. **Warum sollten wir dem Wunsch des anderen, seiner A-Aussage, nicht entsprechen?** Tritt der andere mit einem Anliegen an Sie heran, dessen Erfüllung für Sie ein Kinderspiel ist, warum sollten Sie es dann nicht tun? Kompromisse dieser Art werden häufig zwischen Paaren getroffen. Wenn es Ihren Mann wahnsinnig macht, dass Sie das Geschirr in der Spüle stehen lassen, warum sollten Sie es dann nicht gleich in die Geschirrspülmaschine räumen? Häufig sind es gerade die kleinen Dinge, die eine große Wirkung zeigen.

3. **Wenn Sie anderer Meinung sind, diskutieren Sie das Thema.** Sind Sie mit der A-Aussage des anderen absolut nicht einverstanden, machen Sie einen Gegenvorschlag. Erläutern Sie Ihre Beweggründe und erklären Sie, zu welcher Art von Kompromiss Sie bereit wären.

4. **Bitten Sie den anderen, die Angelegenheit in Zukunft anders anzugehen.** Bringt der Betreffende das Problem in einer Art und Weise zur Sprache, die Sie nicht akzeptieren können, bitten Sie ihn, die Sache künftig anders anzugehen. „Wenn Sie wieder mal ein Problem mit mir haben, würden Sie sich dann bitte direkt an mich wenden? Ich würde die

Sache lieber persönlich mit Ihnen klären, als auf diese Weise davon zu erfahren. Okay?"

5. **Wenn Sie in irgendeiner Form von dem anderen abhängig sind, kann es passieren, dass Sie auf eine Diskussion verzichten müssen.** Handelt es sich bei Ihrem Gegenüber z. B. um Ihren Vorgesetzen, bleibt Ihnen in der Regel keine andere Wahl, als sich mit seinen Vorschlägen einverstanden zu erklären. Das trifft natürlich nur auf ganz praktische Dinge zu. Fordert Ihr Vorgesetzter Sie zu unmoralischen oder gar illegalen Handlungen auf, sind Sie dazu natürlich nicht verpflichtet. Wünscht Ihr Arbeitgeber jedoch ein bestimmtes Dokumentenformat, müssen Sie sich daran halten.

6. **Senden Sie positive nonverbale Signale aus.** Versuchen Sie, die Arme nicht zu verschränken, auch wenn es sich hierbei um einen natürlichen Schutzmechanismus handelt, der uns vor Bedrohung schützt. Sie werden aber nicht bedroht, also brauchen Sie die Arme auch nicht zu verschränken. Wenn Ihre Körpersprache Offenheit signalisiert, zeigen Sie damit Ihrem Gegenüber, dass Sie seinen Argumenten aufgeschlossen gegenüberstehen. Darüber hinaus wirken Sie auf diese Weise freundlich, aber bestimmt. Versuchen Sie, durch Ihre Mimik ebenfalls Offenheit zu signalisieren. Machen Sie ein möglichst neutrales Gesicht.

7. **Hören Sie aufmerksam zu!** Spricht Sie jemand auf ein Problem an, müssen Sie Ihrem Gegenüber unbedingt zuhören. Im umgekehrten Fall wollen Sie schließlich auch, dass man Ihnen zuhört. Dann ist es ja wohl das Mindeste, dass Sie dem anderen nun ebenfalls Ihre Aufmerksamkeit schenken. Wenn Sie nicht mehr so genau wissen, was einen guten Zuhörer ausmacht, lesen Sie noch einmal den Kasten auf Seite 150f.

8. **Reißen Sie sich zusammen.** Vielleicht verlieren Sie die Fassung und regen sich auf. So etwas kommt vor. Wenn Sie das Gefühl haben, dass Sie jeden Moment in Tränen ausbrechen oder die Beherrschung verlieren, bitten Sie den anderen, Sie für einen Augenblick allein zu lassen. Ziehen Sie

sich in eine stille Ecke zurück und sammeln Sie sich. Sagen Sie sich, dass Sie diese Situation freundlich, aber bestimmt meistern können, und gehen Sie dann zurück. Oder bitten Sie den Betreffenden, das Gespräch zu einem anderen Zeitpunkt fortzusetzen.

Was nun?

Nun ist es an der Zeit, dass wir uns einmal darüber Gedanken machen, wie wir Auseinandersetzungen vermeiden können. – Moment! Das Thema dieses Buches ist doch die Konfrontation und nicht das Vermeiden schwieriger Gesprächssituationen!?

Ja, da haben Sie vollkommen Recht. Aber Sie werden schon sehr bald erkennen, dass ein Teil der Kraft der positiven Konfrontation darin liegt, sich gar nicht erst in Auseinandersetzungen verwickeln zu lassen. Und das nicht etwa, weil Sie einfach über die Probleme hinwegsehen, sondern weil Sie Ihr Leben so führen, dass Sie die auftretenden Schwierigkeiten und Konflikte auf ein Minimum reduzieren können. Ein Leben, das ich persönlich als ein „konfliktfreies" Leben bezeichne. Auch Sie werden schon sehr bald erkennen, dass es sich so äußerst angenehm leben lässt.

Teil III

Ein konfliktfreies Leben

Kapitel 14

Wie sich Konfliktsituationen vermeiden lassen

Natürlich ist es unmöglich, ohne jeglichen Konflikt durchs Leben zu gehen. Wenn Sie in Ihrem Leben allen Konflikten aus dem Weg gehen wollten, müssten Sie von der Außenwelt abgeschirmt unter einer Glaskuppel leben. Trotzdem können Sie Ihr Leben so gestalten, dass Sie in Ihrem Alltag mit immer weniger Konflikten konfrontiert werden. Ich kenne viele Menschen, die das geschafft haben. Auch Sie können es schaffen. Sie sind sogar schon auf dem besten Weg, die Konflikte in Ihrem Leben auf ein Minimum zu reduzieren. Sie haben gelernt, Menschen nicht länger anzugreifen, sondern sie freundlich, aber bestimmt mit Hilfe der PAC-Methode auf ein Problem anzusprechen – und ich hoffe, dass Sie in Zukunft nur noch so vorgehen werden. Denn das ist der erste Schritt zu einem konfliktfreien und somit wesentlich angenehmeren Leben.

Ein weiterer Schritt ist das Erlernen (und Praktizieren) effektiver verbaler und nonverbaler Kommunikationstechniken. Auch der angemessene Umgang mit schwierigen Gesprächssituationen führt Sie zu Ihrem Ziel.

Lernen Sie, wie Sie es vermeiden können, Konflikte zu verursachen. Hierzu müssen Sie zunächst einmal Ihren Mitmenschen mit Respekt, Aufmerksamkeit und Verständnis begegnen. Eignen Sie sich diese positiven Verhaltensweisen an und Sie werden in der Lage sein, harmonische Beziehungen zu anderen Menschen aufzubauen.

So wie eine Vielzahl der in diesem Buch genannten Techniken ist auch das Aufbauen eines Rapports bzw. einer harmonischen Verbindung zu anderen Menschen relativ einfach zu erlernen. Es lohnt sich, denn die positiven Auswirkungen auf Ihr Leben sind wirklich bemerkenswert. Wenn Sie in der Lage sind, in positiver Form mit anderen Menschen in Verbindung zu treten, werden Sie sowohl mit sich selbst zufriedener sein als auch Ihren Mitmenschen sehr viel freundlicher begegnen. Und Ihre Mitmenschen werden wiederum Ihre Gesellschaft schätzen.

Welche Bedeutung hat der „Rapport" für Sie persönlich?

Was ist denn jetzt die genaue Bedeutung von Rapport in diesem Zusammenhang? Im engeren Sinne bedeutet der Ausdruck Rapport „… der Aufbau eines harmonischen und auf Vertrauen basierenden Verhältnisses zu einem anderen Menschen". Das hört sich gut an. Aber für unsere Zwecke müssen wir uns noch etwas näher mit diesem Thema beschäftigen. Aus diesem Grund möchte ich der oben genannten Definition Folgendes hinzufügen: „… das zum Teil auf guten Manieren und Taktgefühl basiert."

In diesem Zusammenhang möchte ich auch auf den Unterschied zwischen unwichtigen und wichtigen Beziehungen hinweisen. Wenn Sie z. B. den Verkäufer im Supermarkt mit einem freundlichen „Guten Tag" begrüßen, bedeutet das noch lange nicht, dass Sie eine langfristige Beziehung zu ihm aufbauen wollen. Vielleicht sehen Sie diesen Menschen nie wieder – aber warum sollten Sie nicht freundlich zu ihm sein?

Sofern Sie sich mit Ihrem Nachbarn bzw. auf einer Messe mit einem potenziellen Kunden unterhalten, steht häufig der Aufbau einer wichtigen Beziehung im Vordergrund. Mit diesen Menschen möchten wir in der Regel eine längerfristige Beziehung eingehen.

Denken Sie jedoch daran, dass Sie sich bemühen sollten, sowohl unwichtige als auch wichtige Beziehungen aufzubauen. Denn beide Beziehungsformen sind von großer Bedeutung für Ihre Lebensqualität und helfen Ihnen, die Konflikte in Ihrem Leben auf ein Minimum zu reduzieren. Wenn Sie sowohl Verkäufern als auch Ihren Nachbarn freundlich begegnen, werden diese Menschen in der Regel auch Sie freundlich und zuvorkommend behandeln.

Mehr als nur gute Manieren

Wenn Sie gute Beziehungen zu Ihren Mitmenschen aufbauen wollen, spielen Manieren eine große Rolle. Aus diesem Grund werde ich auf den folgenden Seiten näher auf dieses Thema eingehen. Hierbei werde ich diese Begriffe jedoch auch aus einem Blickwinkel beleuchten, der wahrscheinlich neu für Sie sein wird. Gute Manieren bedeuten natürlich auch, dass Sie zu anderen Menschen „Guten Tag", „Danke" und „Ich wünsche Ihnen noch einen angenehmen Tag" sagen. Darüber hinaus wollen wir uns neben den höflichen Ausdrucksformen auch mit den zahlreichen anderen Aspekten der Etikette beschäftigen:

- Seien Sie taktvoll, gelassen und humorvoll, auch wenn diese Eigenschaften in unserer heutigen Zeit selten geworden sind.
- Versuchen Sie, mit Arbeitskollegen, Nachbarn und Zufallsbekanntschaften gut auszukommen.
- Versuchen Sie, mit Unbekannten gut auszukommen.
- Verbessern Sie Ihre Beziehungen zu langjährigen Bekannten und Freunden.

Die Vorteile eines guten Rapports

Wenn Sie in der Lage sind, einen guten Rapport zu Ihren Mitmenschen aufzubauen, können Sie das Konfliktpotenzial in vielen Bereichen Ihres Lebens reduzieren. Sie können besser mit anderen Menschen umgehen. In Situationen, denen Sie früher mit mulmigen Gefühlen begegnet sind bzw. die Sie gemieden haben, zeigen Sie Selbstvertrauen. Sie können mit jedermann Smalltalk halten, und Ihre Mitmenschen werden sich in Ihrer Gesellschaft wohl fühlen.

Ihre guten Manieren haben einen unschätzbaren Wert. Nur die wenigsten von uns kennen überhaupt die Grundregeln der Etikette. Und um das Ganze noch ein wenig komplizierter zu machen: Wer weiß schon, dass sich diese Regeln im Laufe der letzten Jahre geändert haben? Doch genau diese Unwissenheit führt immer wieder zu Problemen, Konflikten und zu schwer wiegenden Missverständnissen.

Gerade gute Manieren spielen eine große Rolle beim Aufbau und der Erhaltung eines guten Rapports. Und das hat einen einfachen Grund: Sie erhalten einfach nur das zurück, was Sie aussenden. Ihre Mitmenschen tun nichts anderes, als auf Ihre Signale zu reagieren. Glauben Sie mir, es fällt uns wesentlich schwerer, einem anderen *unfreundlich* zu begegnen, wenn dieser uns ausgesprochen *freundlich* behandelt.

Zehn Schritte zum Aufbau eines guten Rapports

Frischen Sie Ihre Fähigkeiten zum Aufbau eines positiven Rapports auf. Die folgenden elf Schritte werden Ihr Leben um einiges erleichtern. Auch wenn jeder einzelne Punkt für sich nur eine Kleinigkeit zu sein scheint, können diese Kleinigkeiten – als Ganzes betrachtet – über Ihre Beziehungen zu Ihren Mitmenschen entscheiden. Das Beste an diesen Techniken ist, dass sie einfach zu erlernen und leicht in die Praxis umzusetzen sind. Sie können also dieses Kapitel lesen, das Buch aus der Hand legen und Ihr neu erworbenes Wissen sofort anwenden.

1. Begrüßen Sie Ihre Mitmenschen und schenken Sie ihnen Ihre Aufmerksamkeit

Hierbei handelt es sich sowohl um den einfachsten als auch um den wirkungsvollsten Schritt. Grüßen Sie Ihre Mitmenschen und schenken Sie ihnen Ihre Aufmerksamkeit. Sagen Sie „Guten Tag", „Guten Morgen", „Wie geht es Ihnen?" und „Auf Wiedersehen".

Viele Menschen wundern sich darüber, dass ich diesen Punkt zuerst anführe. Sie sind der Meinung, da würde ich es mir wohl ein bisschen zu leicht machen. Ich habe diesen Punkt jedoch aus gutem Grund an die erste Stelle gesetzt. Denn hinter dieser Kleinigkeit verbirgt sich der Zündstoff für unzählige Konflikte. Kein Mensch wird gerne von anderen ignoriert.

Wenn Sie anderen Menschen begegnen – egal, ob Sie diese kennen oder nicht –, sollten Sie ihnen kurz in die Augen blicken und sie begrüßen. Auf diese Weise stellen Sie den Rapport zu Ihrem Gegenüber her und zeigen dem Betreffenden, dass Sie ihn wahrnehmen.

Wie fühlen Sie sich, wenn andere Menschen Sie ignorieren?

Kürzlich war ich wegen eines Belastungs-EKGs bei meinem Arzt. Der Arzt fragte mich nach meinem Beruf und als ich ihm antwortete, dass ich u. a. als Trainerin für Etikette arbeite, erwiderte er: „Bitte sagen Sie doch meinem Assistenten, dass er auf mein freundliches ‚Guten Morgen‘ reagieren soll. Es macht mich wahnsinnig, wenn er meinen Gruß einfach ignoriert!"

Unsere Mitmenschen fühlen sich vor den Kopf gestoßen, wenn wir sie nicht zumindest grüßen. Und glauben Sie mir, das geschieht nur zu oft.

Wahrscheinlich mögen Sie die Leute nicht, die Ihren Gruß nicht erwidern. Und sehr wahrscheinlich fällen Sie ein negatives Urteil über die Betreffenden. Sie halten sie für unverschämt, unfreundlich oder sogar selbstherrlich. Dann ist die Versuchung, ebenfalls unfreundlich zu reagieren, besonders groß.

Wenn Sie nachts auf verlassener Straße einer finsteren Gestalt begegnen, sollten Sie natürlich auf ein „Auf Wiedersehen" verzichten und möglichst schnell das Weite suchen. Doch wenn Sie sich in Sicherheit befinden, ist ein freundlicher Gruß Pflicht.

Begrüßungen und ihre Wirkung

Wenn die Menschen sich untereinander freundlich begrüßen, herrscht in der Regel eine gute Atmosphäre, sei es nun in einer öffentlichen bzw. privaten Organisation oder auch beim Treffen eines Lesekreises. Für ein einfaches „Guten Morgen" ist es nicht erforderlich, dass Sie den anderen kennen.

Ein freundlicher Gruß bedeutet noch lange nicht, dass wir uns auf diese Menschen einlassen müssen, es ist einfach nur höflich. Deswegen müssen Sie Ihre neuen Nachbarn nicht gleich zum Essen einladen. (Obwohl es Ihnen selbstverständlich freisteht, das zu tun.) Ein Gruß zeigt Ihren Mitmenschen

einfach nur, dass Sie Notiz von ihnen nehmen und ein höflicher
Mensch sind.

Begrüßen der Nachbarn

Grüßen Sie Ihre Nachbarn, wenn Sie sie treffen. Ich höre immer wieder Klagen über „böse" Nachbarn. Die Menschen has-
sen es, wenn sie von ihren Nachbarn ignoriert werden. Und das
geschieht leider nur zu oft!

Als ich eine Wohnung in der Stadt bezog, habe ich meine
Nachbarn grundsätzlich gegrüßt, wenn ich sie getroffen habe.
Das war zwar nur ein oberflächlicher Kontakt, aber immerhin
etwas.

Einer meiner Freunde dagegen hat nie ein Wort mit seinen
Nachbarn gewechselt. Wir beide haben unseren Müll immer
sehr früh hinausgetragen. Während er eine Verwarnung von
der Hausverwaltung erhielt – einer der Nachbarn hatte sich
beschwert –, haben meine Nachbarn mein Verhalten akzeptiert.

Hier geht es natürlich nicht darum, wie Sie es schaffen,
dass kein Mensch sich beschwert, wenn Sie Ihren Müll zu
nachtschlafender Zeit auf die Straße bringen. Sondern hier geht
es darum, was Ihre Nachbarn von Ihnen halten und wie sie auf
Sie reagieren, auch wenn sie Sie nur flüchtig kennen. Mein
Freund wurde von seinen Nachbarn als Außenseiter betrachtet – und das nur, weil er sie weder gegrüßt noch ihnen auch
nur einen Bruchteil seiner Aufmerksamkeit geschenkt hatte.

Begrüßen der Arbeitskollegen

Während einer Vertreterschulung in einer Vertriebsgesellschaft
bemerkte ich, dass die Vertreter die Verwaltungsangestellten
(die für die Vertreter Unbekannte waren, da sie normalerweise
außer Haus arbeiteten) nicht grüßten. Schlimmer noch, die
Mitglieder des Vertriebs versuchten, die Mitarbeiter der Ver-
waltung nach Möglichkeit überhaupt nicht zur Kenntnis zu
nehmen. Als jedoch der Vertriebsleiter den Raum betrat, wurde
er von den Vertretern mit einem freundlichen „Hallo" empfangen. Die Verwaltungsmitarbeiter fühlten sich zu Recht gekränkt und ärgerten sich über das Verhalten ihrer Kollegen aus
dem Vertrieb. Sie fragten sich: „Haben die denn nicht einmal
ein ‚Hallo' für uns übrig?" Und wenn dann die Angestellten

etwas für die Vertreter erledigen sollten ... Sie wissen ja, wie die Geschichte endet.

Ich kann den Verwaltungsangestellten keinen Vorwurf machen, dass sie gekränkt waren und sich weigerten, für die Vertreter mehr zu tun als unbedingt nötig.

Grüßen ist ansteckend

Warum sollten Sie die Initiative ergreifen, wenn der andere Sie schließlich auch nicht grüßt? Ganz einfach, indem Sie den anderen grüßen, können Sie ihn dazu bringen, sich das Grüßen ebenfalls anzugewöhnen.

Claire hat die Initiative ergriffen und es sich zur Gewohnheit gemacht, ihren Vorgesetzten grundsätzlich freundlich zu begrüßen. Zunächst hielt sie ihn für einen arroganten Miesepeter, weil er sie nie grüßte, wenn er morgens ins Büro kam und sich auch nur in seltenen Fällen verabschiedete. Ich fragte Claire, ob sie schon einmal versucht hatte, ihn zuerst zu begrüßen.

„Das kann schon sein, dass ich das früher gemacht habe. Aber inzwischen habe ich mir das abgewöhnt. Warum sollte ich auch?" – „Versuchen Sie es", antwortete ich. „Auch wenn Sie der Meinung sind, dass Ihr Chef Sie auch ruhig einmal zuerst grüßen könnte, versuchen Sie es trotzdem."

Sie befolgte meinen Rat und schließlich stellte sich heraus, dass der alte Knabe gar nicht so unausstehlich war, wie sie zunächst angenommen hatte. Es brauchte natürlich seine Zeit. Inzwischen begrüßt er sie und erkundigt sich sogar danach, wie es ihr geht. Claire hat sogar das Gefühl, dass er einen freundlicheren Eindruck macht, wenn er morgens das Büro betritt. Vielleicht hatte dieser Mann sich das Grüßen einfach abgewöhnt. Jetzt wo er wieder grüßt, scheint er auch wieder mehr Freude am Leben zu haben.

Der Nutzen ist in diesem Fall ganz offensichtlich: weniger Stress und Konflikte für Claire. Inzwischen hat sich auch das Arbeitsklima zwischen Claire und ihrem Vorgesetzten erheblich verbessert.

Rapport zu Unbekannten

Wenn Sie einen Unbekannten grüßen, können Sie ganz leicht einen Rapport zu diesem Menschen herstellen. Auch hier ist natürlich nicht die finstere Gestalt gemeint, der Sie nachts in einer verlassenen Gegend begegnen. Aber warum sollten Sie den Menschen, der am Supermarkt in der Schlange vor Ihnen steht, nicht grüßen? Ich besuche regelmäßig dieselbe Postfiliale. Als ich dort einen neuen Angestellten mit einem freundlichen „Guten Morgen" begrüßte, blickte dieser mich erstaunt an und erwiderte: „Ihnen auch einen guten Morgen." Ich konnte diesem Mann die Freude über meine freundliche Begrüßung regelrecht ansehen. Auch wenn ich keine engere Beziehung zu diesem Mann eingehen möchte, bin ich doch eine Stammkundin dieser Filiale. Der Angestellte ist also ein Teil meines alltäglichen Lebens. Inzwischen sind wir schon „alte Bekannte". Ich werde von ihm grundsätzlich äußerst zuvorkommend bedient.

Solange Sie es nicht ausprobiert haben, behaupten Sie bitte nicht, dass man mit Freundlichkeit nichts erreichen kann. Versuchen Sie es. Sie werden sehen, es funktioniert. Fangen Sie zunächst einmal damit an, Ihren Mitmenschen mit einem freundlichen Gesichtsausdruck zu begegnen. Lächeln Sie und grüßen Sie. Schaffen Sie ein freundliches Gesprächsklima.

2. Machen Sie Ihre Mitmenschen miteinander bekannt

Neben der Begrüßung stellt auch das Vorstellen der anderen Person einen wichtigen Faktor beim Aufbau guter zwischenmenschlicher Beziehungen dar. Auch hierbei scheint es sich eher um eine Kleinigkeit zu handeln. Aber Sie würden sich wundern, wie viel dabei schief gehen kann. Sie glauben gar nicht, wie viele unnötige Spannungen entstehen, wenn andere einen Raum betreten bzw. sich in ein Gespräch einschalten, ohne sich bzw. ihre Begleiter vorzustellen. Viele Menschen stellen ihre Begleitung nicht vor, regen sich aber fürchterlich auf, wenn sie von einem anderen einmal nicht vorgestellt werden.

Soweit ich das beurteilen kann, versäumen die Menschen das Vorstellen aus folgenden Gründen:

- Sie fühlen sich nicht dafür verantwortlich.
- Sie wissen nicht, wie man das eigentlich macht – sich bzw. andere vorstellen.

- Sie haben den Namen der betreffenden Person vergessen.

Doch der Grund spielt eigentlich gar keine Rolle, denn Sie müssen den anderen vorstellen. Selbst wenn Sie dabei Fehler machen, ist das immer noch besser, als wenn Sie völlig darauf verzichten.

Im beruflichen bzw. geschäftlichen Rahmen sollten Sie – unabhängig vom Geschlecht der Beteiligten – grundsätzlich zuerst den Namen desjenigen nennen, der die höhere Position bekleidet. Früher wurden die Frauen zuerst vorgestellt, doch das ist im heutigen Geschäftsleben nicht mehr üblich. Wenn Sie nicht wissen, welche der Personen den höheren Rang bekleidet, nennen Sie zuerst den Namen desjenigen, bei dem Sie einen positiven Eindruck hinterlassen wollen.

Sollten Sie den Namen eines der Betreffenden vergessen haben, stehen Sie dazu. Das kann schließlich jedem mal passieren. In einer solch unangenehmen Situation sollten Sie immer einen höflichen und netten Spruch auf den Lippen haben, der Ihnen und den anderen aus der Verlegenheit hilft. Wenn Sie sich für solche Gelegenheiten einen „Standardsatz" einprägen, haben Sie diesen dann im Ernstfall auch parat. Verwenden Sie z. B. folgende Aussagen:

„Es tut mir Leid, aber ich habe Ihren Namen vergessen."
„Entschuldigen Sie bitte, Ihr Name ist mir entfallen."
„Ihr Gesicht ist mir bekannt, aber ich habe ein miserables Namensgedächtnis."
„Ich weiß, ich kenne Ihren Namen, helfen Sie mir doch bitte auf die Sprünge."

„Ich kann mich einfach nicht an Ihren Namen erinnern. Bitte entschuldigen Sie, aber ich muss mir so viel merken und habe bis spät in die Nacht gearbeitet ..." Versuchen Sie nicht, sich zu rechtfertigen. Eine einfache Entschuldigung reicht völlig aus. Dafür hat jeder Verständnis.

Wenn Sie in der Lage sind, andere Menschen angemessen vorzustellen, vermitteln Sie ihnen ein Gefühl der Sicherheit, und das ist ein entscheidender Schritt für den Aufbau eines guten Rapports. Darüber hinaus können Sie auf diese Weise eine Vielzahl von Konflikten vermeiden.

Falls nötig, stellen Sie sich selbst vor

Als Patrick und sein Arbeitskollege an einer Besprechung teilnahmen, setzte der Kollege sich neben den Vizepräsidenten des Unternehmens. Kurz darauf beobachtete Patrick, wie sich der Kollege und der Vizepräsident mit Handschlag begrüßten. Die beiden Männer schienen sich zu kennen.

Nach der Konferenz sprach Patrick seinen Kollegen darauf an: „Ich dachte, du kennst den Vizepräsidenten nicht." – „Ich kannte ihn auch nicht", erwiderte dieser. „Ich habe mich ihm einfach vorgestellt." Und so hatte Patricks Kollege Bekanntschaft mit einem der wichtigsten Männer in diesem Unternehmen geschlossen.

3. Händeschütteln ist Pflicht

Keine andere Form der Begrüßung ist Ursache für so viele Missverständnisse und Spannungen wie der gute alte Händedruck. Wir beurteilen unsere Mitmenschen sogar nach der „Qualität" ihres Händedrucks. Doch gerade dieses Urteil ist nur allzu oft die Ursache für unnötige Konflikte.

Frauen beurteilen ihre Geschlechtsgenossinnen häufig auf Grund ihres Händedrucks. Eine meiner Klientinnen berichtete mir darüber, was in ihrem Kopf vorging, als sie von einer Frau mit einem schlaffen Händedruck begrüßt wurde: „In diesem Augenblick verlor ich jeglichen Respekt vor dieser Frau."

Doch auch Männer lassen sich bei ihrem Urteil über andere Männer von deren Händedruck leiten. Ich höre immer wieder, wie sie sich über einige ihrer Geschlechtsgenossen aufregen, die ihnen beim Händeschütteln fast die Knochen gebrochen hätten: „Da wollte mir wohl einer zeigen, wie stark er ist."

Denken Sie immer daran, dass ein Mensch mit einem schwachen bzw. einem besonders starken Händedruck nicht zwangsläufig ein Feigling bzw. ein Tyrann sein muss. Vielleicht haben diese Leute nie gelernt, wie man anderen richtig die Hand schüttelt, oder sie sind sich ihres schlaffen bzw. zu festen Händedrucks gar nicht bewusst. Darüber hinaus ist gerade der Bereich des Händeschüttelns äußerst verwirrend, da es hierzu verschiedene Verhaltensrichtlinien gibt: Auf der einen Seite die Umgangsformen für das gesellschaftliche Leben und auf der anderen Seite die Grundsätze für das geschäftliche Umfeld. Und welche dieser Regeln sollen Sie nun befolgen?

Etikette – gesellschaftliches Leben versus geschäftliches Umfeld

Am Beispiel des Händedrucks – bzw. des fehlenden Händedrucks – zeigt sich deutlich, wie das falsche Verständnis bzw. das Unwissen über neue bzw. veränderte Etiketteregeln zu Missverständnissen und Problemen führen kann. Das folgende Beispiel soll Ihnen veranschaulichen, was ich damit meine:

Der Seniorchef eines Unternehmens betrat den Konferenzraum, in dem sich drei Männer und eine Frau befanden. Die drei Männer erhoben sich und schüttelten dem Seniorchef die Hand. Die Frau stand jedoch weder auf, noch reichte sie ihm die Hand zum Gruß.

Was würden Sie von dieser Frau denken? Wahrscheinlich würden Sie annehmen, dass diese Frau kein gleichberechtigtes Mitglied der Gruppe darstellte.

Je nachdem, welchen Standpunkt Sie vertreten, können Sie entweder die Frau oder die Männer für diese Situation verantwortlich machen. Trotzdem ist es gut möglich, dass alle Beteiligten sich lediglich so verhalten haben, wie es ihnen als „gutes Benehmen" beigebracht wurde. Amerikanische Männer, sowohl jüngere als auch ältere, lernen inzwischen, dass sie es der Frau überlassen sollten, die Hand zum Gruß zu reichen. Frauen dagegen wird auch heute teilweise noch eingebläut, dass sie in solchen Situationen nicht aufzustehen brauchen! Ich habe das auch so gelernt. Ich blieb jahrelang „artig" sitzen, wenn mir jemand vorgestellt wurde, und habe Männer nicht mit einem Händedruck begrüßt. Inzwischen halte ich mich nicht mehr an diese Regeln.

Heutzutage legen die Frauen jedoch großen Wert auf Gleichberechtigung. Das bedeutet aber auch, dass sich die Benimmregeln aus dem gesellschaftlichen Leben nicht länger auf das geschäftliche sowie das berufliche Umfeld anwenden lassen. Das Geschlecht der betreffenden Personen hat heute keinen Einfluss mehr auf unsere Manieren im Berufsleben. Stattdessen unterscheiden wir zwischen Gästen und Gastgebern oder Menschen mit höheren bzw. niedrigeren beruflichen Positionen.

Im Berufsleben sollten also alle Anwesenden – egal, ob Mann oder Frau – aufstehen, wenn einer der Generaldirektoren bzw. eine andere wichtige Persönlichkeit den Raum betritt. Und alle sollten bei der Begrüßung dem anderen die Hand reichen.

Wenn Sie der Gastgeber sind, ist es Ihre Aufgabe, alle Anwesenden zu begrüßen und miteinander bekannt zu machen. Sie können Ihre Gäste zwar nicht zum Händeschütteln zwingen, Sie können aber zumindest mit gutem Beispiel vorangehen.

Im Privatleben fallen unsere Begrüßungen in der Regel sehr viel persönlicher aus als im geschäftlichen Umfeld. Menschen, die uns nahe stehen, umarmen und küssen wir sogar, wenn wir sie treffen. Ich bin der Meinung, dass wir Frauen uns im sozialen Leben ebenfalls dem Wandel der Zeit anpassen und sowohl aufstehen als auch die Hand zum Gruß reichen sollten, wenn uns jemand vorgestellt wird. Aber auch hier sollten wir nie außer Acht lassen, dass einige Männer und Frauen nach wie vor die konventionellen Verhaltensrichtlinien bevorzugen. Mein Tipp: Handeln Sie der Situation entsprechend. Sofern es sich um eine Situation des gesellschaftlichen Lebens handelt, sollten Sie dem Betreffenden zugute halten, dass er sich der Veränderungen der Konventionen vielleicht nicht bewusst ist.

Das hört sich verwirrend an? Das ist es auch! Die Etikette lässt sich mit einem Tanz vergleichen. Es handelt sich leider nicht um einen Walzer, bei dem jeder einzelne Schritt genau vorgegeben ist, sondern eher um einen Rock-and-Roll-Song: Sie passen Ihre Bewegungen den Klängen der Musik an und versuchen, ihnen zu folgen.

Auch für Frauen gilt: Händeschütteln ist Pflicht

Vor allem viele Frauen sind sich der Veränderungen nicht bewusst. Die meisten amerikanischen Frauen haben nie gelernt, dass sie anderen Menschen die Hand geben sollten. Von den weiblichen Teilnehmern meiner Seminare zeigen mindestens 35 Prozent in diesem Fall ein unangemessenes Verhalten. So bleiben 75 Prozent von ihnen sitzen, wenn ich mich ihnen vorstelle. Nur zum Vergleich: 90 Prozent der Männer erheben sich. Frauen beklagen sich immer wieder darüber, dass ihnen im Geschäftsleben keine Beachtung geschenkt wird. Doch dabei lassen sie außer Acht, dass sie dem Abhilfe schaffen könnten, indem sie die Benimmregeln für eine angemessene Begrüßung befolgen. Glauben Sie mir, wenn jemand auf Sie zutritt, Ihnen in die Augen blickt und die Hand schüttelt, können Sie diesen Menschen kaum ignorieren.

In unseren Breitengraden gehört der Händedruck im Geschäftsleben zum guten Ton. Und wenn Sie ernst genommen werden wollen, müssen Sie den anderen die Hand geben. Für die meisten Frauen, die sich bei mir darüber beklagen, dass sie nicht respektiert werden, ist Händeschütteln ein Fremdwort. Eine Klientin berichtete mir, dass die Tatsache, dass sie bei ihrem Vorstellungsgespräch die Anwesenden sowohl mit Handschlag begrüßt als auch verabschiedet hatte, schließlich den Ausschlag dafür gab, dass sie diesen Job erhielt.

Frauen sollten kräftig „zupacken"!

Männer beklagen sich häufig über den laschen Händedruck der Frauen. Frauen beschweren sich ebenfalls häufig über den schwachen Händedruck der Männer. Und darüber hinaus bemäkeln sie auch noch den lauen Händedruck ihrer Geschlechtsgenossinnen. Manchmal ist ein schwacher Händedruck nichts anderes als eine lahme Begrüßung, die Wirkung auf den anderen verfliegt jedoch in der Regel nicht einfach so ohne weiteres. Wie Sie bereits wissen, bilden viele Menschen sich auf Grund Ihres Händedrucks ein Urteil über Sie. Bei einem laschen Händedruck liegt zumindest in unseren Breitengraden die Vermutung nahe, dass wir es mit einem „Waschlappen" zu tun haben.

Wie sollen Sie also einem anderen die Hand geben, ohne dabei wie ein Waschlappen zu wirken? Andererseits wollen Sie dem Betreffenden auch nicht gleich die Hand brechen.

Um Sie nicht unnötig auf die Folter zu spannen, werde ich Ihnen jetzt die Formel verraten, die sowohl Männer als auch Frauen im Geschäftsleben beim Händedruck beachten sollten. Diese Formel lässt sich inzwischen übrigens auch auf das gesellschaftliche Leben anwenden: Derjenige, der die höhere Position bekleidet, reicht dem anderen zuerst die Hand. Ob das jedoch geschieht, ist in einigen Fällen noch immer eine Frage des Geschlechts. Sofern Sie die Person sind, die eine weniger angesehene Position bekleidet, lassen Sie Ihrem Gegenüber zwei bis drei Sekunden Zeit. Sollte er bzw. sie Ihnen dann noch immer nicht die Hand gereicht haben, machen Sie den Anfang. Der korrekte Händedruck:

1. Nennen Sie Ihren Namen und reichen Sie dem anderen die Hand.
2. Der Daumen zeigt während des Händedrucks leicht angewinkelt nach oben. Achten Sie darauf, dass sich die Gelenke beider Daumen berühren.
3. Der Händedruck sollte fest sein, dem anderen jedoch nicht wehtun. Für die Männer unter Ihnen: Sie nehmen hier an keinem Wettbewerb teil! Es ist vollkommen ausreichend, wenn Sie die Hand des anderen zwei- bis dreimal schütteln.

4. Die „neue" Etikette in puncto Behilflichkeit

Auch in diesem Bereich kommt es durch die Anwendung der Benimmregeln für das soziale Umfeld im beruflichen und geschäftlichen Leben immer wieder zu Problemen. Vor noch nicht allzu langer Zeit gehörte es noch zum guten Ton, dass Männer Frauen bei folgenden Dingen „behilflich" waren:

- Tür öffnen
- Bestellungen aufgeben bzw. die Frau zuerst wählen lassen
- Restaurantrechnungen begleichen
- Gepäck tragen
- In den Mantel helfen
- Den Stuhl zurechtrücken

Doch die Benimmregeln in puncto Behilflichkeit haben sich insbesondere im Berufsleben ebenfalls verändert. Wenn ein Mann seiner weiblichen Begleitung in den Mantel hilft, bei einem Geschäftsessen für sie bezahlt und ihr bei einer geschäftlichen Besprechung den Stuhl zurechtrückt, welches Bild hat man dann von der Frau? Es entsteht der Eindruck, als sei diese Frau hilflos und auf seine Unterstützung angewiesen. Doch gerade in der Geschäftswelt legen Frauen heute großen Wert auf Gleichberechtigung. Sie wollen als kompetent, vertrauenswürdig und erfolgreich betrachtet und auch so behandelt werden.

Also sollten Frauen im beruflichen und geschäftlichen Leben nicht erwarten, dass Männer ihnen weiterhin „behilflich" sind. Doch wie sieht es im privaten Umfeld aus? Diese Frage kann ich nur damit beantworten, dass die Etiketteregeln auch im gesellschaftlichen Leben nicht länger klar definiert sind. Auch hier ist es möglich, dass wir in eine Situation geraten, in der unser Gegenüber sich an die für das Geschäftsleben gültigen Benimmregeln hält.

Paare müssen häufig genau abwägen, wie viel Behilflichkeit ihre Beziehung tragen kann. Ich mag es, wenn Marty, meine bessere Hälfte, mir die Autotür aufhält. Und er hält mir gerne die Autotür auf. Für unsere Beziehung ist das okay.

In beruflichen Situationen erwarte ich jedoch nicht, dass mir ein Mann die Tür aufhält; es sei denn, ich habe keinen Arm frei. Bei den Benimmregeln in puncto Behilflichkeit sollten Sie folgende Grundregel befolgen: Helfen Sie einem anderen – egal, ob Mann oder Frau – wenn er bzw. sie Hilfe benötigt. Wenn der Mann z. B. den Ärmel seines Mantels nicht findet, soll die Frau dann untätig danebenstehen und den Mann auslachen bzw. ignorieren? Selbstverständlich nicht. Natürlich sollte sie ihm in den Mantel helfen.

Als z. B. ein leitender Angestellter, der für den Posten des Direktors vorgeschlagen worden war, bei einem Gespräch mit dem Vizepräsidenten der Gesellschaft diesem dabei behilflich war, seinen schweren Wintermantel anzuziehen, gab diese kleine Geste schließlich den Ausschlag. Er erhielt den gewünschten Posten.

Manche Frauen ärgern sich über die Hilfsbereitschaft der Männer. Bitte verurteilen Sie einen Mann nicht vorschnell als Sexisten. Denken Sie immer an den „Idiotentest" aus Kapitel 5. Es ist durchaus möglich, dass dieser Kerl, der Ihnen am Fahrstuhl den Vortritt lässt, es nicht anders gelernt hat. Vielleicht will der Mann, der Ihnen die Tür aufhält, Ihnen auch einfach nur einen Gefallen tun. Schreien Sie ihn bitte nicht an, wie es leider viel zu viele Frauen in dieser Situation tun. Das wäre ganz einfach falsch.

Sollen wir einen Mann darauf ansprechen, der einer Frau behilflich ist?

Wie sollen Sie als Frau sich denn nun gegenüber dem Mann verhalten, der Ihnen am Fahrstuhl den Vortritt lassen will? Sie können sich z. B. einfach bei ihm bedanken und die Angelegenheit auf sich beruhen lassen. Ich persönlich bin der Meinung, dass ich mein Leben nur unnötig verkomplizieren würde, wenn ich jeden Mann, der mir im Fahrstuhl den Vortritt lassen will, auf sein unangebrachtes Verhalten hinweisen würde. Stört es mich denn wirklich so sehr, wenn mir ein Mitarbeiter des Unternehmens, in dem ich gerade ein Seminar abhalte, die Tür aufhält? Nein, mich stört es nicht besonders. Wenn jedoch einer Ihrer Arbeitskollegen Ihnen ununterbrochen seine Hilfe „aufzwingt", können Sie ihn durchaus darauf ansprechen. Aber auch hier gilt: Nicht angreifen – die PAC-Methode einsetzen.

Ihre P-Aussage (Was stört mich?): „Ich weiß, dass Sie es nur gut meinen, wenn Sie mir die Tür öffnen, mir den Stuhl zurechtrücken und beim Mittagessen für mich bezahlen. Ich bin jedoch der Meinung, dass so der Eindruck entstehen könnte, ich sei von Ihnen abhängig oder könnte nicht für mich selbst sorgen."

Ihre A-Aussage (Ihr Anliegen): „In Zukunft werde ich Sie um Ihre Hilfe bitten, wenn ich Hilfe benötige."

Ihre C-Aussage (Check): „Ist das in Ordnung?"

Sie können das Ganze natürlich auch stark verkürzen: „Vielen Dank für Ihr Angebot, aber ich komme sehr gut allein zurecht."

„Aber ich bestehe darauf"

Einige Männer halten sich jedoch auch im beruflichen und geschäftlichen Umfeld strikt an die alten Benimmregeln für das gesellschaftliche Leben. Ein kleiner Akt der Höflichkeit hier und eine freundliche Geste dort mögen ja durchaus angebracht sein, aber übertreiben Sie es bitte nicht. Wenn Sie als Mann darauf bestehen, einer Frau, die offensichtlich nicht auf Ihre Hilfe angewiesen ist, behilflich zu sein, kann das zu Konflikten führen.

5. Die Kunst des Smalltalks

Wenn Sie den anderen begrüßt haben, einander vorgestellt wurden bzw. sich vorgestellt haben und sich die Hände geschüttelt haben, was dann? Sofern Sie eine Beziehung zu dem Betreffenden aufbauen wollen, sollten Sie ihn in einen Smalltalk verwickeln – selbst dann, wenn Sie der Meinung sind, die Kunst des Smalltalks nicht zu beherrschen.

Vielleicht sind Sie schüchtern. Die traurige Wahrheit ist, dass Schüchternheit in unserer Gesellschaft häufig verurteilt wird. Wir ziehen vorschnelle Schlüsse aus dem Verhalten dieser Menschen. „Die Frau ist vielleicht hochnäsig" oder „Was glaubt dieser Typ eigentlich, wer er ist?", obwohl die Betreffenden in Wirklichkeit vor lauter Nervosität kein Wort herausbekommen.

Sollten Sie schüchtern sein oder Ihnen häufiger die Worte im Halse stecken bleiben, bleibt Ihnen nur eine Möglichkeit: Sie müssen lernen, sich zu überwinden. Die Kunst des Smalltalks ist für Ihre berufliche Laufbahn von herausragender Bedeutung und erleichtert Ihnen darüber hinaus das alltägliche Leben. Wenn Sie die Kunst des Smalltalks beherrschen, können Sie problemlos einen positiven Rapport zu Ihren Mitmenschen aufbauen.

Eine meiner Freundinnen, die ihr Leben lang mit chronischer Schüchternheit zu kämpfen hatte, berichtete mir, dass ihr erst durch den passenden Kommentar einer Rezeptionskraft bewusst wurde, wie sehr sie das Problem durch ihr Verhalten nur noch verschärfte. Die Frau sagte bei dem Eintreten meiner Freundin: „Oh, da kommt ja wieder unsere Eiskönigin."

Diejenigen unter Ihnen, die nicht mit der Gabe der Schlagfertigkeit gesegnet wurden, sollten aber nicht verzweifeln. Auch Sie können es lernen. Glauben Sie mir, ich habe schon häufig miterlebt, wie Menschen, die grundsätzlich kein Wort herausbekamen, schließlich doch noch die Kunst des Smalltalks erlernten. Smalltalk kann man genauso lernen wie Fahrradfahren. Hier einige Tipps:

1. Stellen Sie Fragen. Auf diese Weise locken Sie den anderen aus der Reserve und bringen eine Unterhaltung in Gang.

2. Beziehen Sie sich ggf. auf Ihr letztes Zusammentreffen mit dieser Person.
3. Versuchen Sie, die Interessen des anderen herauszufinden.
4. Verzichten Sie auf Modewörter bzw. bestimmte Ausdrücke, die Ihr Gegenüber vielleicht nicht verstehen könnte.
5. Vermeiden Sie kontroverse Themen, wie z. B.: Politik, Religion, ethische Fragen. Das soll jedoch nicht heißen, dass Sie ab sofort nur noch über Belanglosigkeiten sprechen sollen. Ich möchte Ihnen lediglich raten, sensible Themen dieser Art erst dann zur Sprache zu bringen, wenn Sie den anderen näher kennen gelernt haben. Folgende Themen sind für einen Smalltalk besonders gut geeignet: das Wetter, die neuesten Kinofilme, Bücher, Sport (sofern alle Beteiligten sich dafür interessieren), Kommentare zu dem Ort, an dem Sie sich gerade befinden usw.
6. Achten Sie auf Ihre nonverbalen Signale. Gerade beim Smalltalk spielen die nonverbalen Botschaften eine besonders große Rolle. Also verschränken Sie nicht die Arme vor der Brust, denn das könnte dem anderen signalisieren, dass Sie nicht aufgeschlossen für ihn sind. Stellen Sie Blickkontakt her. Zeigen Sie Ihrem Gegenüber, dass Sie ihm zuhören. Und hören Sie dem anderen auch wirklich zu. Schenken Sie Ihrem Gesprächspartner Ihre volle Aufmerksamkeit. Unsere Mitmenschen bemerken es, wenn wir ihnen unser Interesse nur vorheucheln.

Ergreifen Sie die Initiative

Grüßen Sie, stellen Sie sich vor, reichen Sie dem anderen die Hand zum Gruß und fangen Sie ein Gespräch an. Ergreifen Sie die Initiative, das ist der Schlüssel zum Aufbau eines guten Rapports. Sie werden noch vielen Menschen begegnen, die ein anderes Verständnis von dem haben, was sich gehört, als Sie selbst. Also machen Sie den Anfang: Reichen Sie dem anderen die Hand und stellen Sie sich vor. Wenn Sie bemerken sollten, dass der andere kein Interesse an Ihnen hat, ziehen Sie sich freundlich zurück. Sagen Sie: „Es war nett, mit Ihnen zu plaudern", und gehen Sie.

Kleines Schwätzchen, große Wirkung

Wenn Sie erst einmal die Kunst des Smalltalks beherrschen, werden Sie schon sehr bald erste Erfolge verbuchen können. Es wird immer einfacher, das verspreche ich Ihnen.

Eine Frau berichtete mir kürzlich ihre Geschichte. Früher war sie äußerst schüchtern und brachte in Gegenwart fremder Menschen kein Wort heraus. Doch durch das, was sie bei mir gelernt hatte, war ihr Selbstvertrauen gewachsen. Während eines Fluges sprang sie erstmals über ihren Schatten und verwickelte die Frau neben sich in ein Gespräch. Es stellte sich heraus, dass der Mann dieser Frau maßgeblich an einem Projekt beteiligt war, an dem die schüchterne Dame gerade arbeitete. So kam es, dass sie schließlich auch diesen Mann kennen lernte und sich mit ihren Fragen persönlich an ihn wenden konnte.

6. Schenken Sie den anderen Ihre ungeteilte Aufmerksamkeit

Sie können so viel reden, wie Sie wollen, so viele Hände schütteln, wie Sie wollen, das wird Ihnen jedoch nichts nützen, wenn Sie den anderen nicht Ihre volle Aufmerksamkeit schenken. Die Menschen wollen, dass man ihnen zuhört und Interesse für das zeigt, was sie zu sagen haben. Ich bin immer wieder erstaunt, dass ich meinen Klienten erklären muss: „Gehen Sie nicht ans Telefon, wenn Sie Besuch haben bzw. wenn sich jemand in Ihrem Büro befindet." Das ist wirklich unhöflich! Wenn Sie ans Telefon gehen, während Sie sich mit einem anderen Menschen unterhalten, zeigen Sie Ihrem Gesprächspartner, dass er Ihnen weniger bedeutet als der Anrufer. Wozu wurde denn der Anrufbeantworter erfunden?

Wenn Sie schon unbedingt ans Telefon gehen müssen, sollten Sie dem anderen wenigstens erklären, warum Sie das tun, z. B.: „Das ist ein wirklich wichtiger Anruf. Ich warte schon den ganzen Tag darauf." Beenden Sie dann das Gespräch so schnell wie möglich und wenden Sie sich wieder Ihrem Gesprächspartner zu.

Eine Freundin von mir machte kürzlich einen Krankenbesuch bei einer Bekannten. Während des Besuchs erhielt diese Frau einen Anruf von einer anderen Freundin und verbrachte geschlagene 20 Minuten am Telefon. Und das, obwohl sie gerade Besuch hatte! Wäre ich an der Stelle der Besucherin gewesen, wäre ich auch sauer auf diese Freundin. Ich hätte mich auch gefragt, ob diese andere Freundin (die nicht einmal anwesend ist) ihr wichtiger ist als ich.

Die Problematik der mangelnden Aufmerksamkeit erstreckt sich jedoch nicht ausschließlich auf das Telefon. Einer meiner Bekannten hatte z. B. einmal ein Vorstellungsgespräch, in dessen Verlauf der Verantwortliche in aller Ruhe seine Post durchsah. Meinem Bekannten wurde die Stellung sogar angeboten, doch er lehnte u. a. deshalb ab, weil er keine Lust hatte, für jemanden zu arbeiten, der so tat, als existiere er überhaupt nicht. Ich würde für so einen Menschen auch nicht arbeiten wollen.

Netzwerk-Missbrauch

Wenn Sie geschäftliche Kontakte knüpfen möchten, sollten Sie dem Betreffenden unbedingt Ihre ungeteilte Aufmerksamkeit schenken. Es gibt nichts Schlimmeres als Leute, die ihre Visitenkarten an alle und jeden verteilen. Die Betreffenden schenken Ihnen weder Aufmerksamkeit, noch verhalten sie sich Ihnen gegenüber aufmerksam. Sie drücken Ihnen lediglich eine Visitenkarte in die Hand, das ist alles. In diesem Fall ist es nur zu offensichtlich, dass der andere nicht das geringste Interesse daran hat, Sie zu treffen bzw. näher kennen zu lernen.

Wenn Sie sich mit jemandem unterhalten und dieser während des Gesprächs seinen Blick umherschweifen lässt, ist das ebenfalls ein sicheres Zeichen dafür, dass dieser Mensch an Ihnen als Person nicht wirklich interessiert ist. Es ist sinnlos, zu solchen Menschen eine Verbindung herstellen zu wollen. Ich frage mich immer wieder, warum diese Menschen sich wundern, dass ihnen keine wichtigen Aufträge bzw. Aufgaben übertragen werden.

Blickkontakt – der Schlüssel zum Erfolg

Stellen Sie Blickkontakt zu Ihrem Gegenüber her und machen Sie deutlich, dass ihm bzw. ihr Ihre volle Aufmerksamkeit gilt. Denn der Blickkontakt ist sowohl eine der einfachsten als auch der effektivsten Möglichkeiten, einen Rapport zu anderen Menschen aufzubauen.

Im Rahmen meiner beruflichen Tätigkeit habe ich viele Menschen kennen gelernt, die sich unbehaglich fühlen, wenn sie Blickkontakt mit anderen aufnehmen sollen. Sofern Sie keine Übung darin haben, kann das durchaus zutreffen. Sie sollen dem anderen ja auch nicht unentwegt in die Augen starren. Also können Sie Ihren Blick ruhig hin und wieder abwenden. Aber Sie müssen Blickkontakt herstellen. Glauben Sie mir, Sie werden sich daran gewöhnen.

Doch wie sollen Sie sich verhalten, wenn Ihr Gegenüber Ihnen den Blickkontakt verweigert? (Denken Sie immer daran, dass der andere vielleicht nicht über dasselbe Wissen verfügt wie Sie.) Zunächst einmal sollten Sie Ihrem Gesprächspartner keine böse Absicht unterstellen. Vielleicht fühlt der Betreffende sich unwohl, wenn er anderen in die Augen schaut, oder hat einen anderen kulturellen Hintergrund. Darüber hinaus können Sie das Gespräch für einen Moment unterbrechen, in der Regel bringen Sie den anderen so dazu, dass er Sie direkt anschaut. Damit wären Ihre Möglichkeiten in diesem Fall auch schon erschöpft.

7. Lassen Sie den anderen ausreden

Für viele Menschen gibt es nichts Schlimmeres, als in ihren Ausführungen von einem anderen unterbrochen zu werden. Doch nur wenige von uns sind sich überhaupt bewusst, dass sie ihrem Gegenüber das Wort abschneiden. Und wer weiß schon, wie er sich verhalten soll, wenn er unterbrochen wird. Aus diesem Grund kommt es gerade in diesem Bereich häufig zu Konflikten. Das kann sogar dazu führen, dass andere mit Ihnen nichts mehr zu tun haben wollen. Wenn Ihre Mitmenschen Ihnen aus dem Weg gehen, können Sie natürlich keine Beziehungen aufbauen.

> „Unterbrechen Sie mich nicht, wenn ich Sie unterbreche.“
> WINSTON CHURCHILL

Vielleicht zählen auch Sie zu den „unentwegten Unterbrechern“. Die meisten von uns sind sich gar nicht bewusst, dass sie andere Menschen nicht ausreden lassen, bis sie schließlich jemand darauf hinweist. Bei diesem Verhaltensmuster handelt es sich in der Regel um eine tief verwurzelte Angewohnheit. Natürlich fährt jeder Mensch ab und zu einem anderen über den Mund. Tritt dieses Verhalten jedoch regelmäßig auf, meiden die anderen den Umgang mit den notorischen Wortabschneidern. Mit diesen Menschen will dann niemand etwas zu tun haben. Die Betreffenden wissen jedoch in der Regel nicht, warum sie gemieden werden. Wenn Sie sich z. B. dabei ertappen, dass Sie anderen die Worte aus dem Mund nehmen, ist es gut möglich, dass auch Sie ein typischer Wortabschneider sind.

Ich kenne z. B. einen Lesekreis, für dessen Mitglieder während der Buchbesprechungen eine eiserne Grundregel gilt: Sprich erst, wenn mindestens fünf Teilnehmer ihre Meinung geäußert haben. Das ist ein hervorragender Grundsatz. Befolgen Sie ihn, wann immer Sie an einer Gruppendiskussion teilnehmen.

Wie sollen Sie sich verhalten, wenn Sie unterbrochen werden?

Wenn ein anderer Ihnen das Wort abschneidet, haben Sie natürlich das gute Recht, Ihr Missfallen darüber zu äußern. Aber bleiben Sie dabei freundlich. Sofern Sie den Betreffenden angreifen, wirken Sie unprofessionell. Einer Frau riss auf einer Konferenz der Geduldsfaden, weil sie von einem anderen Teilnehmer immer wieder unterbrochen wurde. Da sie einfach nicht wusste, wie sie mit der Situation umgehen sollte, schrie sie ihn schließlich an: „Bitte, wenn Sie meinen, Sie wüssten es besser ... dann fahren Sie eben fort." Der andere erwiderte lediglich: „Das ist Ihr Part, also sprechen Sie."

Die Frau hatte die Beherrschung verloren und büßte so ihre Glaubwürdigkeit ein. Darüber hinaus kam es nach diesem Zwischenfall zwischen ihr und dem betreffenden Kollegen zu Spannungen. Also bat sie mich um Tipps, für den Fall, dass ihr wieder einmal jemand das Wort abschneiden sollte. Ich erklärte ihr, dass sie unbedingt die Regeln des freundlichen, aber bestimmten Verhaltens befolgen müsse. Hier einige Beispiele:

„Ich werde auf Ihre Bemerkung zurückkommen, wenn ich meine Ausführungen abgeschlossen habe."

„Lassen Sie uns darauf eingehen, wenn ich hiermit fertig bin."

„Hervorragende Idee, bitte behalten Sie den Gedanken unbedingt im Kopf."

Sie können auch fortfahren und dem anderen durch eine Anspielung zu verstehen geben, dass sein Zwischenruf in diesem Moment nicht angebracht ist. Aber manche Menschen reagieren einfach nicht auf versteckte Andeutungen. Aus diesem Grund möchte ich Ihnen raten, den anderen direkt – freundlich, aber bestimmt – auf seinen Fauxpas aufmerksam zu machen: „Entschuldigen Sie bitte, ich war noch nicht fertig."

Unterbrechungen und geschlechtsspezifische Probleme
Männer unterbrechen Frauen häufiger, als es umgekehrt der Fall ist. Ich erlebe das in meinen Seminaren immer wieder und habe dieses Verhalten auch schon in zahllosen privaten Situationen beobachtet.

Übung

Wie würden Sie reagieren, wenn Sie jemand unterbricht? Ich möchte Ihnen raten, sich für diesen Fall einen freundlichen, aber bestimmten Standardsatz einzuprägen. Schließlich wird diese Formulierung Ihnen wie von selbst über die Lippen kommen, und Sie werden feststellen, dass es tatsächlich funktioniert.

8. Vorsicht mit dem Humor

Ich möchte in diesem Zusammenhang nicht näher auf das Thema Humor und die so genannte Political Correctness eingehen. Das ist schließlich nicht Thema dieses Buches. Aber Sie sollten gerade dann, wenn Sie den ersten Kontakt zu dem anderen herstellen, in Sachen Humor besonders vorsichtig sein. Ich kann Ihnen versichern, dass Sie ganz sicher anecken werden, wenn Sie Witze erzählen, die Ihre Mitmenschen als kränkend bzw. unverschämt empfinden.

Sobald ich in meinen Seminaren auf dieses Thema zu sprechen komme, geht ein Stöhnen durch die Menge. Und so ziemlich jeder der Anwesenden kann zumindest einen Bekannten vorweisen, der mit seinen vulgären Witzen regelmäßig Missfallen erregt.

Humor ist ein zweischneidiges Schwert. Einerseits können Sie damit die Situation auflockern, andererseits können Sie damit auch gehörig auf die Nase fallen. Jeder Mensch hat einen anderen Sinn für Humor. Was der eine als witzig empfindet, ist für einen anderen wiederum alles andere als komisch. Manchmal fühlen sich die Menschen durch den vermeintlichen Witz eines anderen sogar verletzt bzw. gekränkt, und schon ist der Konflikt vorprogrammiert. Ich will Sie keinesfalls dazu auffordern, Humor aus Ihrem Kommunikationsrepertoire zu verbannen, aber ich möchte Ihnen raten, ihn vorsichtig zu gebrauchen.

Sie halten das vielleicht für komisch ...

Ich kann Ihnen nur raten, auf dreckige Witze zu verzichten. Unzählige Menschen sind sich der Konsequenzen dieses fragwürdigen Sinns für Humor überhaupt nicht bewusst. Aus diesem Grund sollten Sie sich den folgenden Erlebnisbericht unbedingt zu Herzen nehmen:

Schon am ersten Tag eines BWL-Lehrgangs machte einer der Teilnehmer während seines Vortrags einen vulgären Witz. Ich erklärte ihm, dass dieses Verhalten absolut unangemessen sei. Er reagierte wütend und warf mir vor, vor lauter Political Correctness meinen Sinn für Humor verloren zu haben. In der Woche darauf erklärte er mir dann jedoch, dass er erst jetzt bemerkt hatte, dass er sehr viel mehr Bemerkungen dieser Art machte, als er bislang angenommen hatte. Und er hatte sich immer gewundert, warum er nie für eine Beförderung vorgeschlagen worden war.

Lenken Sie durch Ihren Humor nicht vom eigentlichen Thema ab

So versuchte z. B. ein Mitarbeiter einer Kundendienstabteilung einen verstimmten Kunden durch eine witzige Bemerkung zu beschwichtigen: „Wieso aufregen, wenn die Lieferung nicht pünktlich eingetroffen ist. Das treibt doch die Preise nach oben." Der Kunde konnte darüber leider gar nicht lachen. Er war der Überzeugung, dass der Mann seine Beschwerde nicht ernst nahm, und regte sich fürchterlich auf. Schließlich beschimpfte er sogar den Kundendienstmitarbeiter. Der jedoch war sich gar keiner Schuld bewusst.

An dieser Stelle war ein Witz einfach nicht angebracht. Die Menschen wollen, dass wir ihre Probleme, ihre Vorschläge und ihre Beschwerden bzw. PAC-Aussagen ernst nehmen. Wenn Sie einen anderen auslachen, weil Sie ihn tatsächlich nicht ernst nehmen oder Ihren Humor in der falschen Situation einsetzen, kann das die Beziehung zu dem Betreffenden beeinträchtigen.

Amüsieren Sie sich nicht auf Kosten anderer

Kennen Sie auch diese Menschen: Sie sind zwar immer amüsant, doch ihre Witze gehen in der Regel auf Kosten anderer – deren Beruf, Religion, Kultur, persönliche Marotten, Herkunft usw.? Nicht nur, dass diese Menschen in der Regel nicht besonders beliebt sind, darüber hinaus verletzen sie auch noch die Gefühle der Betreffenden.

Auch der Vertreter, der bei seinem Besuch eines potenziellen Kunden das Foto von dessen Frau und sechs Kindern mit dem „witzigen" Ausspruch „Oh, ein echter Katholik …" kommentierte, trat damit ins Fettnäpfchen. Denn der potenzielle Kunde sah allein wegen dieser Bemerkung von geschäftlichen Beziehungen mit dem Vertreter ab.

Situationen, in denen Humor angebracht ist

Versuchen Sie nicht, witzig zu sein, aber bewahren Sie sich Ihren Sinn für Humor. So können Sie mit einer humorvollen Bemerkung eine schwierige Situation von vornherein auflockern. Darüber hinaus verhindert ein gesunder Sinn für Humor, dass wir uns bestimmte Situationen zu sehr zu Herzen nehmen.

Als meine Mutter einmal an einem besonders kalten Wintermorgen bei mir vorbeischaute, machte ich meinen Sohn Jacob gerade für seinen Besuch im Kindergarten fertig. Meine Mutter ermahnte mich: „Barbara, vergiss nicht, Jacob eine Jacke anzuziehen." Darauf erwiderte ich nur: „Gut, dass du mich daran erinnerst. Ich hätte ihn bestimmt ohne Jacke aus dem Haus geschickt." Daraufhin brachen wir beide in schallendes Gelächter aus.

Wenn Ihnen jemand eine eher lächerliche oder sogar dumme Frage stellt, geben Sie eine humorvolle Antwort. Auf diese

Weise machen Sie Ihren Standpunkt deutlich, ohne den anderen direkt darauf ansprechen zu müssen:

„Ich verzeihe Ihnen diese Frage, wenn Sie mir verzeihen, dass ich Ihnen darauf nicht antworte."

Der wichtigste Rat zum Umgang mit Humor lautet: Denken Sie immer daran, dass das, was Sie als komisch empfinden, für andere nicht zwangsläufig auch witzig sein muss.

9. Achten Sie auf einen höflichen Umgangston

Es ist höchste Zeit, dass wir die Höflichkeit wieder in unseren Alltag integrieren. Das können Sie ganz einfach erreichen, indem Sie auf einen freundlichen bzw. höflichen Umgangston achten. Ich muss die Menschen immer wieder daran erinnern, dass sie bei allem Humor die Grundregeln der Höflichkeit nicht außer Acht lassen dürfen. Und da macht es keinen Unterschied, ob ich ein Seminar in einem der führenden amerikanischen Unternehmen oder einen Vortrag in der Grundschulklasse meines Sohnes halte!

Bemühen Sie sich im Berufsleben, in der Schule und im Alltag um einen freundlichen Umgangston, und Sie werden sowohl angenehme neue Kontakte knüpfen als auch Ihre bestehenden Beziehungen positiv beeinflussen können.

Es ist ganz einfach. Sagen Sie „bitte", „danke", „Entschuldigen Sie bitte" und „Es tut mir Leid", sofern ein Grund zur Entschuldigung vorliegt.

Wenn Sie z. B. versehentlich einen anderen Menschen anrempeln und sich nicht dafür entschuldigen, nimmt der Betreffende Ihnen das vielleicht (nicht zu Unrecht) übel. Indem Sie so tun, als sei nichts geschehen, anstatt sich zu entschuldigen, provozieren Sie unnötige Konflikte. Und bedanken Sie sich bei einem anderen für seine Hilfe, wird dieser Ihnen in der Regel beim nächsten Mal gerne wieder behilflich sein.

Der höfliche Umgangston und seine Wirkung
Wenn Sie als Vorgesetzter bzw. Vorgesetzte Ihren Angestellten gegenüber einen höflichen Umgangston anschlagen, ist es sehr viel wahrscheinlicher, dass Sie auch das erreichen, was Sie wollen. Der Kunde, der sich mit einem „Bitte" an den Ange-

stellten wendet, wird in der Regel weitaus zuvorkommender bedient als ein unfreundlicher Kunde.

Ein höflicher Umgangston bedeutet auch den Verzicht auf Flüche und sexistische bzw. rassistische Äußerungen. Denn auf diese Weise können Sie andere ganz leicht dazu bringen, Sie künftig zu meiden. Auch wenn Sie es gar nicht böse meinen, können Sie mit Äußerungen dieser Art andere Menschen vor den Kopf stoßen oder sogar bei Ihren Mitmenschen einen aggressiven Eindruck hinterlassen.

10. Nehmen Sie Rücksicht auf Ihre Arbeitskollegen

Wenn ich die Menschen frage, über welches Verhalten ihrer Arbeitskollegen sie sich am meisten ärgern, fällt immer wieder der Begriff „Rücksichtslosigkeit". Rücksichtslos ist u. a. derjenige:

* der kein neues Papier in den Kopierer einlegt (oder andere, die nur wenige Kopien zu machen haben, nicht schnell vorlässt, bevor er seine 300 Kopien macht).
* der nur noch eine Pfütze Kaffee in der Maschine lässt und keinen neuen aufsetzt.
* der seine leeren Wasserflaschen bzw. Kaffeetassen im Konferenzraum stehen lässt, so dass andere hinter ihm herräumen müssen.
* der ungefragt in die Privatsphäre anderer eindringt. Belauschen Sie nicht anderer Leute Telefongespräche und lesen Sie auch nicht die Notizen bzw. Schriftstücke, die Ihre Kollegen auf dem Schreibtisch liegen lassen.
* der sich Dinge ausleiht und dann vergisst, sie wieder zurückzugeben.

Denken Sie immer daran: Sie verbringen einen Großteil Ihrer Zeit mit Ihren Arbeitskollegen. Aus diesem Grund sollten Sie sich ihnen gegenüber unbedingt rücksichtsvoll verhalten. Andernfalls besteht die Gefahr, dass Ihre Kollegen eines Tages den Umgang mit Ihnen meiden.

Nehmen Sie Rücksicht auf Ihre
Familie und Mitbewohner

Auch mit Ihrer Familie verbringen Sie viel Zeit. Sie sollten in Ihrem Alltag vor allem den Menschen mit Respekt begegnen, mit denen Sie Zeit verbringen bzw. Ihren Lebensraum teilen. Die meisten Konflikte, die zwischen Mitbewohnern bzw. Paaren auftreten, lassen sich dadurch begründen, dass wir unseren Lebensraum mit anderen Menschen teilen müssen. „Meine Mitbewohnerin leiht sich meine Sachen, ohne mich vorher zu fragen." – „Wenn mein Mann in der Küche war, sieht sie danach immer aus wie ein Schlachtfeld." – „Immer muss ich das Badezimmer putzen." – „Sie lauscht, wenn ich mich mit meinem Freund streite." – „Ich muss morgens früh raus, aber sie lässt bis spät in die Nacht das Licht brennen, weil sie lesen will."

Der Großteil dieser Konflikte ließe sich ganz einfach vermeiden, wenn die Betreffenden einige der oben genannten Benimmregeln befolgen würden. Also leihen Sie sich keine Gegenstände, ohne den Betreffenden um Erlaubnis zu bitten. Sorgen Sie dafür, dass andere nicht hinter Ihnen herräumen bzw. -putzen müssen. Respektieren Sie die Privatsphäre anderer, und machen Sie keinen Lärm, wenn der andere Ruhe braucht.

In einigen Punkten, z. B. bei der Frage der Musiklautstärke oder der Aufteilung der Haushaltpflichten, sind vielleicht klare Absprachen erforderlich. Schließlich besteht jede gesunde Beziehung aus einem gegenseitigen Geben und Nehmen.

Respektieren Sie den Lebensraum Ihrer Nachbarn

Vielleicht teilen Sie mit Ihren Nachbarn lediglich einen Zaun und diese Grenze wird von beiden Seiten respektiert. Tatsächlich teilen Sie mit Ihren Nachbarn jedoch sehr viel mehr Lebensraum. So sollten Sie z. B. auch nicht durch zu laute Musik oder Unterhaltungen (bzw. Streitgespräche) in den Lebensraum Ihrer Nachbarn eindringen. Ich hatte einmal eine Familie in meiner Nachbarschaft, die mir eigentlich sehr sympathisch war. Doch die Kinder (alle schon im Teenageralter) waren sehr laut. Sie schrien im Garten herum, hörten laute Musik und einer der Söhne spielte regelmäßig noch nach 22.00 Uhr oder sogar 23.00 Uhr auf seinem Schlagzeug. Zuerst war ich überzeugt, dass der Lärm sehr bald aufhören würde, weil die Eltern es auch nicht ertragen könnten. Das war jedoch offensichtlich nicht der Fall. (Genau aus diesem Grund verzichten wir häufig darauf, andere Menschen auf ein Problem anzusprechen. Wir sind der Überzeugung, dass „denen schließlich klar sein muss, dass dieses Verhalten unerträglich ist ...“ Tatsächlich ist das diesen Menschen jedoch nicht klar.) Schließlich konfrontierte ich meine Nachbarn mit meinen PAC-Aussagen. Und ihnen war tatsächlich nicht bewusst, dass ich das Schlagzeug so laut hören konnte, als stünde es in meinem Schlafzimmer. Sie entschuldigten sich vielmals und wir einigten uns darauf, dass ihr Sohn zu anderen Zeiten Schlagzeug spielen sollte. Auch wenn ich danach noch ab und zu abends das Schlagzeug hören konnte, so war es immerhin nicht mehr so spät.

Auch wenn andere Menschen sich respektlos verhalten, hilft es gar nichts, wenn wir in diesem Fall ebenfalls unhöflich werden. Im Gegenteil, dadurch würde sich die Lage nur noch weiter zuspitzen. Rücksichtslose Menschen kommen gar nicht auf die Idee, dass Sie sich durch ihr Verhalten gestört bzw. belästigt fühlen. Also müssen Sie diese Menschen schon darauf hinweisen – *freundlich, aber bestimmt.*

Kapitel 15

Techno-Etikette

Lassen wir jetzt die relativ einfachen Dinge, wie z. B. den richtigen Händedruck, hinter uns und wenden wir uns komplizierteren Sachverhalten zu – dem Zusammenspiel zwischen moderner Technik und Etikette. Für die im Umgang mit moderner Technik geltenden Umgangsformen wurde von mir eigens der Begriff „Techno-Etikette" kreiert.

Die Techno-Etikette spielt in unserem modernen Leben eine große Rolle. Wir sind überall von Handys, Laptops, E-Mails, Voice-Mails, Mailboxen, Videokonferenzen, dem Internet, Nachrichtenforen usw. umgeben. Inzwischen kann ich mit meinem Computer ein Fax versenden, während ich zur gleichen Zeit eine E-Mail von meiner Freundin aus Holland lese. Und ich finde das fantastisch. Wir können heute besser und schneller miteinander kommunizieren, und das sogar noch wesentlich kostengünstiger als jemals zuvor.

Wie wir zu Techno-Rüpeln werden

Die Art und Weise, wie wir die Technik einsetzen, egal, ob am Arbeitsplatz oder in den eigenen vier Wänden, ist eine häufige Quelle für Konflikte. Wir können – in der Regel unbewusst – anderen Menschen Probleme bereiten. Unsere Mitmenschen können uns als Störenfriede oder sogar Banausen empfinden. Andererseits können wir auch derjenige sein, der sich durch Techno-Fehler eines anderen gestört fühlt. Auch ansonsten äußerst freundlichen Menschen unterläuft gerade auf dem Gebiet der Techno-Etikette häufig der eine oder andere Schnitzer. Und auch so manch richtig dicker Klops!

Natürlich ist es verständlich, wenn wir Fehler im Umgang mit der Technik machen. Denn schließlich konnten unsere

Eltern uns nicht beibringen, wie wir eine höfliche E-Mail schreiben oder was wir beim Hinterlassen einer Sprachnachricht zu beachten haben. Darüber hinaus treten immer neue Kommunikationsformen mit solch einer Geschwindigkeit in unser Leben, dass den Unternehmensleitungen gar keine Zeit bleibt, geltende Verhaltensrichtlinien für deren Benutzung festzulegen. Noch vor zehn Jahren habe ich mühsam gelernt, wie man einen Computer überhaupt startet. Heute coache ich leitende Angestellte über das Internet!

Es ist eben nicht halb so wild

Vielleicht sagen Sie sich: „Über die Umgangsformen mache ich mir später Gedanken. Zuerst muss ich noch der ganzen Welt mitteilen, dass ich jetzt auch online bin." Also, was soll's, wenn Sie den einen oder anderen Fehler machen – ist doch halb so wild.

Atmen Sie einmal tief durch und denken Sie an Ihren Arbeitskollegen, der Ihnen ellenlange Nachrichten auf Ihrem Anrufbeantworter hinterlässt, in denen alle wichtigen Informationen mit den letzten beiden Sätzen abgedeckt werden. Denken Sie an Ihre Freundin, die Ihnen immer wieder Kettenbriefe per E-Mail zusendet. Und denken Sie daran, wie sehr Ihnen das auf die Nerven geht! Vielleicht ärgern sich andere Menschen auch über Ihr Verhalten. All die lästigen Kleinigkeiten summieren sich und können sich irgendwann zu einem großen Problem auswachsen.

Wenn Sie jedoch den Umgang mit der modernen Technologie lernen, ohne Ihren Mitmenschen dadurch zu nahe zu treten, können Sie eine Vielzahl unnötiger Missverständnisse und Probleme vermeiden. Techno-Schnitzer nerven nicht nur Sie, sondern auch Ihre Mitmenschen. Ein Missverständnis hier, eine kleine Auseinandersetzung dort. Die Probleme häufen sich. Die in diesem Kapitel angeführten Tipps sollen Sie vor unnötigen Techno-Fehlern bewahren. Darüber hinaus lernen Sie den richtigen Umgang mit Techno-Rüpeln.

Wie Sie andere Menschen wahnsinnig machen und ein negatives Bild von sich selbst übermitteln: Die zehn häufigsten Fehler im Umgang mit moderner Technik

1. In der Öffentlichkeit zum Handy greifen. Während einer Zugfahrt saß z. B. ein Mann hinter mir, der mit seinem Handy ewig lange Telefonate führte. Ich habe krampfhaft versucht, ihn zu ignorieren – ohne großen Erfolg.

2. Einen Anrufer nicht darüber informieren, dass sich noch andere Personen im Raum befinden, wenn die Lautsprechanlage eingeschaltet ist. Dasselbe gilt für Konferenzschaltungen. So war es auch bei der Frau, die ihren Bekannten besuchte, der während ihrer Anwesenheit ein Telefonat entgegennahm und sie mithören ließ. Es stellte sich schließlich heraus, dass sie den Abend zuvor mit dem Anrufer ausgegangen war. Dieser berichtete ihrem Bekannten in allen Einzelheiten von dem für ihn unangenehmen Date! Solche Dinge geschehen leider immer wieder.

3. Den Lautsprecher der Telefonanlage benutzen, wenn Sie über kein eigenes Büro verfügen. Die Kollegen können so Ihre Gespräche mithören, ob sie das nun wollen oder nicht. Und das ist wirklich störend. Genau dieser Fehler zählt zu den zwölf im ersten Kapitel aufgeführten Verhaltensweisen, die immer wieder zu Konflikten führen.

4. Auf mehreren Leitungen gleichzeitig telefonieren. Viele Menschen machen den Fehler und nehmen ein weiteres Telefongespräch entgegen, während sie den ersten Anrufer warten lassen. Dieses Verhalten verärgert nicht nur Geschäftspartner und Kunden, sondern auch Freunde und Bekannte.

5. Telefongespräche entgegennehmen, während sich Besucher im Büro bzw. in der Wohnung befinden. Nur wenige Menschen sind sich überhaupt darüber im Klaren, wie unhöflich das ist. Und glauben Sie mir, der Besucher ärgert sich garantiert darüber. (Dieses Verhalten hat zwar nichts mit moderner Technik zu tun, doch es tritt leider immer noch viel zu häufig auf.)

6. Bei Nachrichten auf dem Anrufbeantworter bzw. der Mailbox Namen und Telefonnummer nicht zu Beginn *und*

am Ende der Nachricht nennen. Einmal reicht einfach nicht! Es ist rücksichtslos, wenn wir einen anderen auf diese Weise regelrecht dazu nötigen, sich unsere Nachricht zweimal anzuhören. Und bitte achten Sie darauf, dass Sie Ihre Telefonnummer langsam und verständlich angeben. Nichts ist ärgerlicher, als wenn jemand seine Nummer im Eiltempo auf das Band spricht!

7. Ellenlange Nachrichten auf dem Anrufbeantworter bzw. der Mailbox hinterlassen. Nun mal ehrlich, wer von Ihnen hört nach mehr als 15 Sekunden wirklich noch aufmerksam zu? Machen Sie kurze und präzise Ansagen. Häufig kommen die Absender erst am Ende der Nachricht zum eigentlichen Punkt und sind dann auch noch verärgert, wenn der Betreffende nicht das tut, worum sie ihn gebeten haben. (Das kann er aber nicht, weil er das Wichtigste meist gar nicht mehr mitbekommt.)

8. Rechtschreib- und Grammatikfehler in E-Mails. Denken Sie immer daran, wie wichtig die richtigen Formulierungen und die korrekte Ausdrucksweise sind (siehe Kapitel 11)! Die Adressaten ziehen daraus ihre Schlüsse über Sie und Ihre Kompetenz.

9. Die Verwendung von Großbuchstaben in E-Mails. Wenn Sie in einer E-Mail ausschließlich Großbuchstaben verwenden, könnten Sie den Betreffenden ebenso gut anschreien. Und darüber hinaus sind Nachrichten, die ausschließlich aus Großbuchstaben bestehen, schwer zu lesen.

10. Versenden unwichtiger E-Mails. Solange Ihnen der andere nicht ausdrücklich erlaubt hat, ihm Kettenbriefe oder die neuesten Witze per E-Mail zukommen zu lassen, sollten Sie darauf verzichten. Und denken Sie immer daran, dass jemand anderer nicht unbedingt Ihren Sinn für Humor teilen muss.

Das Wie und Warum im Umgang mit moderner Technik

Bevor Sie mit einem anderen mittels moderner Technologie kommunizieren, sollten Sie sich zunächst zwei Fragen stellen und sich darüber klar werden, warum Sie diese Form der Kommunikation wählen. Warum haben Sie sich für dieses Kommunikationsmittel entschieden? Und zu welchen Konsequenzen könnte diese Wahl führen?

Im zweiten Schritt sollten Sie sich darüber Gedanken machen, wie Sie dieses Kommunikationsmedium einsetzen. Gehen Sie dabei freundlich, aber bestimmt vor? Machen Sie vielleicht Fehler dabei?

Die Wahl eines bestimmten Kommunikationsmediums

Setzen wir einmal voraus, Sie hätten eine neue Kundin, die dringend nähere Informationen von Ihnen benötigt. Sollen Sie die gewünschten Informationen nun per Fax, E-Mail oder Eilbrief versenden? Bevor Sie sich für eine dieser Kommunikationsformen entscheiden, sollten Sie sich folgende Frage stellen: Welches ist in diesem Fall die effektivste und für diese Situation angemessenste Methode? Dieser Schritt wird von den meisten Menschen jedoch übergangen. In der Regel wird das Mittel gewählt, das für den Absender mit dem geringsten Aufwand verbunden ist.

Kenny war der Überzeugung, seiner Kundin wäre es egal, wie sie nun die gewünschten Informationen erhält – Hauptsache, es ging schnell. Also teilte er ihr auf die für ihn bequemste Weise mit, dass er die Unterlagen per E-Mail schicken würde. Zwei Tage zuvor hatte er sich zum ersten Mal mit dieser Frau getroffen und bei dieser Gelegenheit hatte sie ihm mitgeteilt, dass sie diese Informationen so schnell wie möglich benötigte.

Kenny hätte sich also die Frage stellen müssen: „Soll ich ihr die Informationen per E-Mail oder per Fax übermitteln oder soll ich sie vielleicht besser anrufen?"

Diesen Schritt hat Kenny jedoch übergangen. Er schickte seiner Kundin eine E-Mail, weil das für ihn die einfachste Möglichkeit war. Da er die Frau nur flüchtig kannte, wusste er auch nicht, dass sie nicht besonders viel von E-Mails hielt. Sie hatte auf ihrer Visitenkarte zwar eine E-Mail-Adresse angegeben, sie überprüfte den Eingang neuer Nachrichten jedoch lange nicht so häufig, wie Kenny annahm. Aus diesem Grund erhielt sie die Informationen mit beträchtlicher Verspätung und war deswegen ziemlich verärgert.

Kenny schlussfolgerte: „Wie kann man nur auf diese Weise seine Kunden verärgern? Jetzt weiß ich es besser – weil ich nachgefragt habe – und übermittle ihr wichtige Informationen grundsätzlich per Fax."

Unsere Entscheidung für eine bestimmte Kommunikationsform und damit gegen alle anderen Möglichkeiten wird in der Regel von unserer persönlichen Meinung zu den verschiedenen Kommunikationsmedien bestimmt. Und genau das ist der Fehler. Bei dieser Entscheidung sollte immer der Empfänger der Nachricht im Vordergrund stehen – nicht wir. Während Sie der Meinung sind, eine E-Mail sei die schnellste und einfachste Möglichkeit, einer Kundin die gewünschten Informationen zu übermitteln, kann diese eine E-Mail als zu formlos empfinden. Sie könnte, ebenso wie Kennys Kundin, die Meinung vertreten, Sie hätten sich nicht einmal die Zeit genommen, einen kurzen Brief zu verfassen und ihr per Fax zuzusenden.

Die Entscheidung für ein bestimmtes Kommunikationsmedium stellt jedoch nicht nur im Geschäftsleben eine Quelle für potenzielle Konflikte dar. So haben Mag und Gary auf eine Annonce zur Geburt ihres Sohnes verzichtet und Freunde und Bekannte per E-Mail über das freudige Ereignis informiert. Garys Verwandtschaft hat jedoch noch nicht einmal einen Computer und fühlte sich übergangen.

Der richtige Umgang mit dem Kommunikationsmedium Ihrer Wahl

E-Mails und Ansagen auf dem Anrufbeantworter bzw. der Mailbox lassen sich auf unzählige Weisen formulieren bzw. gestalten. Ich kann Ihnen nur einige Tipps geben, mit denen sich immerhin grobe Schnitzer vermeiden lassen. Doch zunächst einmal möchte ich Ihnen anhand eines Beispiels erläutern, wohin Fehler im Umgang mit den verschiedenen Kommunikationsmedien führen können:

Eine leitende Angestellte gab z. B. ihre Anweisungen und Rückmeldungen grundsätzlich per E-Mail an ihre Untergebenen weiter. Die Angestellten gingen jedoch nur in seltenen Fällen auf ihre Vorschläge ein. Die Vorgesetzte geriet darüber völlig außer sich. Allerdings schrieb sie ihre Mitteilungen in Großbuchstaben. Die Angestellten wiederum ärgerten sich fürchterlich über das Verhalten ihrer Arbeitgeberin. Schließlich stellte sich heraus, dass die Vorgesetzte sich gar nicht bewusst war, dass sie die Mitarbeiter per E-Mail regelrecht angeschrien hatte.

Diese Frau hatte das Kommunikationsmedium ihrer Wahl falsch eingesetzt. Sie verhielt sich nicht freundlich und bestimmt und verursachte auf diese Weise unnötige Konflikte.

Grundregeln für den erfolgreichen Gebrauch moderner Kommunikationsmedien

„Das habe ich nicht gewusst", ist keine Ausrede für grobe Schnitzer im Umgang mit moderner Technik. Wenn Sie die Möglichkeiten der Technik ausschöpfen, sind Sie auch dafür verantwortlich, dass Sie sich dabei korrekt verhalten. Sie tragen die Verantwortung dafür, dass Sie niemandem vor den Kopf stoßen.

Wenn Sie Ihr Verhältnis zu Mitarbeitern, Freunden, Bekannten und Verwandten nicht unnötig beeinträchtigen wollen, müssen Sie auf die Kleinigkeiten achten. Ihr Wissen um den guten Ton in Sachen Technik ist von größter Bedeutung. Manchmal sind es grobe Fehler, die zu einem sofortigen Konflikt führen; manchmal handelt es sich bloß um kleine Ausrutscher, die sich jedoch häufen und sich irgendwann zu einem Konflikt auswachsen.

Für jedes einzelne der modernen Kommunikationsmittel gibt es inzwischen einige grundlegende Verhaltensrichtlinien, die Sie unbedingt befolgen sollten. Durch die unangemessene Benutzung moderner Kommunikationsmedien verursachte Konflikte treten vor allem im Bereich Telefon, E-Mail, Sprachnachrichten und Handy auf. Hier einige Regeln für konfliktfreie „Techno-Kommunikation":

E-Mail – Was erlaubt ist und was nicht

Mit Hilfe von E-Mails können wir anderen Menschen schnell und mit geringem Kostenaufwand Informationen zukommen lassen. E-Mails bieten uns die Möglichkeit, unsere Verwandten, Freunde, Bekannten, Kunden, Verkäufer und Geschäftspartner immer auf dem Laufenden zu halten.

Denken Sie jedoch immer daran, dass Ihr Umgang mit E-Mails gerade im Geschäfts- und Berufsleben Auskunft über Ihre Professionalität gibt. Sie sollten Ihr geschäftliches E-Mail-Account drei- bis viermal pro Tag kontrollieren und die eingegangenen E-Mails möglichst innerhalb von 24 Stunden beantworten.

Wie Sie bereits wissen, besteht beim Versenden elektronischer Nachrichten keine Möglichkeit, ggf. die Härte Ihrer Aussagen durch andere nonverbale Botschaften zu mildern. Doch auch wenn Sie darauf verzichten, Ihre Mitmenschen per E-Mail auf ein Problem hinzuweisen, besteht trotzdem die Gefahr, dass Sie andere in einer E-Mail auf irgendeine Art und Weise vor den Kopf stoßen. Ihre Stimme und Ihre Mimik sind wertvolle Hilfsmittel, um dem, was andere vielleicht als harte Kritik oder negative Formulierung empfinden, den Stachel zu nehmen.

Hier einige weitere Tipps zum Umgang mit E-Mails:

E-Mails sind angebracht, wenn:

* Sie den Betreffenden anders nicht erreichen können. E-Mails werden gerne benutzt, wenn wir einen anderen möglichst schnell erreichen wollen und das per Telefon oder durch einen Brief nicht möglich ist. Und solange Sie nicht mehrere Nachrichten pro Tag an dieselbe Person senden, treten Sie dem Betreffenden auch nicht zu nahe.
* Sie dokumentieren bzw. sicher stellen möchten, dass eine bestimmte Nachricht auch bei ihrem Empfänger eingeht. Sollte es zum Konflikt kommen, müssen Sie den Eingang bzw. den Versand nachweisen können. Und hierzu eignen sich E-Mails besonders gut.
* Sie nicht aufdringlich erscheinen wollen. Sie geben dem Empfänger Ihrer E-Mail die Möglichkeit, darauf zu antworten, sobald er Zeit dazu findet. Das ist höflich.

- Sie anderen Menschen die neuesten Informationen übermitteln, Fragen stellen, Tipps und Hinweise geben und/oder
  Treffen vereinbaren wollen. Mit Hilfe von E-Mails können
  Sie sicherstellen, dass die Betreffenden alle erforderlichen
  Informationen erhalten und immer auf dem neuesten Stand
  sind. Auf diese Weise lassen sich viele unnötige Konflikte
  vermeiden.

- Sie möglichst schnell eine größere Zahl von Menschen über
  ein bestimmtes Thema informieren, mit anderen Menschen
  in ständigem Kontakt bleiben, Gedanken austauschen oder
  jemandem gratulieren wollen. Wobei ich jedoch nicht glaube, dass dies der richtige Weg ist, um bei Ihrem zukünfti-
  gen Schwiegervater um die Hand seiner Tochter anzuhal-
  ten. Aber ich habe auch schon von einem jungen Mann
  gehört, der das tatsächlich getan hat.

E-Mails sind jedoch nicht angebracht, wenn:

- Sie einem anderen vertrauliche Informationen zukommen
  lassen wollen. Sie wollen nicht, dass andere Menschen davon erfahren? Dann vermeiden Sie jeglichen Konflikt und
  schicken Sie keine E-Mail.

- Sie mit einem potenziellen Kunden in Kontakt treten wollen – es sei denn, dieser hat Sie dazu aufgefordert.

- Sie sich bei jemandem bedanken wollen. E-Mails sind kein
  Ersatz für handgeschriebene Briefe – und schon gar nicht
  dann, wenn Sie sich bei jemandem bedanken möchten.
  Briefpapier und Ihre Handschrift geben einem Dankschrei-
  ben die erforderliche persönliche Note. (Wenn jedoch kein
  formelles Dankeschön erforderlich ist, können Sie auch auf
  eine E-Mail zurückgreifen.)

- Sie jemanden auf ein Problem ansprechen, zurechtweisen,
  jemandem kündigen oder Ihr Beileid aussprechen wollen.
  In diesen Situationen sollten Sie keinesfalls auf die be-
  schwichtigende Wirkung Ihrer nonverbalen Kommunikationstechniken verzichten.

- Sie Kettenbriefe versenden wollen. Kettenbriefe, die wir
  per E-Mail erhalten, sind nicht weniger lästig, nur weil sie
  nicht im Briefkasten liegen.

- Sie eine formelle Einladung verschicken wollen. Wenn Sie
  kurzfristig eine Verabredung treffen wollen, ist eine E-Mail

durchaus angebracht. Planen Sie ein Fest jedoch schon länger im Voraus, sollten Sie traditionelle Einladungskarten schreiben.

• Sie im Büro mit Freunden und Verwandten kommunizieren wollen. (Denn das führt zwangsläufig zu Konflikten mit Ihrem Vorgesetzten. Schließlich „vergeuden" Sie auf diese Weise Ihre Arbeitszeit. Und für die werden Sie schließlich bezahlt!)

• Sie Menschen, die Sie nicht besonders gut kennen, einen Witz erzählen wollen. Auch wenn Sie diesen Witz für harmlos halten, können Sie den anderen damit ungewollt vor den Kopf stoßen. So war es auch bei der Rechtsanwaltsgehilfin, die eine Abmahnung erhielt, weil sie grundsätzlich die neuesten Witze, verschiedenste Top-Ten-Listen und Rätsel per E-Mail an alle Angestellten verschickte. Denn ihr Vorgesetzter (der ebenfalls auf ihrer Adressliste stand) hatte kein Verständnis dafür, dass sie ihre Arbeitszeit auf diese Weise verbrachte.

• Sie E-Mails weiterleiten wollen, die nur für Sie persönlich bestimmt waren. E-Mails lassen sich ganz einfach bis zu ihrem Absender zurückverfolgen.

• Sie Dampf ablassen wollen. Versenden Sie keine E-Mails, solange Sie wütend sind. Wenn Sie die E-Mail erst einmal gesendet haben, gibt es kein Zurück mehr. Im Film mag das ja vielleicht witzig sein, im wirklichen Leben sicherlich nicht.

Der gute Ton für das Verfassen von E-Mails

Für E-Mails gelten dieselben Regeln – bezüglich Wortwahl, Rechtschreibung, Grammatik – wie für einen normalen Brief (siehe Kapitel 11). Denken Sie immer daran, dass eine E-Mail, auch wenn sie wesentlich formloser ist als ein Brief, einiges über Ihre Fähigkeiten zu schreiben aussagt. Achten Sie auf die richtige Grammatik. Denn ebenso wie bei einem Geschäftsbrief bzw. einem Bericht wird der Empfänger Ihre Fehler bemerken und daraus seine Rückschlüsse ziehen.

Oder soll es Ihnen ergehen wie dem Mann, der in seiner Firma ein hohes Ansehen genoss – bis er begann, seinen Arbeitskollegen E-Mails zu senden. In den Nachrichten wimmelte es von Fehlern – Grammatik, Rechtschreibung usw. Einige E-

Mails waren so schlecht, dass die Kollegen sie hinter seinem Rücken untereinander austauschten. Sein Ruf als Manager war damit ruiniert.

Hier einige Tipps für das Verfassen von „konfliktfreien E-Mails":

1. Fassen Sie sich kurz. Auf diese Weise zeigen Sie dem Empfänger, dass Sie seine Zeit nicht unnötig in Anspruch nehmen.

2. Verzichten Sie – insbesondere im Geschäftsleben – auf überflüssige Ausdrücke und Wiederholungen. Für schriftliche Nachrichten liegt die Richtschnur bei maximal einer Seite. Für E-Mails gilt: bis zu 25 Zeilen also ungefähr so viel, wie auf einen Bildschirm passt.

3. Gliedern Sie die E-Mail in kurze Absätze. Auf diese Weise erleichtern Sie dem Empfänger das Lesen Ihrer Nachricht. Es ist schon schwer genug, einen langen Absatz in einem Ausdruck zu lesen. Auf dem Bildschirm ist es noch viel schwieriger. Nehmen Sie immer Rücksicht auf den Empfänger!

4. Geben Sie in der Betreffzeile das Thema der Nachricht an. Auf diese Weise erleichtern Sie dem Empfänger, sich auf den Inhalt der Nachricht zu konzentrieren.

5. Verwenden Sie niemals ausschließlich Großbuchstaben! Dann können Sie den Empfänger gleich anschreien. Darüber hinaus ist die E-Mail dann schwerer zu lesen. Andererseits sollten Sie auch nicht alles kleinschreiben. Das wirkt schlampig. Selbst wenn es sich bei dem Empfänger um einen guten Freund handelt, könnte es auf ihn so wirken, als hätten Sie nicht einmal so viel Zeit für ihn übrig, um für ihn eine möglichst gut lesbare E-Mail zu verfassen.

6. Beschränken Sie sich in jeder E-Mail auf ein Thema.

7. Versenden Sie E-Mails nur an diejenigen, die die Nachricht betrifft bzw. die mit diesen Nachrichten (z. B. Witze o. Ä.) einverstanden sind. Vergeuden Sie nicht anderer Leute Zeit mit überflüssigen Nachrichten.

8. Lesen Sie jede Nachricht vor dem Versenden noch einmal durch. Achten Sie auf die Rechtschreibung. Auf dem Bildschirm entdeckt man Tippfehler nicht so leicht wie auf Pa-

pier. Lesen Sie sich die Nachricht vor dem Absenden deshalb noch einmal laut und langsam durch.

Ein persönliches Gespräch ist durch nichts zu ersetzen

Jetzt, da Sie wissen, was Sie beim Verfassen von E-Mails beachten müssen, sollten Sie sich vor dem Versenden folgende Frage stellen: Müssen Sie dem Betreffenden wirklich eine E-Mail schicken? Vielleicht wäre ein persönliches Gespräch eher angebracht. Ich wundere mich immer wieder, dass viele Menschen sich gerade am Arbeitsplatz nur noch über E-Mails verständigen. Warum sprechen sie nicht persönlich mit dem anderen, wo er sich doch in unmittelbarer Nähe befindet?

Wenn wir völlig auf das persönliche Gespräch verzichten, kann das schließlich zu einem Problem werden. Ich habe einmal mit den Angestellten zweier Abteilungen desselben Unternehmens gearbeitet, weil zwischen den beiden Parteien ungeheure Spannungen bestanden. Auf meinen Rat hin rief der zuständige Manager alle Betroffenen zusammen, und innerhalb von zehn Minuten waren alle Probleme aus der Welt geschafft.

Geben Sie die E-Mail-Adressen anderer nicht weiter

Geben Sie niemals die E-Mail-Adressen Ihrer Freunde und Bekannten weiter. Einige Unternehmen, die ihre Produkte bzw. Dienstleistungen über das Internet vertreiben, arbeiten mit Tricks, um sich Adressen potenzieller Kunden zu beschaffen. Sie bieten Ihnen Rabatte bzw. Prämien an, wenn Sie ihnen Adressen von Freunden und Verwandten nennen, die ebenfalls an ihren Produkten bzw. Dienstleistungen interessiert sein könnten. Bevor Sie die E-Mail-Adressen anderer Menschen weitergeben, müssen Sie unbedingt deren Einverständnis einholen.

Seien Sie jedoch bitte auch bei anderen Angeboten vorsichtig. So erlebte ich eine böse Überraschung, nachdem ich per E-Mail einen Blumengruß von einer Freundin erhalten hatte. Als ich das entsprechende Symbol anklickte, erschien ein wunderschöner Blumenstrauß auf meinem Bildschirm. Ich fand die Idee großartig, bis ich von dem betreffenden Anbieter mit E-Mails bombardiert wurde. Die lästigen Nachrichten machten die gute Absicht meiner Freundin leider völlig zunichte.

Telefon-Missbrauch

Im Gegensatz zur E-Mail handelt es sich beim Telefon keineswegs um ein neues Kommunikationsmedium, doch das Telefon wird inzwischen anders eingesetzt als noch vor wenigen Jahren. Sofern wir unsere Verhaltensweisen den Veränderungen nicht anpassen, kann das zu Konflikten führen.

In meinen Seminaren erstellen die Teilnehmer regelmäßig die Top Ten der ärgerlichsten Formen des Telefon-Missbrauchs. Der unangemessene Gebrauch des Telefons führt in vielen Fällen zu zwischenmenschlichen Spannungen und kann den Betreffenden ziemlich auf die Nerven gehen. Die folgenden sechs Verhaltensweisen treten besonders häufig auf:

1. **Der „Doppel-Sprecher".** Diese Menschen belegen zweifellos Platz eins auf unserer Rangliste. Sie nehmen Telefonate entgegen, obwohl wir uns in ihrem Büro bzw. ihrer Wohnung befinden. Und sie beenden das Gespräch keinesfalls möglichst schnell. Nein, sie setzen das Telefonat fort, als wären wir überhaupt nicht vorhanden.

2. **Der „Pirscher".** Diese Menschen pirschen während Ihres Telefonats vor Ihnen auf und ab. Der Pirscher will mit Ihnen sprechen, ganz egal, ob Sie telefonieren. Er belauert Sie wie ein Geier, blockiert die Tür und macht Sie ganz einfach wahnsinnig. Kinder verwandeln sich gerne in notorische Pirscher, wenn ihre Eltern telefonieren.

3. **Der Unterbrecher.** Das sind diejenigen, die in Ihr Büro platzen und zu reden beginnen, obwohl Sie gerade ein Telefonat führen! Diese Menschen ignorieren ganz einfach die

Tatsache, dass Sie telefonieren – und das, obwohl sie Ihnen gar nichts so brennend Wichtiges mitzuteilen haben.

4. **Der „kurze Moment".** Das sind die Menschen, die uns freundlich fragen: „Würden Sie bitte einen Moment warten?", und uns keine Möglichkeit geben, auf diese Frage zu antworten. Und dann lässt er bzw. sie uns eine halbe Ewigkeit lang warten.

5. **Das „schwarze Loch".** Sie wollen mit jemandem persönlich sprechen und müssen mit einer Maschine vorlieb nehmen. Sobald die Verbindung hergestellt ist, bittet Sie eine freundliche Stimme, aus verschiedenen Menüpunkten ein Thema auszuwählen. In der Regel müssen Sie drei bis vier Eingaben machen, bevor Sie mit der betreffenden Abteilung verbunden werden. Wenn Sie dann endlich die gewünschte Verbindung hergestellt haben, ertönt ein Besetztzeichen oder der Betreffende teilt Ihnen über einen Anrufbeantworter mit, dass er zurzeit leider nicht erreichbar ist. Sie haben jedoch keine Möglichkeit, noch einmal in das Hauptmenü zurückzukehren und sich mit jemand anderem verbinden zu lassen. Und das Ganze war natürlich obendrein ein Ferngespräch.

6. **Der Anklopf-Clown.** Eine Freundin von mir aktiviert regelmäßig die Anklopffunktion, wenn wir miteinander telefonieren. Ich habe dafür Verständnis, vielleicht erwartet sie ja einen wichtigen Anruf. Doch genau genommen handelt es sich hierbei um eine Unart. Sofern Sie weder Kinder oder ältere Verwandte haben, für die Sie im Notfall immer erreichbar sein müssen, sollten Sie die Anklopffunktion nur mit größter Vorsicht einsetzen. Wenn Sie einen wichtigen Anruf erwarten, machen Sie Ihren Gesprächspartner von vornherein darauf aufmerksam, dass Sie ihn im Verlauf des Gesprächs vielleicht für eine Minute aus der Leitung „werfen" müssen – lassen Sie den Betreffenden jedoch nicht zu lange warten. Im Geschäftsleben gilt die Anklopffunktion als unhöflich. Investieren Sie hier lieber in ein entsprechendes System, das die eingehenden Anrufe entgegennimmt, wenn Sie telefonieren.

Sprachnachrichten und Anrufbeantworter – was erlaubt ist und was nicht

Noch vor 25 Jahren gab es nur eine einzige Möglichkeit, einen Anruf entgegenzunehmen: Jemand musste den Hörer abnehmen. Heute können wir uns schon glücklich schätzen, wenn wir die Dame von der Rezeption an die „Strippe kriegen". Wir alle beurteilen jedoch andere, u. a. auch die Kompetenz und Kundenfreundlichkeit eines Unternehmens, nach der Art und Weise, wie unsere Anrufe entgegengenommen werden bzw. auf Grund der Qualität des Systems zur Anrufannahme.

Auch wenn es für Sie die einfachste Möglichkeit zu sein scheint – Nachrichten auf dem Anrufbeantworter bzw. der Mailbox sind keinesfalls immer geeignet, um mit Freunden, Kunden und Klienten zu kommunizieren. Verzichten Sie auf solche Nachrichten, wenn:

- sie jemanden auf ein Problem hinweisen wollen.
- sie sich jemandem vorstellen möchten. In diesem Fall sollten Sie lieber das persönliche Gespräch suchen bzw. ein „richtiges" Telefonat führen.
- sie jemandem Ihr Beileid aussprechen möchten.
- sie jemandem vertrauliche bzw. persönliche Informationen zukommen lassen wollen.
- sie Geschäfte abwickeln möchten.
- sie jemanden kritisieren bzw. ihm kündigen wollen.

Sechs Angewohnheiten, mit denen Sie die Empfänger von Sprachnachrichten auf die Palme bringen

Sofern die Benutzung eines Sprachnachrichten-Systems bzw. eines Anrufbeantworters angemessen ist, zögern Sie nicht – aber bitte gehen Sie dabei korrekt vor. Im Folgenden gehe ich auf die sechs häufigsten Fehler ein, die dem Empfänger dieser Nachrichten ganz bestimmt auf die Nerven gehen:

1. **Sprechen Sie nicht zu schnell.** In diesem Fall muss der Empfänger die Nachricht mehrmals abhören, wenn er sie verstehen will.

2. **Vergessen Sie nicht, Ihre Telefonnummer anzugeben.**
Sie können nicht voraussetzen, dass der Betreffende Ihre
Telefonnummer irgendwo notiert hat bzw. seine Telefonanlage über eine Funktion verfügt, die die Telefonnummer
eingehender Anrufe speichert. Nennen Sie Ihre Telefonnummer zu Beginn *und* am Ende Ihrer Nachricht.

3. **Setzen Sie nicht voraus, dass Sie automatisch mit einem
Anrufbeantworter verbunden werden.** Vielleicht nimmt
ja doch jemand den Hörer persönlich ab. Seien Sie zumindest auf diesen Fall vorbereitet. Ich könnte Ihnen unzählige
Geschichten erzählen, wo die Anrufer vor lauter Schreck
nur noch stammeln konnten! Sorgen Sie vor, damit Sie bei
dem Betreffenden weder einen schlechten Eindruck hinterlassen noch unnötig in Verlegenheit geraten.

4. **Zu häufiger Gebrauch.** Nichts ist ärgerlicher, als wenn
wir immer wieder von derselben Person angerufen werden
und unzählige Nachrichten des Betreffenden auf unserem
Anrufbeantworter vorfinden.

5. **Geben Sie alle notwendigen Informationen an.** Teilen
Sie dem anderen den Grund Ihres Anrufs mit. Damit erspa-
ren Sie sich und dem anderen viele unnötige Telefonate.

6. **Hören Sie Ihren Anrufbeantworter niemals ab, wenn
sich andere im Raum befinden.** Sie könnten sonst Dinge
hören, die vielleicht gar nicht für ihre Ohren bestimmt sind.

Was Ihre Ansage über Sie aussagt

Schon Ihre Begrüßung ist von großer Bedeutung, denn damit
hinterlassen Sie bei dem Anrufer einen ersten Eindruck. Als ich
kürzlich einen Klienten anrief, der sein professionelles Image
verbessern wollte, musste ich zunächst mit seinem Anrufbeantworter vorlieb nehmen. Seine Ansage lautete: „Hier spricht
Tim. Sprechen Sie jetzt."

Bei unserem ersten Treffen erklärte ich ihm, dass er als Erstes die Ansage auf seinem Anrufbeantworter ändern müsse.
Hier meine Tipps:

1. **Begrüßen Sie den Anrufer.** Sie betrachten das vielleicht als eine Selbstverständlichkeit, aber ich kann Ihnen gar nicht sagen, auf wie vielen Anrufbeantwortern dieses Gebot der Höflichkeit außer Acht gelassen wird. Nennen Sie nach der Begrüßung Ihren vollen Namen.

2. **Fassen Sie sich kurz.** Verschwenden Sie die Zeit Ihrer Anrufer nicht, indem Sie ihnen vor der Ansage Musik vorspielen. Das ist besonders bei Ferngesprächen ärgerlich.

3. **Falls möglich, teilen Sie den Anrufern mit, wann Sie wieder im Büro bzw. zu Hause sein und den Anrufbeantworter abhören werden.** So wissen die anderen, wann sie mit Ihrem Rückruf rechnen können. Stellen Sie sicher, dass Ihre Ansage sich immer auf dem neuesten Stand befindet. Sie wissen doch sicherlich auch, wie frustrierend es ist, wenn Sie jemanden am 9. Juni anrufen und Sie vom Anrufbeantworter die Ansage erhalten: „Hallo, ich bin bis zum 5. Juni leider nicht in der Stadt."

4. **Sprechen Sie langsam und deutlich.** Vermeiden Sie störende Hintergrundgeräusche während der Aufnahme.

Vielleicht gehören Sie zu den Menschen, die glauben, die Ansage auf ihrem Anrufbeantworter sei nicht wirklich wichtig. Doch gerade diese Kleinigkeiten sind es, auf deren Grundlage andere Menschen sich – häufig unbewusst – ein Urteil über Sie bilden. Warum sollten Sie es also riskieren, dass jemand Sie wegen Ihrer Ansage als unprofessionell betrachtet bzw. von einer geschäftlichen Partnerschaft mit Ihnen absieht? Warum sollten Sie also das Risiko eingehen, Ihre Anrufer mit einer unzureichenden Ansage zu verwirren?

Wenn Sie den „Nachrichtenspeicher" mit anderen teilen

Sie sind sich sicherlich dessen bewusst, dass das Teilen mit anderen – sei es nun der Kühlschrank oder ein Anrufbeantworter – einen hervorragenden Nährboden für potenzielle Konflikte bietet. Ich habe mich schon oft gefragt, wie viele Familienstreitigkeiten eigentlich dadurch entstanden sind, dass irgendjemand vergessen hat, einem anderen mitzuteilen, dass er einen Anruf erhalten hat oder dass versehentlich eine für ein anderes Familienmitglied bestimmte Nachricht gelöscht wurde. (Wenn ich da meine Familie als Indikator nehme, müssten es unzählige sein!) Wenn Sie einen Anrufbeantworter o. Ä. mit anderen teilen, sollten Sie folgende Punkte beachten:

* Löschen Sie Nachrichten, die nicht für Sie bestimmt sind, nur nach Rücksprache mit dem richtigen Empfänger.
* Bestehen Sie nicht darauf, Nachrichten über einen längeren Zeitraum zu speichern, wenn diese nicht wirklich wichtig für Sie sind.
* Richten Sie für jeden Teilnehmer eine eigene Mailbox ein. Auf diese Weise verfügt jeder über eine eigene Ansage und eine persönliche Mailbox.
* Sie wünschen sich vielleicht eine individuelle bzw. komische Ansage. Es ist jedoch durchaus möglich, dass Sie der einzige Mensch sind, der daran seine Freude hat. Viele Menschen fühlen sich durch alberne Ansagen abgestoßen. Und der Anrufer weiß in diesem Fall nicht einmal, ob er tatsächlich die richtige Nummer gewählt hat.

Handy-Benutzer – die neuen bösen Jungs

Auch wenn es sich bei dem Handy um eine relativ neue Entwicklung handelt, bieten die Geschichten über unverschämte Handy-Benutzer bereits Stoff für unzählige moderne Legenden. Durch die Handys ist eine völlig neue Gattung der bösen Jungs (darunter auch Frauen) entstanden – Menschen, die bei der Benutzung ihres Handys das Einmaleins der Etikette außer Acht lassen. Stacia berichtete mir folgende Geschichte:

„Ich fahre regelmäßig mit dem Zug zur Arbeit, wobei ich für eine Strecke 45 Minuten benötige. Das macht mir aber nichts aus, denn das sind schließlich meine einzig ruhigen Minuten am Tag. Vor kurzem begann jedoch einer der Fahrgäste schon bei der Abfahrt des Zuges zu telefonieren. Und zwar mit so einer Lautstärke, dass das ganze Abteil wohl oder übel zuhören musste. Alle Anwesenden waren genervt und verdrehten die Augen. Der Mann telefonierte ganze 20 Minuten lang – und das ohne Unterbrechung. Als ich es nicht mehr aushielt, schrieb ich ihm einen Zettel, erklärte ihm, dass wir ihn alle hören konnten und uns dadurch belästigt fühlten, und steckte ihm den Zettel zu. Er beendete augenblicklich sein Telefonat, und das ganze Abteil applaudierte."

Doch die Belästigung der Mitmenschen ist nicht das einzige Problem. Handys waren schon der Grund für so manchen schweren Verkehrsunfall, weil viele Autofahrer inzwischen vor lauter telefonieren vergessen, den Verkehr im Auge zu behalten.

Richtig, Handys sind eine feine Sache – wir sind jederzeit erreichbar. Handys erlauben uns, Wartezeiten produktiv zu nutzen. Doch vom Handy-Benutzer bis zum „Handy-Rüpel" ist es nur ein kleiner Schritt. Und sofern Sie die wichtigsten Verhaltensregeln für den Handy-Gebrauch außer Acht lassen, verhalten Sie sich Ihren Mitmenschen gegenüber rücksichtslos. Hier vier Tipps, damit Sie künftig zu den „braven" Handy-Benutzern zählen:

1. Würden die Menschen beim Autofahren auf die Benutzung ihres Handys verzichten, gäbe es sehr viel weniger Behinderungen im Straßenverkehr. Darüber hinaus ist das Telefonieren während des Autofahrens eine häufige Unfallursache. Wenn Sie schon beim Autofahren telefonieren müssen, seien Sie dabei bitte äußerst vorsichtig! Suchen Sie sich einen Parkplatz oder fahren Sie zumindest an den Straßenrand. Für den Fall, dass Sie Ihr Handy im fließenden Verkehr benutzen müssen, sollten Sie dabei jedoch niemals wählen. Sofern Sie häufig während der Fahrt telefonieren, sollten Sie eine Freisprechanlage installieren.

2. Auch die Behinderungen bzw. Belästigungen in Flugzeugen, Zügen, Restaurants und auf Gehwegen ließen sich erheblich reduzieren, wenn die Menschen bei der Benutzung ihres Handy auf das „Bad in der Menge" verzichten würden. Denken Sie immer daran, dass Sie die Menschen in Ihrer näheren Umgebung durch das Telefonieren stören könnten. Sofern Sie sich in einem öffentlichen Gebäude bzw. auf einem öffentlichen Platz befinden und einen Anruf erhalten, ziehen Sie sich in eine ruhige Ecke zurück bzw. verlassen Sie den Raum. Wenn Sie die Menschen um sich

herum an Ihren Telefonaten teilhaben lassen, zeugt das von schlechten Manieren. Sie können sich gar nicht vorstellen, wie viele Menschen sich bei mir über die „Handy-Rüpel" beklagen.

3. Die Technik ist zwar gut, jedoch nicht perfekt. Also sollten Sie Ihren Gesprächspartner immer darüber informieren, dass Sie ihn über Handy anrufen – für den Fall, dass die Verbindung abreißt.

4. Benutzen Sie das Handy nicht für vertrauliche bzw. persönliche Gespräche. Denn die Abhörtechnologie ist mindestens ebenso weit entwickelt wie die mobile Funktechnologie.

Auch bei „Handy-Rüpeln" gilt: Nicht angreifen – die PAC-Methode einsetzen

Wenn Sie in einem Restaurant oder auf einem öffentlichen Platz auf einen „Handy-Rüpel" treffen – bewahren Sie die Ruhe. Ich kenne viele ansonsten ausgeglichene Menschen, die sich „Handy-Rüpeln" gegenüber aggressiv verhalten. Ich habe sogar schon beobachtet, wie den Handy-Benutzern Sätze wie „Sie halten sich wohl für cool – das sind Sie aber nicht" an den Kopf geworfen wurden.

Tun Sie das nicht. Begegnen Sie anderen Menschen – insbesondere Fremden – niemals unfreundlich. Sie wissen nicht, wie der andere darauf reagiert. Verwenden Sie stattdessen eine einfache PAC-Aussage, wie z. B.: „Könnten Sie bitte etwas leiser sprechen. Ich kann jedes einzelne Wort mithören."

Patzer beim Umgang mit dem Faxgerät

Faxe und die entsprechende Technologie sind in unserem Leben schon weitaus etablierter als E-Mails und Handys, trotzdem machen viele Menschen noch häufig Fehler im Umgang mit dem Faxgerät. Das liegt vielleicht daran, dass nur die wenigsten von uns den angemessenen Umgang mit dem Faxgerät, d. h. die entsprechenden Verhaltensrichtlinien, wirklich gelernt haben. Verzichten Sie auf das Gerät, wenn:

- Sie einem anderen Ihr Beileid aussprechen möchten.
- Sie vertrauliche Informationen übermitteln. Denn beim Faxgerät handelt es sich im Sinne des Datenschutzes mit Abstand um das unsicherste Kommunikationsmedium. Sie können nie wissen, wer schließlich das Fax am anderen Ende entgegennimmt.
- Sie umfangreiche Memos bzw. Berichte versenden wollen – jedenfalls nicht, solange der Empfänger sich nicht damit einverstanden erklärt hat.
- Sie jemanden auf ein Problem ansprechen, kritisieren oder ihm kündigen wollen.
- Sie nicht angeforderte Informationen weiterleiten möchten.

Sie werden sich jetzt vielleicht fragen: „Wer kommt denn auf die Idee, jemandem sein Beileid per Fax auszusprechen?" Doch glauben Sie mir, alle oben angeführten Punkte sind schon geschehen, und sie alle führen zu unnötigen Konflikten.

Gestaltung eines professionellen Deckblatts

So wie Ihre Ansage auf dem Anrufbeantworter bzw. der Mailbox sagt auch das Deckblatt Ihrer Faxe einiges über Sie und Ihre Kompetenz aus. Wenn das Fax erst einmal unterwegs ist, gibt es kein Zurück mehr. Also sollten Sie darauf achten, dass Ihr Deckblatt über folgende Einzelheiten verfügt:

1. Professionelle Gestaltung. Verzichten Sie bei geschäftlichen Faxen auf Schnörkel o. Ä. Ihr Deckblatt sollte ebenso professionell gestaltet sein wie Ihr Briefkopf.
2. Name, Anschrift, Telefonnummer und Faxnummer Ihrer Firma.
3. Angabe der Seitenanzahl.
4. Betreffzeile.

Müssen Sie wirklich ein Fax versenden?

Bevor Sie ein Fax versenden, überlegen Sie sich, ob das wirklich nötig ist. Vielleicht ist das Fax für Sie in diesem Fall die bequemste Möglichkeit, schließlich erspart es Ihnen sogar das Kopieren. Aber ist es auch für den Empfänger mit dem geringsten Aufwand verbunden, wenn er die gewünschten Informationen per Fax erhält? Ebenso wie bei E-Mails, sollten Sie sich vor dem Versenden zunächst einmal fragen, ob es für den Empfänger nicht vielleicht besser wäre, wenn Sie ihm die Informationen per Post zukommen lassen. Für Sie bedeutet das natürlich mehr Arbeitsaufwand: Sie müssen Kopien anfertigen, den Briefumschlag adressieren, den Brief frankieren und zur Post bringen. Doch wenn das dem Empfänger Vorteile bietet, sollten Sie insbesondere im Geschäftsleben die Bedürfnisse des Empfängers höher bewerten als Ihre eigenen.

Wenn Sie das Opfer eines „Techno-Rüpels" werden

Sie wissen jetzt, was beim Umgang mit der modernen Kommunikationstechnologie zu beachten ist. Aber was ist mit all den anderen, die dieses Buch *nicht* gelesen haben? Wie sollen Sie sich verhalten, wenn Sie lästige E-Mails empfangen bzw. wenn jemand Ihnen ellenlange Nachrichten auf Ihren Anrufbeantworter spricht? Was tun? Greifen Sie den Betreffenden nicht an, sprechen Sie ihn mit der PAC-Methode auf das Problem an. Und denken Sie immer daran, dass nur wenige Menschen die Verhaltensrichtlinien für den Umgang mit moderner Technologie kennen. Derjenige, der Ihnen eine in Großbuchstaben verfasste E-Mail schickt, weiß vielleicht gar nicht, dass er Sie damit vor den Kopf stößt. Denken Sie immer daran, dass Sie dem Betreffenden nicht von vornherein böse Absichten unterstellen sollten. Bevor Sie sich unnötig aufregen, sollten Sie erst den „Idiotentest" aus Kapitel 5 machen.

Wahrscheinlich brauchen Sie weder aus Ihrer P- noch aus Ihrer A-Aussage eine große Affäre zu machen. *Hier* ist es vollkommen ausreichend, wenn Sie ebenfalls auf eine E-Mail zurückgreifen, um den Betreffenden auf das Problem hinzuweisen. Für alle anderen Angelegenheiten gilt: *keine E-Mails.* Schreiben Sie dem anderen einfach: „Ich weiß ja, dass keine böse Absicht dahinter steckt, aber ich kann Ihre E-Mail nur sehr schwer lesen, weil Sie die Nachricht ausschließlich in Großbuchstaben abgefasst haben. Ich möchte Sie bitten, in Zukunft darauf zu achten. Vielen Dank."

Handelt es sich um eine Nachricht auf dem Anrufbeantworter, können Sie den anderen ebenfalls durch eine entsprechende Ansage auf das Problem hinweisen. „Kathy, das ist dir vielleicht gar nicht aufgefallen, aber wenn du mir nicht alle nötigen Informationen aufs Band sprichst, kann ich den Bericht auch nicht abschließen. Achte doch in Zukunft bitte darauf, okay?"

Andere Punkte in Sachen Anrufbeantworter erfordern jedoch ein wenig mehr Fingerspitzengefühl. Wenn Ihnen z. B. jemand zu lange Nachrichten aufs Band spricht, könnte der andere es als kränkend empfinden, wenn er eine entsprechende Nachricht von Ihnen auf seinem Band vorfindet. In diesem Fall möchte ich Ihnen zu einem persönlichen Gespräch raten. „Kathy, wenn du so lange Nachrichten auf mein Band sprichst, ist kein Platz mehr für andere wichtige Nachrichten. Hinterlass mir in Zukunft bitte nur die wesentlichen Punkte. Alles Weitere können wir später besprechen, okay?" In diesem Fall können Sie mit Hilfe Ihrer nonverbalen Signale verhindern, dass Kathy beleidigt reagiert.

Kapitel 16

Internationale Etikette

Wie Sie kulturelle Konflikte vermeiden

Das Thema „Kulturelle Unterschiede und die daraus resultierenden Konflikte" wurde bereits im Zusammenhang mit dem „Idiotentest" in Kapitel 5 angesprochen. Vielleicht werden Sie jetzt sagen: „Ich verreise geschäftlich sowieso nicht ins Ausland! Was interessiert mich da die internationale Etikette?"

Aber diese Dinge sollten Sie interessieren. Denn auch in Ihrem Heimatland kann Ihnen ein Mensch mit einem anderen kulturellen Hintergrund begegnen. Und dann besteht die Gefahr, dass Sie ihn auf Grund der kulturellen Differenzen fälschlicherweise für einen „Idioten" halten. Gerade auf diesem Gebiet treten häufig Konflikte auf. Sofern wir das Verhalten des anderen nicht verstehen, fällen wir in der Regel ein vorschnelles und nicht selten falsches Urteil.

Bei der internationalen Etikette handelt es sich ebenso wie bei der Techno-Etikette um ein brandaktuelles Thema, das heute einen bislang nie erreichten Stellenwert einnimmt, weil sowohl die Geschäftswelt als auch das gesellschaftliche Leben zunehmend von einem internationalen Flair umgeben sind. Aus diesem Grund haben wir heute auch mit einer neuen Form von Konflikten zu tun – mit den kulturellen Konflikten.

Heute besteht sogar die Gefahr, dass wir uns zwar den in unserem Heimatland geltenden Umgangsformen entsprechend verhalten und trotzdem andere Menschen vor den Kopf stoßen. Wer käme schon auf den Gedanken, zwischen Mais und Etikette einen Zusammenhang herzustellen? Das täten bestimmt nur die wenigsten von uns. Ich habe einmal einer polnischen Besucherin Maiskolben angeboten und musste feststellen, dass ich sie damit gekränkt hatte. Als ich sie schließlich fragte, was los sei, erklärte sie mir, dass Mais in ihrer Heimat lediglich dem Vieh vorgesetzt wurde.

In diesem Kapitel stelle ich Ihnen die wichtigsten Umgangsformen vor. Sie lernen, wie Sie sich als Reisender in fremden Ländern verhalten sollten und wie Sie dem Fremden im eigenen Land begegnen sollten, ohne ihn vor den Kopf zu stoßen. Sie werden sich wundern, auf wie viele verschiedene Weisen gerade in diesem Bereich Konflikte entstehen können.

Wenn Sie der Fremde sind

Wenn Sie der Ausländer sind, müssen Sie die Verhaltensnormen des fremden Landes in Sachen Etikette und Geschäftsleben beherrschen und befolgen. Alles andere ist schlichtweg inakzeptabel. Wenn Sie sich in der globalen Arena erfolgreich bewegen wollen, müssen Sie sich bei einem Auslandsaufenthalt – egal, ob es sich um eine Urlaubs- oder Geschäftsreise handelt – die kulturellen Unterschiede vor Augen führen und sich klarmachen, wie sich diese Unterschiede sowohl auf Ihre zwischenmenschlichen als auch auf Ihre geschäftlichen Beziehungen auswirken.

Auch wenn ein kultureller Fauxpas nur aus Unwissenheit begangen wurde, lässt sich der Schaden nicht ohne weiteres beheben. Beziehungen erleiden Schaden. Die Betreffenden machen sich zum „Deppen". Die Gefühle der Freunde sind verletzt. Die Kunden schauen sich nach einem neuen Geschäftspartner um.

So verwendete der Vizepräsident eines amerikanischen Pharmaunternehmens auf seiner Geschäftsreise in Japan die Visitenkarte eines japanischen Geschäftspartners als Zahnstocherersatz. Das gilt zwar auch nach amerikanischen Gesichtspunkten als unhöflich, doch in Japan handelt es sich hierbei um eine schwere Beleidigung der betreffenden Person. Sie können sich denken, welch schlechten Eindruck dieser Geschäftsmann bei den Japanern hinterließ.

Auf einem Flug von Paris in die USA fragte mich mein Sitznachbar, nachdem ich ihm erzählt hatte, dass ich als Trainerin für internationale Etikette tätig bin, ob ich ihm erklären könne, wie es zu folgendem Zwischenfall kommen konnte: Er und seine Frau hatten in einem edlen französischen Restaurant zu Abend gegessen. Nachdem der Mann sein Essen gekostet und für köstlich befunden hatte, gab er dem Ober das „Okay-Zeichen". Bevor er sich versah, war er von drei lautstark lamentierenden französischen Kellnern umringt. Ich erklärte ihm, dass diese Geste bei den Franzosen eine andere Bedeutung hatte. In Frankreich bedeutet es so viel wie „wertlos". „Wie peinlich. Da habe ich diese Menschen gekränkt, ohne es zu wissen", antwortete er.

In Japan wird diese Geste im Zusammenhang mit Geld verwendet, während sie in verschiedenen Teilen Südamerikas eine vulgäre Bedeutung hat.

Wenn Sie wissen, wie Sie sich auf dem internationalen Parkett zu bewegen haben, können Sie Ihre Reisen mit sehr viel mehr Selbstvertrauen antreten. Darüber hinaus sind Sie in der Lage, Konflikte zu vermeiden. Sie vermitteln ein positives Bild von sich selbst – und in einigen Fällen sogar ein positives Bild Ihres Heimatlandes.

Die Regeln für internationale Reisen

Jede Kultur hat ihre eigene Etikette. Gutes Benehmen lässt sich jedoch nicht nur an kulturellen Fragen festmachen. Weitere Faktoren sind: persönlicher Stil, Geschlecht, Alter, Religion, Bildung, Erziehung und das Betriebsklima, in dem der Betreffende arbeitet. Aus diesem Grund gibt es auf diesem Gebiet keine allgemein gültigen Regeln. Jede Regel hat auch wieder ihre eigenen Ausnahmen.

Es gibt jedoch eine Faustregel, die Sie bei Ihren Reisen befolgen sollten:

Wenn Sie der Fremde sind, müssen Sie sich an die Sitten des jeweiligen Gastlandes anpassen.

So wie wir von den Fremden in unserem Land erwarten, dass sie sich unseren Sitten und Gebräuchen anpassen, so sollten wir uns die Mühe machen und feststellen, welche Verhaltensnormen für unser Gastland gelten. Auch wenn Sie in dem betreffenden Land Urlaub machen, denken Sie immer daran, dass Sie nur zu Gast sind. Auf Geschäftsreisen sind Sie derjenige, der sein Heimatland bzw. sein Unternehmen repräsentiert und Geschäfte abschließen möchte. Das bedeutet, dass Sie sich vor Ihrer Reise über die Kultur, die Sitten und Gebräuche des fremden Landes informieren müssen. Zu diesem Zweck sind eine Vielzahl entsprechender Reiseführer erhältlich. Besuchen Sie entsprechende Websites oder erkundigen Sie sich in Ihrem Reisebüro über die Kultur des Landes.

So erklärte mir z. B. eine meiner Klientinnen, dass sie sich auf ihrer Japanreise keinesfalls verbeugen wolle, da sie keine Lust habe, sich irgendeinem Menschen gegenüber unterwürfig zu verhalten. Ich erklärte ihr jedoch, da dies nicht der Fall sei. „In diesem Fall handelt es sich bei der Verbeugung um eine Frage des guten Tons. Das hat mit Macht und Unterwürfigkeit gar nichts zu tun."

Was Sie wissen sollten, bevor Sie Ihre Reise antreten

Auf internationalen Reisen gibt es unzählige Möglichkeiten, die zu Missverständnissen und Konflikten führen können. Ein Großteil davon lässt sich jedoch vermeiden, indem Sie sich vor der Reise ein wenig schlau machen. Lesen Sie die entsprechende Literatur oder fragen Sie Menschen, die über Erfahrungen mit dem betreffenden Land verfügen.

Bevor Sie in ein anderes Land reisen, sollten Sie sich unbedingt mit folgenden Punkten näher beschäftigen bzw. sich das entsprechende Wissen aneignen:

- Einige Sätze in der Sprache des Gastlandes
- Die in dem Land üblichen Begrüßungsformeln
- Die angemessene Kleidung
- Religiöse Überzeugung und die entsprechenden Gebräuche
- Die landesübliche Einstellung zur Pünktlichkeit
- Das Einmaleins des Schenkens
- Soziale Strukturen, wie z. B. die Rolle der Frau
- Geschäftliche Strukturen, wie z. B. die Formen der Entscheidungsfindung

Lernen Sie zumindest einige Sätze
in der Landessprache

Wenn Sie in Ihrem Gastland einen positiven Eindruck hinterlassen wollen, müssen Sie nicht zwangsläufig die entsprechende Landessprache beherrschen. Sofern Sie wenigstens einige Wörter und Sätze lernen, zeigt das, dass Sie den fremden Menschen und ihrer Kultur Respekt entgegenbringen. Eignen Sie sich die üblichen Begrüßungsformeln, wie „Guten Tag" sowie einige Höflichkeitsfloskeln, z. B. „Bitte", „Danke" und „Gern geschehen", an. Schließlich wollen Sie nicht nur in Ihrem Heimatland, sondern auch auf Ihren Reisen gute zwischenmenschliche Beziehungen zu anderen, insbesondere zu den Bewohnern Ihres Gastlandes, aufbauen.

Vermeiden Sie Fachjargon und Modewörter

Auf internationalen Reisen kann schon allein wegen der Sprachbarriere eine Vielzahl von Missverständnissen auftreten. Aus diesem Grund sollten Sie Ausdrücke wie „aufmotzen" oder „Ich bin ganz Ohr" vermeiden. Denn nicht alle Begriffe und Phrasen lassen sich ohne weiteres in eine fremde Sprache übertragen.

Das musste auch der amerikanische Geschäftsmann lernen, der zu seinem koreanischen Geschäftspartner sagte: „Mann. Da haben Sie ja Himmel und Hölle in Bewegung gesetzt, um das fertig zu stellen." Der Koreaner fasste diesen Ausspruch jedoch als Kritik auf.

Mit umgangssprachlichen Äußerungen können Sie ebenso wie mit einem Zuviel an Fachwörtern andere Menschen unabsichtlich verwirren oder sogar kränken.

Die Kunst der globalen Begrüßung

Auch wenn wir ihm auf Reisen immer wieder begegnen, beim Händedruck handelt es sich keinesfalls um die einzige Begrüßungsform auf der Welt. Denken Sie daran, dass das Händeschütteln in anderen Ländern vielleicht anders gehandhabt wird als in Ihrem Heimatland.

In Nordeuropa und in den USA sollte der Händedruck fest sein. In Japan hingegen gilt ein schwacher Händedruck nicht als Zeichen der Schwäche, ganz im Gegenteil, das wird sogar von Ihnen erwartet. Die traditionelle japanische Begrüßung ist jedoch die Verbeugung. Indem Sie sich verneigen, grüßen Sie den anderen und zeigen ihm gleichzeitig Ihre Wertschätzung. Männer halten bei der Verbeugung die Hände seitlich am Körper, wobei die Handflächen an den Oberschenkeln liegen. Frauen falten die Hände vor dem Bauch. Wenn Sie eine Verbeugung nicht erwidern, gilt das als unhöflich.

Der Austausch der Visitenkarten gilt in Japan als ein Teil der Begrüßung. In Europa dagegen wird die Visitenkarte häufig erst bei der Verabschiedung, mehr oder weniger im Vorbeigehen, ausgehändigt. Ihrem japanischen Gesprächspartner sollten Sie Ihre Visitenkarte jedoch immer mit beiden Händen überreichen. Auf diese Weise erweisen Sie ihm Respekt. Händigt Ihnen jemand seine Visitenkarte aus, nehmen Sie diese respektvoll entgegen. Stecken Sie die Karte keinesfalls einfach in Ihre Jackentasche. Nehmen Sie die Visitenkarte in die Hand und studieren Sie sie aufmerksam.

In Lateinamerika, im Nahen Osten und einigen Teilen Europas müssen Sie damit rechnen, dass man Sie bei der Begrüßung umarmt und küsst. Wenn Sie sich nicht sicher sind, ob eine Umarmung und Küssen bei der Begrüßung angebracht sind, überlassen Sie dem anderen die Initiative und folgen Sie einfach seinem Beispiel.

Reagieren Sie nicht negativ auf unbekannte Sitten

Verzichten Sie auf abwertende Kommentare über Sitten und Gebräuchen, die Ihnen unbekannt sind, die Ihrer persönlichen Lebensauffassung widersprechen oder die Sie gar als Kränkung empfinden. Begegnen Sie den kulturellen Unterschieden mit Respekt. Wenn ich einen Kommentar über einen mir unangenehmen Brauch abgebe, formuliere ich meine Aussage immer möglichst neutral. Ich sage dann z. B.: „Diese Sitte unterscheidet sich sehr von den in den USA gebräuchlichen Gepflogenheiten." Werde ich bei meinen Seminaren im Nahen Osten um eine Stellungnahme zu den landesüblichen Traditionen gebeten, entgegne ich immer: „Ich hätte Schwierigkeiten, in einem solchen System zu leben, weil ich es anders gewöhnt bin."

Eine Ingenieurin berichtete mir kürzlich von ihren Geschäftsessen mit ihrem einheimischen Kollegen während Ihres Aufenthalts in Taiwan. Am ersten Abend erschien ihr taiwanesischer Kollege in Begleitung seiner Ehefrau. Am folgenden Abend brachte der Kollege jedoch seine Geliebte mit. So ging es die ganze Woche weiter. An einem Abend wurde der Mann von seiner Frau begeleitet, am nächsten Abend von seiner Geliebten. Die Ingenieurin fühlte sich in dieser Situation zwar ganz und gar nicht wohl, war sich jedoch bewusst, dass sie der Gast war. Aus diesem Grund tat sie das einzig Richtige: Sie akzeptierte die Situation.

Vermeiden Sie auch unnötige Vergleiche mit Ihrer eigenen Kultur, und bitte prahlen Sie niemals damit. Das ist unhöflich. Konzentrieren Sie sich auf die Kultur Ihres Gastlandes.

In Abu Dhabi ...

Verschließen Sie sich nicht der fremden Kultur – auch dann nicht, wenn Sie mit Ihnen unbekannten Traditionen konfrontiert werden. Wenn Ihr Gastgeber in einem Restaurant mit den Fingern isst, fragen Sie bitte nicht nach einer Gabel, sondern essen auch Sie mit den Fingern. Vielleicht finden Sie ja sogar Gefallen daran. Mir ist es jedenfalls so ergangen. Als mich einer meiner Klienten in Abu Dhabi zum Essen einlud, stellte ich überrascht fest, dass mir das Essen mit den Fingern großen Spaß bereitete. Einige Gerichte werden nur mit drei Fingern gegessen, während man für andere Gerichte fünf Finger benutzt.

Stellen Sie keine Fragen, wenn man Ihnen kaum genießbare bzw. nicht identifizierbare Mahlzeiten serviert. Schlucken Sie die einzelnen Bissen einfach möglichst schnell hinunter. Hier zwei Beispiele für weitere Überraschungen, die Ihnen beim Essen in einem fremden Land begegnen können:

Ein Vertreter eines amerikanischen Unternehmens berichtete mir davon, wie ihm bei einer Überseereise das Rückenmark einer Kuh serviert wurde. Er wusste jedoch, dass es unhöflich war, wenn er das, was seine Gastgeber zu sich nahmen, nicht ebenfalls essen bzw. zumindest probieren würde. Seine Kunden zeigten sich äußerst beeindruckt, weil er die ihm fremde Mahlzeit ohne mit der Wimper zu zucken gegessen hatte. Wenn Sie es jedoch nicht über sich bringen sollten, etwas Ihnen Unangenehmes zu essen, probieren Sie es zumindest einmal und zeigen Sie Ihren Gastgebern so, dass Sie zumindest Neuem gegenüber aufgeschlossen sind.

Andere Menschen haben mir davon berichtet, dass sie in Japan lebenden Fisch vorgesetzt bekamen und auch gegessen haben.

Bei meiner Tätigkeit im Nahen Osten erklärte mir eine andere Amerikanerin, die dort ebenfalls zu Gast war, dass sie mit der Behandlung der Frauen in diesem Teil der Welt ganz und gar nicht einverstanden sei. Sie berichtete mir, dass sie ihr Bestes tat, um die dort lebenden Frauen „aufzuklären" – selbst wenn es sich dabei um ihr völlig fremde Menschen handelte, denen sie zufällig auf der Straße begegnete. Ich jedoch versuchte wiederum, diese Frau „aufzuklären". Jede Kultur verfügt über uralte überlieferte Traditionen und religiöse Überzeugungen. Es war einfach nicht Aufgabe dieser Frau, in ihrem Gastland hochtrabende Reden zu schwingen. Sie hielt sich im Nahen Osten auf, weil sie dort ihr Unternehmen repräsentieren sollte – mehr nicht. Durch ihr Verhalten kränkte sie mit größter Wahrscheinlichkeit eine Vielzahl von Einwohnern dieses Landes, was dazu führte, dass sie nicht noch einmal eingeladen wurde.

Aber wie sollen Sie sich verhalten, wenn Sie sich mit einer bestimmten Sitte einfach nicht anfreunden können? Wenn Sie sich bewusst für die Rolle eines Aktivisten entscheiden, ist das etwas völlig anderes. In diesem Fall sollten Sie jedoch mit entsprechenden Organisationen in Kontakt treten. In Ihrer Rolle als Gast halten Sie sich aus diesen heiklen Themen besser heraus.

Vorsicht mit dem Humor

Schon an früherer Stelle habe ich Sie darauf hingewiesen, dass Humor mit Vorsicht zu genießen ist, insbesondere dann, wenn Sie harmonische zwischenmenschliche Beziehungen aufbauen wollen. Als ehemalige Englischlehrerin für Einwanderer kann ich Ihnen nur raten, Ihren Humor noch vorsichtiger einzusetzen, wenn Sie auf Menschen treffen, die Ihre Muttersprache als Fremdsprache gelernt haben. Auch wenn diese Menschen die für sie ehemals fremde Sprache inzwischen fließend sprechen können, ist es mehr als fraglich, ob sie Witze, insbesondere Sprachwitze oder den typischen Humor der für sie „neuen" Sprache verstehen können. Denn das Erlernen dieser sprachlichen Feinheiten erfordert einiges an Zeit. Ein befreundeter Koreaner erzählte mir, dass er sechs Jahre benötigte, bis er endlich den amerikanischen Humor verstand.

Jede Kultur hat ihren „eigenen" Sinn für Humor. Darüber hinaus unterscheiden sich auch die verschiedenen Auffassungen von Humor. Slapsticks und Wortspiele sind in einigen Kulturen weit verbreitet, während einem anderen Kulturkreis jegliches Verständnis für diese Form von Humor fehlt. Was in Deutschland als komisch betrachtet wird, muss in einem anderen Land nicht zwangsläufig ebenfalls als witzig gelten. So sollten Sie z. B. in Großbritannien auf Witze über die Königin von England verzichten.

Wird ein Witz falsch verstanden oder sogar fälschlicherweise als Beleidigung aufgefasst, verlieren Sie an Vertrauenswürdigkeit und die Geschäftsbeziehung gerät in Gefahr. Selbst komische Bemerkungen über Ihr Heimatland könnten von Ihren Gastgebern falsch bzw. gar nicht verstanden werden. Der andere ist mit Ihrer Kultur bzw. dem in Ihrem Heimatland üblichen Sinn für Humor vielleicht nicht vertraut, und Sie würden auf diese Weise nur unnötige Verwirrung stiften. Ich weise meine Klienten immer wieder darauf hin, dass sie bei Reisen ins Ausland niemals versuchen sollten, witzig zu sein, sich jedoch einen gesunden Sinn für Humor bewahren sollten – denn darauf kommt es an.

In Kuwait wurde ich einmal von meinem Gastgeber zum Abendessen in sein Haus eingeladen. Der gedeckte Tisch zeigte deutlich, dass seine Frau sich mit den Vorbereitungen viel Mühe gegeben hatte. Der Tisch war über und über beladen mit den verschiedensten Köstlichkeiten. Ich machte den nicht ernst gemeinten Kommentar: „Glauben Sie wirklich, dass das reichen wird?" Meine Gastgeberin nahm das jedoch sehr ernst.

Sie fand meinen Witz überhaupt nicht komisch, und ich hatte große Mühe, sie zu beschwichtigen.

Erwarten Sie nicht, dass irgendetwas so ist „wie bei uns Zuhause"

Viele Reisende setzen voraus, dass es in ihrem Gastland so ist wie bei ihnen zu Hause. Doch wenn Sie nach China, England oder Argentinien reisen, warum sollte da irgendetwas so sein wie bei Ihnen Zuhause!

Sie sind derjenige, der sich anpassen muss. Vielleicht sind Sie es gewohnt, früh zu Mittag zu essen. In anderen Ländern wird aber nun einmal später zu Mittag gegessen. Für Sie ist es vielleicht selbstverständlich, dass Sie Überstunden machen, um ein wichtiges Projekt abzuschließen. Erwarten Sie aber nicht, dass Ihre Mitarbeiter aus fremden Nationen sich automatisch genauso verhalten. Denn in einigen Kulturen ist nach Beendigung der Arbeitszeit ganz einfach Feierabend – ganz egal, wie weit dieses wichtige Projekt fortgeschritten ist.

Manchmal kommt es zu weitaus schwer wiegenderen Missverständnissen. Eine kubanische Mitarbeiterin wird mit größter Wahrscheinlichkeit nicht per E-Mail mit ihrem Vorgesetzten kommunizieren. Sie wird die Kommunikation über E-Mails als zu unpersönlich empfinden. Doch wenn der Vorgesetze ihr eine E-Mail sendet, erwartet er von ihr eine Antwort per E-Mail. Und er wird nicht verstehen, warum diese Frau unbedingt mit ihm persönlich sprechen will. Ihr Arbeitgeber wird sich fragen, warum sie seine Zeit verschwendet.

Verschiedene Kulturen und der Stellenwert persönlicher Beziehungen

Der Kubanerin aus diesem Beispiel kommt es sicherlich gar nicht in den Sinn, dass sie die Zeit ihres Vorgesetzten vergeuden könnte. Sie will eine persönliche Beziehung zu diesem Mann herstellen. Häufig sind wir uns des Stellenwerts der persönlichen Beziehungen – insbesondere im Geschäftsleben – in fremden Kulturen nicht bewusst, was in vielen Fällen zu unnötigen Missverständnissen führt.

Nur wenige Kulturen gehen so schnell zur Tagesordnung über wie die Amerikaner oder auch die Deutschen. In vielen Teilen der Welt nimmt die Arbeit einen weniger hohen Stellenwert ein. Auch die Führungsstile sind von Land zu Land verschieden. In vielen Kulturen erwartet man von Ihnen, dass Sie zunächst persönliche Beziehungen aufbauen, bevor Sie zum geschäftlichen Teil übergehen. Bleiben Sie geduldig, wenn der andere Sie zunächst näher kennen lernen möchte – auf diese Weise gewinnen beide Seiten Vertrauen zueinander. Darüber hinaus müssen Sie in anderen Kulturen viel Zeit für gesellschaftliche Anlässe opfern. Doch auch hierbei handelt es sich um eine Möglichkeit, das Vertrauen des anderen zu gewinnen.

Viele ausländische Geschäftsleute legen großen Wert auf den persönlichen Kontakt zu ihren Geschäftspartnern.

Kleines Schwätzchen – große Probleme

In anderen Nationen bildet der Smalltalk nicht nur den Auftakt für neue Geschäftskontakte, sondern wird als fester Bestandteil geschäftlicher Verhandlungen betrachtet. Die Betreffenden nutzen Ihre Aussagen, um sich ein erstes Bild von Ihnen zu machen. Stellen Sie sich also darauf ein, dass man Sie in Diskussionen über Ihr Gastland verwickeln wird. Informieren Sie sich vor Ihrer Reise über das Land und lesen Sie dort ggf. die Tageszeitung, um sich über das aktuelle Geschehen zu informieren.

Doch wie bereits in Kapitel 14 erwähnt, sollten Sie bei Ihrem Smalltalk auf jeden Fall auf die Themen Religion und Politik verzichten. Sie können zwar Ihr Interesse für die Politik und Religion der fremden Kultur zeigen, doch denken Sie immer daran, dass diese Themen ein großes Konfliktpotenzial bergen.

Mit der richtigen Kleidung zum internationalen Erfolg

Die Kleidung bildet in allen Teilen der Welt eine Sonderform der nonverbalen Kommunikation. Welche Kleidung als angemessen betrachtet wird, wird von Klima, Religion und Kultur des fremden Landes bestimmt. Für die Kleidung auf dem internationalen Parkett gelten folgende Richtlinien:

1. Versuchen Sie keinesfalls, sich wie ein „Einheimischer" zu kleiden. Sie sind ein Fremder in diesem Land, also kleiden Sie sich auch entsprechend. Andernfalls könnte man Sie auslachen oder sogar als unhöflich betrachten.
2. Tragen Sie auf Geschäftsreisen qualitativ hochwertige, konservative Kleidung.
3. Wenn Sie nicht sicher sind, welche Kleidung angemessen sein könnte, fragen Sie Ihre Gastgeber bzw. erkundigen Sie sich vor der Reise bei Ihrem Reisebüro.

Bei einer meiner ersten Reisen in den Nahen Osten fragte ich meinen einheimischen Agenten, welche Kleidung ich in meinem Gastland tragen sollte, wenn ich Einheimische nicht vor den Kopf stoßen wollte. Er war erfreut über diese Frage, weil gerade die Kleiderfrage immer wieder zu Konflikten führt.

Als ich nach Südafrika reiste, war ich froh, dass ich mich zuvor nach der angemessenen Kleidung erkundigt hatte. Man sagte mir, ich solle für gesellschaftliche Anlässe meine beste Abendgarderobe einpacken. Mit meiner üblichen Geschäftskleidung wäre ich ganz bestimmt unangenehm aufgefallen.

Die Feinheiten der nonverbalen Kommunikation

Ohne eine entsprechende Vorbereitung besteht die Gefahr, dass wir im Ausland Nuancen der nonverbalen Kommunikation falsch interpretieren. Blickkontakt, Gestik und Distanz zählen zu den von Amerikanern und Nordeuropäern am häufigsten genannten Problemen auf Reisen.

Auch einzelne Gesten haben in verschiedenen Ländern eine unterschiedliche Bedeutung. So schreibt z. B. Roger E. Axtell in seinem Buch *Gestures: The Do's and Taboos of Body Language Around The World*[*], dass die Bedeutung identischer Gesten in verschiedenen Ländern variiert. In der Regel wenden wir diese Gesten vollkommen unbewusst an. Bei Reisen in fremde Länder müssen wir uns jedoch vor Augen führen, was wir den anderen Menschen signalisieren und dass diese Signale von Mitgliedern eines anderen Kulturkreises falsch bzw. anders

---

[*] bisher nicht in deutscher Übersetzung erschienen (Anm. d. Red.)

interpretiert werden könnten. Denn für die Gestik gelten in jeder Gesellschaft eigene Regeln.

Auf den Blickkontakt und den angemessenen Abstand zu den Gesprächspartnern werde ich an anderer Stelle dieses Kapitels näher eingehen.

Das Einmaleins des Schenkens

Die meisten Menschen sind überrascht, wenn ich diesen Punkt anführe. Was kann daran falsch sein, wenn ich jemandem ein Geschenk mache, und wie soll ein richtiges bzw. unpassendes Geschenk zu Problemen führen? Ein Geschenk ist schließlich ein Geschenk!

Im Geschäftsleben kann ein Geschenk zum Aufbau einer langfristigen Geschäftsbeziehung beitragen, wie z. B. in Russland, oder eher abträglich sein, wie z. B. in Deutschland. Wenn Sie die Kunst des Schenkens auf internationaler Ebene beherrschen wollen, müssen Sie sich über die entsprechenden Sitten und Gebräuche Ihres Gastlandes informieren. Bevor Sie also einem Menschen aus einem anderen Kulturkreis ein Geschenk machen, sollten Sie sich folgende Fragen stellen: Verletze ich mit diesem Geschenk möglicherweise die religiösen bzw. kulturellen Gepflogenheiten des Betreffenden? Haben die Farbe des Geschenks bzw. das Geschenk selbst in dem anderen Kulturkreis vielleicht eine bestimmte Bedeutung? Handelt es sich um ein der Situation angemessenes Geschenk?

Hier einige Vorschläge für „richtige" Geschenke: Pralinen oder Likör (mit Ausnahme arabischer Länder), Blumen (sofern sie in der betreffenden Kultur ebenfalls als angemessen gelten), für Ihr Heimatland übliche Gegenstände oder qualitativ hochwertige Stifte und ebensolches Briefpapier. Manche Blumen haben in einzelnen Ländern eine unterschiedliche Bedeutung. Verschenken Sie in England niemals weiße Lilien, da sie dort mit Trauerfällen in Verbindung gebracht werden, während rote Rosen in Deutschland als Zeichen der Liebe gelten. Sofern Sie ein kreatives Hobby ausüben oder ein besonderes künstlerisches Talent haben (etwa Töpfern, Schnitzen oder Glasbläserei) können Sie Ihrem Gastgeber auch ein selbst angefertigtes Stück überreichen.

Internationale Etikette im Heimatland

Zu Beginn dieses Kapitels habe ich Ihnen erklärt, dass Sie sich an die Sitten Ihres Gastlandes anpassen müssen. Im Idealfall sollte diese Richtlinie auch von den Touristen in Ihrem Heimatland befolgt werden. Die Realität sieht leider anders aus. Tatsächlich haben nur wenige Menschen auf der Welt das richtige Gespür für die internationale Etikette. Gerade im kulturellen Bereich vollziehen sich die Veränderungen besonders langsam.

Andererseits bereichern die kulturellen Unterschiede unser Leben. Ich persönlich setze mich, wie die meisten anderen Menschen wahrscheinlich auch, gerne mit fremden Kulturen auseinander. Für ein gemeinsames Miteinander ist ein gegenseitiges Geben und Nehmen, die Bereitschaft, voneinander zu lernen, erforderlich. Auf diese Weise lassen sich kulturelle Konflikte vermeiden.

Als ich unsere chilenischen Nachbarn erstmals zum Abendessen einlud, kam es zu Missverständnissen. An dem betreffenden Tag rief ich meine Nachbarn an, weil ich sie fragen wollte, um welche Uhrzeit sie zu uns kommen wollten. Es war jedoch niemand zu Hause. Um 16.00 Uhr ging ich zu ihnen hinüber und klopfte an die Tür, doch auch dann war niemand zu Hause. Da es sich um keine formelle Einladung handelte, dachte ich, dass sie es vielleicht vergessen hätten oder eben doch keine Zeit hatten. Um 18.30 Uhr aßen wir zu Abend – ohne unsere neuen Nachbarn. Um 19.00 Uhr klingelte es an der Tür. Es war mein Nachbar, der fragte, um wie viel Uhr sie zum Essen vorbeikommen sollten.

So erfuhr ich, dass in Chile erst gegen 22.00 Uhr zu Abend gegessen wird. Als uns dieses Missverständnis bewusst wurde, brachen wir alle in herzliches Gelächter aus. Und inzwischen sind unsere Nachbarn zu guten Freunden geworden. Für weitere gemeinsame Abendessen schlossen wir einen Kompromiss. Künftig wollten wir um 20.00 Uhr essen – später, als wir es gewohnt sind, und früher als in Chile üblich.

Wenn Sie sich fremden Menschen und ihrer Kultur gegenüber respektvoll zeigen, lassen sich viele Missverständnisse vermeiden.

Wie sollen Sie sich nun verhalten?

Sofern Sie sich in Ihrem Heimatland befinden, bewegen Sie sich in Ihrem Kulturkreis. Sie sind nicht gezwungen, Ihr Verhalten Fremden gegenüber anzupassen bzw. zu verändern. Ich möchte Ihnen jedoch raten, sich den Menschen aus einer fremden Kultur gegenüber aufgeschlossen zu verhalten. Denn auf diese Weise wird Ihr Leben um einiges stressfreier und zudem interessanter.

Alle Richtlinien, die es bei Reisen ins Ausland zu befolgen gilt, können Sie auch dann anwenden, wenn Sie Ihre Heimatstadt nicht verlassen. In einigen Bereichen treten jedoch immer wieder Konflikte zwischen Einheimischen und „Gästen" jeglicher Art auf:

Reagieren Sie nicht negativ auf fremde Sitten und Gebräuche

So küsste mich eine Brasilianerin, die ich gerade erst kennen gelernt hatte, beim Abschied auf die Wange. Ich war zwar über ihr Verhalten äußerst erstaunt, erwiderte jedoch ihre Geste.

Auch wenn ein Gast in Ihrem Land die geltenden Verhaltensnormen nicht befolgt, ist das noch lange kein Grund für unfreundliches oder gar unverschämtes Verhalten Ihrerseits. Vielleicht bemüht der Betreffende sich redlich, sich Ihren Sitten und Gebräuchen anzupassen. Doch das braucht nun einmal seine Zeit. Vielleicht verfügt der andere auch nicht über Ihr Wissen, ihm ist es vielleicht sogar egal, ob er durch sein Verhalten einen potenziellen Konflikt heraufbeschwört.

Wenn Sie sich die Regeln der internationalen Etikette aneignen, haben Sie in Ihrem Leben auf jeden Fall ein Problem weniger: Sie müssen anderen Menschen nicht mehr zwangsläufig böse Absichten bzw. Unhöflichkeit unterstellen, wenn diese sich Ihnen gegenüber nicht angemessen verhalten. Und wenn Sie sich der Tatsache bewusst sind, dass der Betreffende es vielleicht einfach nicht besser weiß, wird es Ihnen wesentlich leichter fallen, sich solche Zwischenfälle nicht zu sehr zu Herzen zu nehmen.

Doch was sollen Sie tun, wenn Sie das Verhalten eines ausländischen Mitarbeiters bzw. Freundes wirklich stört? Sie

können den Betreffenden durchaus auf dieses Problem hinweisen – *freundlich, aber bestimmt.*

- **Gehen Sie diskret vor.** Sprechen Sie den anderen nicht vor
  Dritten auf das Problem an. Nehmen Sie ihn zur Seite und
  weisen Sie ihn mit der PAC-Methode darauf hin: „Ich weiß,
  dass Sie sich dessen gar nicht bewusst sind (Beschwichtigung), aber in unserem Land umarmen sich Geschäftspartner nicht (Was ist das Problem?). Mich stört das nicht weiter, weil wir uns schließlich kennen, doch sollten Sie sich
  künftig vielleicht doch lieber mit einem Händedruck begnügen (Ihr Anliegen), okay? (Check)."
- **Beleidigen Sie den anderen nicht.** Sie sollen die fremden
  Gebräuche nicht schlecht machen, sondern den anderen lediglich darauf hinweisen, dass in Ihrem Land andere Sitten
  herrschen. Verzichten Sie auf schroffe Aussagen wie: „Das
  würden wir uns hier gar nicht trauen." Zeigen Sie Taktgefühl, und kleiden Sie Ihre P-Aussage in eine positive Formulierung: „Bei uns ist es üblich, dass man sich hinten in
  der Schlange anstellt …"
- **Bleiben Sie am Ball.** Behalten Sie im Auge, wie der andere
  Ihre Anregungen umsetzt. Seien Sie für den Betreffenden
  da. Bieten Sie ihm Ihre Hilfe und Ihre Unterstützung an.
  Beantworten Sie ihm alle Fragen zu Ihrer Kultur. Wenn Sie
  einen Ausländer in Ihr Land eingeladen haben, sind Sie für
  dessen Wohlbefinden verantwortlich. Das heißt, dass Sie
  ihm auch helfen müssen, sich an Ihre Kultur anzupassen.

Unterschiedliche nonverbale Kommunikation

Inzwischen wissen Sie, welch große Rolle der gezielte Einsatz
der Körpersprache spielt. Sie sollten sich jedoch auch über die
unterschiedlichen nonverbalen Signale verschiedener Kulturen
im Klaren sein. Ansonsten könnte es Ihnen so ergehen wie der
Krankenschwester, die in einer amerikanischen Klinik gemeinsam mit einem asiatischen Arzt an einem Forschungsprojekt
arbeitete. Da der Arzt die Schwester bei den regelmäßigen

Besprechungen nie direkt ansah, wurde sie von Woche zu Woche ungehaltener. Sie war der Meinung, er bringe ihr keinen Respekt entgegen, weil sie schließlich „nur" eine Krankenschwester sei. Irgendwann platzte ihr schließlich der Kragen, und sie schrie den Arzt an: „Was glauben Sie eigentlich, wer Sie sind? Halten Sie sich für etwas Besseres, nur weil Sie Arzt sind? Sie könnten mir wenigstens ein bisschen Respekt entgegenbringen und mich zumindest anschauen, wenn Sie etwas mit mir zu besprechen haben!" Der Arzt blickte auf und erwiderte: „Ich erweise Ihnen doch gerade damit meinen Respekt." (Die Schwester kam sich vor wie ein Vollidiot.)

Blickkontakt

In den meisten asiatischen Kulturen gilt das Abwenden des Blickes als Zeichen des Respekts. In unseren Breitengraden misstrauen wir jedoch Menschen, die uns nicht in die Augen blicken. Wir halten sie für hinterlistig bzw. verschlagen und fürchten, dass sie etwas vor uns verbergen wollen, oder glauben, „dass dieser Kerl mir nicht mal richtig zuhört".

In vielen Kulturen gilt Blickkontakt als Zeichen der Aufmerksamkeit, der Offenheit und des Respekts. In anderen Kulturen bedeutet der Blickkontakt jedoch genau das Gegenteil. Amerikaner und Nordeuropäer haben häufig Schwierigkeiten mit den Menschen, die ihnen nicht in die Augen schauen. In unserer Kultur wird der fehlende Blickkontakt so interpretiert, dass man sich auf diese Menschen nicht verlassen kann, sie uns vielleicht täuschen wollen oder ganz einfach nicht zuhören. Denken Sie jedoch immer daran, dass der Blickkontakt nicht in jeder Kultur dieselbe Bedeutung hat.

Abstand

Ich kann nur hoffen, dass der Mann mit der Kuppel – der Mann, der sich nur wohl fühlt, wenn er einen ungewöhnlich großen Abstand zwischen sich und seinen Mitmenschen hat – niemals Besuch aus dem Nahen Osten oder Lateinamerika bekommt. Denn die Menschen aus diesen Ländern suchen einen möglichst engen Kontakt zu ihren Mitmenschen.

Der Körperabstand ist gerade im zwischenmenschlichen Bereich ein äußerst heikles Thema, das häufig zu unnötigen Missverständnissen führt. Bei einem Besuch eines Arbeitskollegen, der von Frankreich in die USA umgesiedelt war, zeigte er mir seine Urlaubsfotos. Dabei rückte er so nah an mich heran, dass ich mich nicht mehr auf die Bilder konzentrieren konnte. Doch hat mich dieser Mann keineswegs bedrängt. Die Franzosen suchen einfach die Nähe zu ihren Mitmenschen. Sobald ich mir diese Tatsache ins Gedächtnis gerufen hatte, konnte ich mich entspannen.

In meiner beruflichen Laufbahn höre ich häufig Klagen über ausländische Kollegen, die dem Betreffenden zu nahe rücken. In diesem Fall müssen sich beide Seiten miteinander arrangieren. Eine Ärztin berichtete mir, wie sie die arabischen Assistenzärzte, die schon länger als ein Jahr in Amerika sind, von den Neuankömmlingen unterscheidet. Diejenigen, die schon ihr zweites Jahr in den USA verbringen, haben sich an die amerikanischen Sitten angepasst und halten einen größeren Abstand zu ihren Mitmenschen.

Wenn Sie auf einen Menschen aus einem anderen Kulturkreis treffen, egal, ob Sie im Ausland sind oder der Betreffende Gast in Ihrem Heimatland ist, sollten Sie sich um einen angemessenen Abstand zu diesem Menschen bemühen. Denn eine allgemein gültige internationale Richtlinie für den korrekten „Sicherheitsabstand" zu anderen Menschen gibt es leider nicht. In einigen Fällen ist die in unseren Breitengraden übliche Distanz von ungefähr einem Meter zu gering, während sie in anderen Kulturen als zu groß betrachtet wird.

In der Regel rücken die Menschen im Nahen Osten, in Lateinamerika, Italien, Russland und Spanien relativ eng zusammen. Araber halten häufig einen Abstand von nur acht bis zehn Zentimetern ein. Rückt jemand von ihnen ab, fassen sie das als Beleidigung auf. Asiaten hingegen wahren einen relativ großen Abstand zu anderen Menschen. Machen Sie sich klar, wie groß Ihr „Wohlfühlabstand" ist, und stellen Sie sich darauf ein, dass Ihnen auch mal jemand zu nahe rückt bzw. einen größeren Abstand zu Ihnen hält.

Die globale Begrüßung

Beurteilen Sie Menschen aus fremden Ländern niemals auf Grund ihres Händedrucks. In meinen Seminaren höre ich immer wieder, dass gerade diese Vorurteile auf internationaler Ebene zu unnötigen Missverständnissen und Konflikten führen.

So traf eine amerikanische Pharmareferentin auf eine asiatische Ärztin und „verlor jeglichen Respekt vor dieser Frau", als diese sie mit einem schwachen Händedruck begrüßte. Sie rief sich jedoch in Erinnerung, dass die Ursache für diese „laue Begrüßung" in der Kultur der Ärztin liegen könnte. Die Pharmareferentin stellte nicht nur ihr vorschnelles Urteil in Frage, sondern achtete in Zukunft bei den Treffen mit ihrer asiatischen Kundin darauf, dass sie nicht zu fest zupackte.

Im Umgang mit Menschen, die eine andere Nationalität haben als Sie, sollten Sie immer daran denken, dass in deren Kultur bei der Begrüßung andere Sitten vorherrschen. Und wir alle wissen, wie schwer es ist, Gewohnheiten abzulegen. Einer meiner argentinischen Klienten erklärte mir, wie schwer es ihm gefallen war, bei der Begrüßung seiner amerikanischen Geschäftspartner auf die Umarmung zu verzichten. Er kannte zwar die traditionelle amerikanische Form der Begrüßung, doch häufig hatte er den anderen schon umarmt, bevor er sich überhaupt Gedanken über eine angemessene Begrüßung machen konnte.

Werden Sie von einem Gast in Ihrem Land in unangemessener Form begrüßt, bleiben Sie höflich. Erwidern Sie die Begrüßung. Auch wenn es eigentlich Sache des Reisenden ist, sich an die Sitten und Gebräuche seines Gastlandes anzupassen, so ist es doch an Ihnen, den Gast in Ihrer Heimat höflich und zuvorkommend zu behandeln. Die Menschen versuchen nun einmal, ihre Kultur mit anderen Menschen zu teilen. Und für Sie ist das eine hervorragende Möglichkeit, an der fremden Kultur teilzuhaben. Sofern Sie sich jedoch unwohl fühlen, wenn Sie von einem Fremden umarmt werden, klären Sie ihn mit Hilfe der PAC-Methode über seinen Fehler auf: „Die traditionelle Begrüßung in diesem Land ist der Händedruck. Lassen Sie uns in Zukunft die Tradition dieses Landes wahren."

Vorsicht beim Sprechen

Häufig müssen wir mit anderen Menschen, die unsere Sprache nicht schon im frühen Kindesalter gelernt haben, langsamer sprechen – aber ganz bestimmt nicht lauter. Dadurch dass wir den Betreffenden mehr oder weniger anschreien, zeigen wir lediglich unsere Ignoranz. Sprechen Sie korrektes Deutsch, verstümmeln Sie im Gespräch mit Ausländern Ihre Muttersprache nicht.

Wenn Sie dagegen Ihren ausländischen Gesprächspartner nicht verstehen, zeigen Sie keine falsche Scheu, sondern fragen Sie nach. Auf diese Weise können Sie unnötige Missverständnisse vermeiden.

Freundliches, aber bestimmtes Verhalten ist international

Egal, welchen Teil der Welt Sie bereisen, wenn Sie sich innerhalb des jeweiligen Kulturkontexts freundlich, aber bestimmt verhalten, ist vieles einfacher.

Selbst wenn Sie in Ihrem Heimatland auf einen Reisenden treffen, der die Traditionen Ihres Landes offensichtlich nicht beherzigt, sollten Sie ihm nicht von vornherein eine böse Absicht unterstellen. Wenn Sie einen Menschen aus einem fremden Land in Ihrem Freundes- oder Bekanntenkreis haben, helfen Sie ihm dabei, sich anzupassen.

Geben Sie auch sich selbst eine Chance … Es braucht seine Zeit, bis Sie sich den Traditionen eines fremden Landes angepasst haben. Ihnen wird sicherlich auch der eine oder andere Fehler unterlaufen. Doch wenn Sie sich ernsthaft bemühen, wird man Ihnen das ganz bestimmt hoch anrechnen. Globale Etikette bedeutet schließlich auch, dass Sie Respekt zeigen, Rücksicht üben und sich wie eine freundliche, aber bestimmte Persönlichkeit verhalten. Sie sind der Mensch, mit dem man gerne Geschäft macht und dessen Anwesenheit andere als angenehm empfinden.

Durchhalten mit dem Zwölf-Schritte-Programm

Herzlichen Glückwunsch! Sie haben es geschafft: kein Vortäuschen, Vermeiden, Beschweren, Verdrängen, Selbstabwerten, Jähzorn und Herumbrüllen mehr. Jetzt werden Sie sicherlich fragen, wie Ihre ersten Schritte als freundliche, aber bestimmte Persönlichkeit aussehen sollen. In diesem Buch haben wir schließlich verschiedenste Themen und die entsprechenden Umgangsformen angesprochen, die Sie als freundliche, aber bestimmte Persönlichkeit beachten sollten; unzählige Schritte, die eine positive Konfrontation ermöglichen und Konflikte vermeiden sollen. Sie haben noch viel zu lernen. Doch wo sollen Sie beginnen?

Zunächst einmal sollten Sie sich Zeit lassen. Sie müssen nicht alles, was ich Ihnen in diesem Buch erklärt habe, über Nacht lernen und in die Tat umsetzen.

Das Zwölf-Schritte-Programm soll Ihnen über die Anfangsschwierigkeiten hinweghelfen:

1. Fangen Sie genau da an, wo auch dieses Buch beginnt – bei der Selbsterkenntnis. Beobachten Sie sich einige Tage. Welches Verhalten zeigen Sie in Konflikt- und Gesprächssituationen? Tun Sie zunächst nichts weiter, als sich über Ihr Verhalten klar zu werden und sich erste Gedanken darüber zu machen. Führen Sie Buch – ein kleines Notizbuch reicht vollkommen. Wenn Sie einige Tage lang notieren, wie Sie sich in diesen Situationen verhalten, können Sie besser erkennen, in welchen Bereichen Ihr Verhalten einer Veränderung bedarf. Nehmen Sie hierzu noch einmal den Persönlichkeitstest ab Seite 39 zur Hand und sagen Sie zu sich selbst: „Ich bin lange genug ein Tyrann (Verdränger oder Leugner …) gewesen. Es ist Zeit für eine Veränderung."

2. Denken Sie daran, dass Sie durchaus das Recht haben, einen anderen Menschen ehrlich, direkt und freundlich, aber bestimmt darauf hinzuweisen, dass Sie sich durch sein

Verhalten belästigt bzw. gekränkt fühlen. Und alle Hindernisse, die Sie bislang davor haben zurückschrecken lassen, können Sie auch aus dem Weg räumen.

3. Diese Selbsterkenntnis wird Ihnen helfen, den nächsten Schritt zu wagen: Jetzt können Sie sich auf die Aspekte Ihres Verhaltens in Konfliktfällen und schwierigen Gesprächssituationen konzentrieren, die Ihrer Meinung nach einer dringenden Veränderung bedürfen. Ganz egal, ob Sie Ihre Mitmenschen nicht länger anschreien wollen, wenn Sie sich aufregen, oder ob Sie im Gespräch mit anderen nicht länger die Arme bzw. Beine verschränken wollen: Übung, Übung, Übung – Sie haben jetzt die Möglichkeit, Ihre schlechten Angewohnheiten abzulegen.

4. Bevor Sie sich zur Konfrontation entscheiden, machen Sie den „Idiotentest": Steckt wirklich Absicht dahinter? Ziehen Sie zunächst alle anderen Möglichkeiten in Betracht, die ebenfalls Ursache für den Konflikt sein könnten (siehe Kapitel 5). Lohnt es sich wirklich, den anderen zur Rede zu stellen?

5. Wenn Sie sich tatsächlich zur Konfrontation entscheiden, bereiten Sie Ihre PAC-Aussagen gründlich vor. Befolgen Sie hierzu alle in Kapitel 6 aufgeführten Schritte:

P = Wo liegt das Problem, was stört mich? (Seien Sie in diesem Punkt so präzise wie möglich!)

A = Was ist mein Anliegen? Worum will ich den Betreffenden bitten? (Seien Sie auch in diesem Punkt so präzise wie möglich!)

C = Machen Sie den Check, ob der andere Sie verstanden hat und Ihnen zustimmt.

Sobald Sie Ihre PAC-Aussagen formuliert haben, gehen Sie noch einmal die zehn Schritte (zur positiven Konfrontation) durch. Spielen Sie die Situation mit einem Freund bzw. einer Freundin durch.

6. *Glauben Sie daran,* dass Sie eine positive Konfrontation führen können.

7. Legen Sie sich eine persönliche Standardformulierung zurecht, die Sie anwenden können, wenn die Konfrontation einen unerwünschten Verlauf nimmt. Mit Hilfe dieses „Notausgangs" können Sie sich von dem Geschehen zurückzuziehen, ohne dabei Ihr Gesicht zu verlieren. Sie

können den Betreffenden zu einem anderen Zeitpunkt auf das Problem ansprechen. „Ich sehe schon, ich habe keinen guten Zeitpunkt gewählt. Lassen Sie uns ein anderes Mal darüber sprechen" oder „Mich regt das jetzt zu sehr auf. Ich komme später noch einmal darauf zurück."

8. Nehmen Sie die Zusammenfassung zur PAC-Methode auf den Seiten 84/85 für die Formulierung Ihrer PAC-Aussagen zur Hand, bevor Sie sich in eine schwierige Gesprächssituation begeben. Tragen Sie diese Karte für Notfälle immer bei sich.

9. Führen Sie Buch. Schreiben Sie sich auf, wie Sie sich in der entsprechenden Situation verhalten haben, und notieren Sie sich, was Sie in Zukunft anders machen wollen. Stellen Sie keine zu hohen Ansprüche an sich selbst. Die Kunst der positiven Konfrontation kann man lernen – und auch Sie werden sie eines Tages beherrschen.

10. Bleiben Sie am Ball. Kein Mensch ändert sich von heute auf morgen. Also können Sie das auch nicht von den Menschen erwarten, die Sie mit der PAC-Methode auf ein Problem angesprochen haben.

11. Sobald Sie die Kunst der positiven Konfrontation relativ sicher beherrschen, sollten Sie versuchen, das Konfliktpotenzial in Ihrem Leben zu vermindern. Gehen Sie noch einmal zurück zu Teil III dieses Buches und führen Sie sich die Etiketteregeln noch einmal vor Augen.

12. Genießen Sie die Vorteile der positiven Konfrontation: die Fähigkeit, die Angelegenheit auf sich beruhen zu lassen, mehr Selbstvertrauen, bessere Beziehungen zu Ihren Mitmenschen, kein Zeitvergeuden mehr, weil Sie sich Gedanken über bevorstehende Konfrontationen bzw. unangenehme Gespräche machen, die Fähigkeit, andere Menschen freundlich, aber bestimmt zu behandeln.

Schreiben Sie mir

Berichten Sie mir von Ihren Erfolgen, so dass ich andere Menschen daran teilhaben lassen kann. Weitere Informationen, Tipps und Ratschläge finden Sie auf meiner Website. Ich wünsche Ihnen viel Glück. Und denken Sie daran, auch wenn Sie durch positive Konfrontation nicht immer das erhalten, was Sie wollen, so werden Sie mit einem guten Gefühl aus einer solchen Auseinandersetzung herausgehen.

Ich wünsche Ihnen, dass auch Sie, so wie all die Männer und Frauen, denen ich in den vergangenen Jahren beigebracht habe, wie sie sich zu einer freundlichen, aber bestimmten Persönlichkeit entwickeln können, die Vorteile eines weniger stressigen und nahezu konfliktfreien Lebens genießen werden. Viel Glück!

Sie können Barbara Pachter unter folgender Adresse erreichen:

Pachter Associates
P.O. Box 3680
USA-Cherry Hill, NJ 08034
Telefon: 001-856-751-6141
Fax: 001-856-751-6857
E-Mail: pachter@ix.netcom.com
www.pachter.com

Stichwortverzeichnis